职业教育会计专业精品教材

小企业会计实务

（第 3 版）

周月蓉　主　编

电子工业出版社·

Publishing House of Electronics Industry

北京 · BEIJING

内 容 简 介

本教材以较为通俗生动的语言、翔实的资料及新颖的方式，分模块对 2013 年 1 月 1 日起在小企业范围内施行《小企业会计准则》（财会〔2011〕17 号文）进行了解读。自 2016 年 5 月 1 日起，在全国范围内全面推开营业税改征增值税试点，涉及相关"营改增"的内容采用了国家财税部门发布的最新政策法规。既系统地阐述了小企业会计核算的基本理论和基本方法，又安排了理论知识练习和会计实务训练，使会计基本知识和会计实务操作技能训练紧密结合在一起，一书在手可以学中做、做中学。

本书配有相关教辅资料，欢迎登录华信教育资源网（www.hxedu.com.cn）免费下载。此外，书中多处配有二维码，用以查看拓展知识。

本教材既可作为职业院校会计专业教材，也可作为广大小企业会计实务工作者学习《小企业会计准则》的指导用书。

图书在版编目（CIP）数据

小企业会计实务/周月蓉主编. —3 版. —北京：电子工业出版社，2018.1

ISBN 978-7-121-32506-9

Ⅰ. ①小⋯　Ⅱ. ①周⋯　Ⅲ. ①中小企业－会计－中等专业学校－教材　Ⅳ. ①F276.3

中国版本图书馆 CIP 数据核字（2017）第 200089 号

策划编辑：陈　虹
责任编辑：陈　虹　　特约编辑：齐美叶　安家宁
印　　刷：北京七彩京通数码快印有限公司
装　　订：北京七彩京通数码快印有限公司
出版发行：电子工业出版社
　　　　　北京市海淀区万寿路 173 信箱　邮编 100036
开　　本：787×1 092　1/16　印张：16.25　字数：413 千字
版　　次：2008 年 1 月第 1 版
　　　　　2018 年 1 月第 3 版
印　　次：2025 年 3 月第 11 次印刷
定　　价：38.00 元

凡所购买电子工业出版社图书有缺损问题，请向购买书店调换。若书店售缺，请与本社发行部联系，联系及邮购电话：（010）88254888，88258888。

质量投诉请发邮件至 zlts@phei.com.cn，盗版侵权举报请发邮件至 dbqq@phei.com.cn。

本书咨询联系方式：chitty@phei.com.cn。

前　言

　　《小企业会计实务》自 2008 年第 1 版出版以来已经将近 10 年了，因其理实一体化的理念、充实丰富的内容及新颖的形式获得了大家的认可；自 2012 年本书第 2 版以来，国家的财经法规及税收政策又有了很大变化，尤其是"营改增"这样的改革，涉及社会生活的方方面面，财政部专门就增值税的会计处理发布了专门文件，因此本次全面修订教材主要政策法规依据是国家税务总局发布的以《营业税改征增值税试点实施办法》财税〔2016〕第 36 号文件为核心的系列有关增值税问题的政策法规，以及财政部发布的《增值税会计处理规定》财会〔2016〕22 号文；此外，还有自 2016 年 1 月 1 日起实施的《会计档案管理办法》、2014 年 3 月 1 日起施行的新《中华人民共和国公司法》，以及财税部门发布的公告通知。教材中涉及的相关内容均已按最新规定做了修订。

　　本书在教材组织形式上继续遵循理实一体化的理念，理论知识和实务操作同步，理论知识部分更加简明实用，实务训练内容设计注重仿真性、连续性和可操作性，突出动手能力的训练和培养。

　　编者抱着严谨认真的态度在教材修订之前经过了较长时间的调研和准备工作，在此，对所有提供指导和帮助的专家和同行们表示衷心的感谢！本书由周月蓉任主编，由孙小燕任副主编。由于修订时间紧张，编者水平有限，尽管已反复进行了多次修改和核对，但欠妥之处可能依然存在，恳请读者批评指正，不胜感激。

编　者

目　录

模块 1　小企业会计实务基础

基本要求：	① 理解小企业会计核算的基础； ② 掌握会计要素的内容及借贷记账法； ③ 掌握会计核算的基本技能——填制凭证、登记账簿； ④ 了解小企业设立和建账的基础知识； ⑤ 熟知本书会计实务模拟操作的要求。
重　点：	① 会计核算的基础及会计信息质量要求； ② 会计要素、借贷记账法的运用； ③ 会计凭证和会计账簿的基本知识。
难　点：	① 会计核算基础的理解； ② 借贷记账法的运用。

案例导入

假设你与朋友合开了一家食品厂，按什么标准来判断这家企业是否属于小企业呢？会计核算应当执行什么法律规范呢？

知识链接

1. 中小型企业的划分标准

《中小型企业划型标准规定》（工信部联企业〔2011〕300 号）中明确规定：中小企业划分为中型、小型、微型三种类型，具体标准根据企业从业人员、营业收入、资产总额等指标，结合行业特点制定。以工业和建筑业为例，划分见表 1-1。

表 1-1　中小企业类型（以工业和建筑业为例）

行业名称	指标名称	计量单位	中　型	小　型	微　型
工　业	从业人员（X）	人	300≤X<1 000	20≤X<300	X<20
	营业收入（Y）	万元	2 000≤Y<40 000	300≤Y<2 000	Y<300
建筑业	营业收入（Y）	万元	6 000≤Y<80 000	300≤Y<6 000	Y<300
	资产总额（Z）	万元	5 000≤Z<80 000	300≤Z<5 000	Z<300

2. 会计的概念

会计是以货币为主要计量单位，以凭证为依据，采用专门的技术方法，对一定主体的经济活动进行全面、综合、连续、系统的核算和监督的一种经济管理工作，并向有关方面提供会计信息的一种经济管理活动。

> **提示**
>
> 换个角度来理解，会计实际上就是一个提供信息的系统，它通过对发生的经济业务数据进行分类、计算、汇总，然后将重要的内容按规定格式写出来，从而为需要的人提供有用的财务信息。

3. 小企业会计工作必须遵守的规范

2007 年 1 月 1 日起实施的《企业会计准则——基本准则》是会计准则制定的出发点，在整个会计准则体系中处于统驭地位，适用于在中华人民共和国境内设立的所有企业，小企业也应当遵循基本准则的基本规定。

财政部于 2011 年 10 月 18 日发布的《小企业会计准则》规范了小企业的会计确认、计量和报告行为。2005 年 1 月 1 日起开始施行的《小企业会计制度》同时废止。

小企业会计准则体系由小企业会计准则和应用指南两部分组成。小企业会计准则主要规范小企业通常发生的交易或事项的会计处理，为小企业处理会计实务问题提供具体而统一的标准。应用指南主要规定会计科目的设置、主要账务处理、财务报表的种类、格式及编制说明，为小企业执行小企业会计准则提供操作性规范。

《小企业会计准则》在考虑企业规模和内部管理特点的基础上，立足于主要满足税务部门、银行等外部会计信息使用者的需求，大大简化了小企业的会计处理并且与税法规定保持协调。

《企业会计准则》和《小企业会计准则》是合理分工与有序衔接相结合的关系，已执行《小企业会计准则》的小企业所发生的交易或事项在《小企业会计准则》中未做规范的，可以参照《企业会计准则》的相关规定进行处理；已执行《小企业会计准则》的小企业一旦公开发行股票债券或因经营规模或企业性质变化而成为大中型企业或金融企业的，应当转为执行《企业会计准则》。

任务 1 夯实基础——应当了解的会计基础知识

假设你与朋友合开了一家食品厂，记账的时候，朋友要求将他们家的生活开支都记在工厂账上，他还能随便从厂里拿食品送人，你会乐意吗？要是这样工厂还能管好吗？没有规矩，何以成方圆，会计工作也不例外，一样得按规矩办事，这是会计核算工作的基础。

会计核算工作需要遵守哪些工作规则呢？

一、会计工作的规则——会计核算的基础及会计信息质量要求

会计核算的基础是指为了进行会计核

算，事先对核算的时间范围、空间范围、计量方式等方面做一些假设和限制。会计核算对象的确定、会计方法的选择、会计数据的搜集都是以这一系列的基础为依据的。

1．会计核算的基础

假设你和张三合开了一家食品厂，张三要将家里的生活开支记在工厂账上，你肯定不乐意。而实际上，会计核算上也是不允许的，会计核算的基础之一就是会计主体要明确。

（1）会计主体——企业应当对本身发生的交易或事项进行会计确认、计量和报告。会计主体是指会计工作所服务的特定单位。会计主体应具备三个条件：①实行独立核算，并能独立计算盈亏；②进行独立的生产经营活动；③具有一定数量的资金。会计主体可能是一个法律主体，也可能是企业内部一个独立核算的单位、部门。

> **提示**　会计主体这一前提就是限定了会计为谁服务，核算谁的业务，确定会计核算的空间范围，分清经济责任。会计人员是站在特定会计主体的立场，核算特定主体的经济活动。

你跟张三合开食品厂之后，如果天天想着要是经营不下去怎么办，那很多事就不能做了，企业没什么生意做，那么会计还核算什么呢？所以，如果企业没迹象表明无法经营下去，就要假设会计主体是持续不断经营的。

（2）持续经营——企业会计确认、计量和报告应当以持续经营为前提。这其实很好理解，只有相信企业会不断经营下去，投资者才会投资，投入的钱才能收回，债务才能被清偿，最后才会有利润产生。

企业是连续不断地经营下去的，那么如何才能知道经营是亏了，还是盈了，总不能等经营到最后关门清算了才清楚，所以必须人为地将连续的经营期划分为几段，这就是会计分期。

（3）会计分期——企业应当划分会计期间，分期结算账目和编制财务会计报告。会计期间分为年度和中期，我国会计法规定自公历 1 月 1 日起至 12 月 31 日止为一个会计年度，中期是指短于一个完整的会计年度的报告期间。会计分期的目的是将连续经营的生产活动划分为连续、相等的期间，以方便计算该期间的盈亏，按期提供财务会计报告，从而及时地向各方面提供有关企业的财务状况、经营成果和现金流量。

（4）货币计量。企业的财产种类很多，计量单位各不相同，有"张""台""吨"等，这样会计提供信息就不方便，而如果只统一计算出值多少钱，就简便了。凡是能用货币计量的东西在会计上才记录下来，要是不能就不必反映了。

小企业的会计核算一般以人民币为记账本位币。业务收支以人民币以外的货币为主的小企业，可以选定其中一种货币作为记账本位币，但编报的账务会计报告应当折算为人民币。

（5）权责发生制——企业应当以权责发生制为基础进行会计确认、计量和报告。权责发生制是指小企业的会计核算应当以权责发生制为基础，凡在当期已经实现的收入和已经发生的费用，不论款项是否收付，都应作为当期的收入和费用；凡是不属于本期的收入和费用，即使款项已在当期收付，也不应当作为当期的收入和费用。

提示

实际生活中一般是记某天收了多少钱，花了多少钱，以款项的收付作为收支的标准，但权责发生制是不一样的。企业卖出一批产品，客户承诺下个月才付款，不能因为没有拿到钱就不记录本月的收入而将它作为下个月的收入；假设反过来客户先交了钱，要到下月才发货，也不能因为本月收到了钱就确认为本月的收入，还是要到发货后才确认为收入。

2. 会计信息质量要求

对会计核算提供的信息又有什么要求呢？

（1）客观。企业应当以实际发生的交易或者事项为依据进行会计确认、计量和报告，如实反映符合确认和计量要求的各项会计要素及其他相关信息，保证会计信息真实可靠、内容完整。

要求会计应当核算实际发生的事项，不能编造。实际发生的事项要如实反映，不能夸大或缩小。例如，公司采购人员购买自己的私人物品，却在账上记录购买了公司的办公用品；或者只花了 50 元买了办公用品，却记了 500 元。

（2）相关。企业提供的会计信息应当与财务会计报告使用者的经济决策需要相关，有助于财务会计报告使用者对企业过去、现在或者未来的情况做出评价或者预测。例如，企业的投资者可以从提供的会计信息中了解企业赚了多少钱，这家企业是否还值得继续投资；税务部门从会计信息中了解企业有没有如实缴税等。

（3）明晰。企业提供的会计信息应当清晰明了，便于财务会计报告使用者理解和使用。

（4）可比。企业提供的会计信息应当具有可比性。同一企业不同时期发生的相同或者相似的交易或者事项，应当采用一致的会计政策，不得随意变更。确需变更的，应当在会计报表附注中说明。

在实际工作中，具体的会计核算方法往往不是唯一的，相同的经济业务采用不同的核算方法，核算结果可能会有很大差异，所以要求企业在不同时期相同的经济业务一旦确定了采用哪种方法，就不得随意变更，为的就是使会计核算资料提供的不同时期的数据具有纵向可比性。例如，2016 年的会计数据能与 2009 年、2008 年的进行比较，看看企业连续三年的发展情况。要是前后期用了不同方法，又没有按要求进行说明，那么数据间的比较就没有意义了。

不同企业发生的相同或者相似的交易或者事项，应当采用规定的会计政策，不同企业只要按规定的核算方法处理交易或事项，那么就能提供可相互比较的指标。例如，一家食品企业与一家机械制造企业之间，只要按规定的方法进行处理，就能比较它们的经营成果，如收入、利润等指标。如果各行各业会计核算没有统一要求，不按规定的方法处理，那么不同行业的不同企业之间就没办法比较了。

（5）实质重于形式。企业应当按照交易或者事项的经济实质进行会计确认、计量和报告，不应仅以交易或者事项的法律形式为依据。

> A企业将材料卖给B企业，B企业将材料加工成产品后再卖回给A企业，你怎么看这两个企业的交易行为呢？这就要求会计人员拥有"火眼金睛"，能透过现象看到交易或事项的本质，并且按照本质内容进行会计处理。A和B表面上看是完成了两次销售行为，可实际上却是A企业委托B企业加工的业务。

（6）重要。企业提供的会计信息应当反映与企业财务状况、经营成果和现金流量等有关的所有重要交易或者事项。

企业进行会计核算也要考虑成本问题，如果事无巨细都详尽反映，那么会计核算就要增加很多人力和财力，所以在不影响信息使用人正确理解的前提下，重要的事项要详细反映，不重要的就可合并或简化反映。

（7）谨慎。企业对交易或者事项进行会计确认、计量和报告应当保持应有的谨慎，不应高估资产或者收益、低估负债或者费用。

说简单点，就是会计核算不能太乐观，要保守一些。例如，现在企业对一般商品都实行"三包"规定，因此可以预先估计退货或免费修理的可能性，而不能仅仅等到实际发生时才作为发生在当期的业务处理。

（8）及时。企业对于已经发生的交易或者事项，应当及时进行会计确认、计量和报告，不得提前或者延后。

二、会计核算对象——会计要素

会计要素是指对会计核算对象的具体内容所做的基本分类，是会计对象的组成部分，是会计报表的基本框架，也是账户的归并和概括。企业应当按照交易或者事项的经济特征确定会计要素。

> 会计要素这个概念听起来有点复杂，这里举例说明。例如：一位老板准备创办个小企业，手中已有20万元，又借了30万元，共有50万元资本，暂时都存在银行里，然后他将这50万元用来租经营场地，买设备、材料，请工人进行生产，付水电费等，生产出产品销售出去后又收到钱，然后再去买材料再生产。同时还要给国家缴税，最后要算算是赚了还是亏了？这些都是会计核算的内容。聪明的前人已将繁多复杂的内容加以归类，归纳成六大会计要素。

（1）资产，是指小企业过去的交易或者事项形成的、由小企业拥有或者控制的、预期会给小企业带来经济利益的资源。小企业的资产应当按照成本计量，不计提资产减值准备。

企业的资产种类繁多，可以从不同的角度进行分类，在会计核算中通常将资产按流动性分为流动资产和非流动资产。小企业的流动资产包括：货币资金、短期投资、应收及预付款项、存货等。小企业的非流动资产，是指流动资产以外的资产，包括：长期债券投资、长期股权投资、固定资产、生产性生物资产、无形资产、长期待摊费用等。

（2）负债，是指小企业过去的交易或者事项形成的，预期会导致经济利益流出小企业的现时义务。

　　小企业的负债按照其流动性可分为流动负债和非流动负债。小企业的流动负债包括：短期借款、应付及预收款项、应付职工薪酬、应交税费、应付利息等。各项流动负债应当按照其实际发生额入账。小企业的非流动负债包括：长期借款、长期应付款等。

　　（3）所有者权益，是指小企业资产扣除负债后由所有者享有的剩余权益。小企业的所有者权益包括：实收资本（或股本，下同）、资本公积、盈余公积和未分配利润。

　　举个例子，如有人借款30万元，买了套50万元的房，那么他就拥有了50万元的资产，但目前真正属于他自己所有的还是只有20万元。当然企业的情况要复杂一些。

　　（4）收入，是指小企业在日常生产经营活动中形成的、会导致所有者权益增加、与所有者投入资本无关的经济利益的总流入。

> **提示**
>
> 　　收入并不仅仅指流入企业的钱，理解收入时一定要注意以下两点：
> 　　① 收入是日常经济活动形成的、偶发的交易或事项获得的经济利益的流入不能作为收入，如销售企业用来生产产品的设备获得的流入，就不属于收入要素。
> 　　② 代第三方收取的款项也不是收入，如企业代国家税务部门向职工个人收取的个人所得税就不是企业的收入。

　　（5）费用，是指小企业在日常生产经营活动中发生的、会导致所有者权益减少、与向所有者分配利润无关的经济利益的总流出。

　　小企业的费用包括：营业成本、税金及附加、销售费用、管理费用、财务费用等。通常，小企业的费用应当在发生时按照其发生额计入当期损益。

　　（6）利润，是指小企业在一定会计期间的经营成果，包括营业利润、利润总额和净利润。

　　① 营业利润，是指营业收入减去营业成本、税金及附加、销售费用、管理费用、财务费用，加上投资收益（或减去投资损失）后的金额。

　　② 利润总额，是指营业利润加上营业外收入，减去营业外支出后的金额。

　　③ 净利润，是指利润总额减去所得税费用后的净额。

这六大会计要素之间有什么联系吗？

三、会计恒等式

　　六大会计要素之间客观上存在必然的联系。已经知道收支相抵后的结果就是企业的经营成果。因此有如下公式：

收入-费用=利润

　　我们来看一个例子，远正公司一开始由甲出资100万元，乙出资50万元，公司就有了150万元的资产，所有者权益也是150万元。由于经营需要资金，公司又向银行借入了20万元，银行划入了公司存款户，这样公司就有170万元的资产了，如果问公司资产的来源，或者资产归谁所有，可以很清楚地看到公司的资产来源有两条途径：一条是投资者投入的，另一条是向银行借入的负债。因此有如下公式：

$$资产（170万元）=负债（20万元）+所有者权益（150万元）$$

综上所述，可以得出一个重要结论：企业日常发生的经济业务是多种多样的，但无论发生怎样的经济业务，经济业务引起资产、负债、所有者权益这三个会计要素在数量上发生怎样的变化，都不会破坏会计基本等式的平衡关系。

> **提示**　想一想，经济业务要引起这三个要素怎样变动才能始终不破坏等式的平衡关系呢？

要保持公式平衡，从数量关系角度分析，必须要么等式两边同时等额变动，要么只能在等式一边的内部变化。因此经济业务无论怎样复杂，均可概括为以下四种类型：

①资产与权益同时增加。　　②资产和权益同时减少。
③资产内部有增有减。　　　④权益之间有增有减。

> **提示**　根据会计要素的内容，你会再细分出更多业务类型吗？资产、负债及所有者权益的平衡关系是复式记账、账户试算平衡和编制会计报表的理论依据，也是会计核算方法体系的理论基础，因此要好好理解。

四、工作方法——会计核算方法

会计核算的具体方法有设置账户、复式记账、填制和审核凭证、登记会计账簿、成本计算、财务财产清查、编制会计报表。

1. 设置账户

（1）会计科目与账户。会计科目是指对会计要素的具体内容进行分类核算的项目；账户是依据会计科目开设的，用于分类反映会计要素增减变动及结果的工具。在实际工作中，对会计科目和账户不加以严格区分，而是相互通用。

用什么方法记录这些会计要素呢？

具体会计科目的设置，一般是从会计要素出发，将会计科目分为资产、负债、所有者权益、成本、损益五大类。

（2）账户的基本结构。从数量上看，经济业务所引起的会计要素变动，无非是增加和减少两个方面，因而账户也分为左方、右方两个方面，一方登记增加，另一方登记减少。至于哪一方登记增加，哪一方登记减少，取决于所记录经济业务和账户的性质。

账户的四个金额要素：本期增加发生额、本期减少发生额、期初余额和期末余额。其基本关系为：期末余额=期初余额+本期增加发生额－本期减少发生额。

账户具体内容还应包括账户名称（会计科目）、记录经济业务的日期、所依据记账凭证的编号、经济业务摘要、增减金额、余额等。

2. 借贷记账法

（1）复式记账原理。复式记账是对发生的每一项经济业务，都以相等的金额在两个或两个以上相互联系的账户中进行登记的方法。

（2）借贷记账法。借贷记账法就是一种以借和贷作为记账符号的复式记账方法。

① 借贷记账法下的账户结构。在借贷记账法下，账户分为借方和贷方，一般规定左方为借方，右方为贷方。

如果规定借方登记增加，就以贷方表示减少；如果规定贷方登记增加，就以借方表示减少。那么到底哪方表示增加，哪方表示减少呢？这取决于账户所反映的经济内容，一般地，以借方表示资产和成本费用的增加，负债、所有者权益和收入、利润的减少；以贷方表示负债、所有者权益和收入、利润的增加，资产和成本费用的减少。

② 记账规则。"有借必有贷，借贷必相等"是其记账规则。采用借贷记账法，对于每项经济业务，都要在记入一个账户借方的同时，记入另一个或几个账户的贷方；或者在记入一个账户贷方的同时，记入另一个或几个账户的借方，而且记入借方的金额必须等于记入贷方的金额。

③ 借贷记账法下账户之间的平衡关系。在借贷记账法中，根据"有借必有贷，借贷必相等"的记账规则，每一笔经济业务都要以相等的金额，分别记入两个或两个以上相关账户的借方和贷方，借贷双方的发生额必然相等。推而广之，将一定时期内的经济业务全部记入有关账户之后，所有账户的借方发生额合计与贷方发生额合计也必然相等，这就是借贷记账法下账户的平衡关系。可以利用这一点来检查一定时期内所发生经济业务在账户中记录的正确性，这就是试算平衡。试算平衡包括发生额试算平衡和余额试算平衡：

全部账户本期借方发生额合计=全部账户本期贷方发生额合计

全部账户的借方期初余额合计=全部账户的贷方期初余额合计

全部账户的借方期末余额合计=全部账户的贷方期末余额合计

表 1-2 就是一张试算平衡表，看一看存在哪些平衡关系？所有账户期初借方余额合计 141 200 元与贷方余额合计 141 200 元相等，所有账户本期借方发生额合计 24 000 元与贷方发生额合计 24 000 元相等，所有账户期末借方余额合计 146 200 元与贷方余额合计 146 200 元相等。

表 1-2 试算平衡表

会计科目	期初余额（元）		本期发生额（元）		期末余额（元）	
	借方	贷方	借方	贷方	借方	贷方
现金	200				200	
银行存款	30 000		10 000	8 000	32 000	
应收账款	4 000				4 000	

续表

会计科目	期初余额（元）		本期发生额（元）		期末余额（元）	
	借　方	贷　方	借　方	贷　方	借　方	贷　方
原材料	9 000		3 000		12 000	
固定资产	86 000				86 000	
无形资产	12 000				12 000	
短期借款		7 000	5 000	6 000		8 000
应付账款		6 000	6 000			
长期借款		40 000				40 000
实收资本		80 000		10 000		90 000
资本公积		8 200				8 200
合计	141 200	141 200	24 000	24 000	146 200	146 200

在编制试算平衡表时，应注意以下两点：

（1）必须保证所有账户的余额均已记入试算平衡表，因为会计等式是对六项会计要素整体而言的，缺少任何一个账户的余额，都会造成期初或期末借方余额合计与贷方余额合计不相等。

（2）如果试算平衡表借贷不相等，肯定账户记录有错误，应认真查找，直到实现平衡为止。

> **提示**
>
> 注意，即使实现了表 1-2 中三栏的平衡关系，也不能说明账户记录绝对正确，因为有些错误并不会影响借贷双方的平衡关系。例如：①漏记某项经济业务，将使本期借贷双方的发生额发生等额减少，借贷仍然平衡；②重记某项经济业务，将使本期借贷双方的发生额发生等额虚增，借贷仍然平衡；③某项经济业务记错有关账户，借贷仍然平衡；④某项经济业务在账户记录中，颠倒了记账方向，借贷仍然平衡；⑤借方或贷方发生额中，偶然发生多记少记并相互抵销，借贷仍然平衡等。

3. 总分类账户与明细分类账户的平行登记

（1）总分类账户与明细分类账户。总分类账户是指根据总分类科目设置的，用于对会计要素具体内容进行总括分类核算的账户。明细分类账户是根据明细分类科目设置的，用来对会计要素具体内容进行明细分类核算的账户。总分类账户对明细分类账户具有统驭控制作用；明细分类账户对总分类账户具有补充说明作用。

（2）平行登记。平行登记是指对所发生的每项经济业务，都要以会计凭证为依据，一方面记入有关总分类账户，另一方面记入有关总分类账户所属明细分类账户的方法。

平行登记既可以满足管理上对总括会计信息和详细会计信息的需求，又可以检验账户记录的完整性和正确性，其要点主要包括以下四个方面：

① 依据相同。对发生的经济业务，都要以相关的会计凭证为依据，既登记有关总分类账户，又登记其所属明细分类账户。

② 方向相同。将经济业务记入总分类账和明细分类账时，记账方向必须相同，即总分

类账户记入借方，明细分类账户也记入借方；总分类账户记入贷方，明细分类账户也记入贷方。

③ 期间相同。对每项经济业务在记入总分类账户和明细分类账户过程中，可以有先有后，但必须在同一会计期间全部登记入账。

④ 金额相等。记入总分类账户的金额，应与记入其所属明细分类账户的金额合计相等。包含以下含义：总分类账户本期发生额与其所属明细分类账户本期发生额之合计相等；总分类账户期末余额与其所属明细分类账户期末余额之合计相等。

总账和明细账的勾稽关系为：

总账账户的期初（末）借（贷）方余额=所属明细账户的期初（末）借（贷）方余额合计

总账账户的本期借（贷）方发生额=所属明细账户的本期借（贷）方余额合计

成本计算、财产清查、编制会计报表三种方法将在后面详细学习。

> **提示**
>
> 几种方法不是相互割裂的，而是密切结合起来形成完整的会计方法体系。经济业务发生后，经办人员要填制或取得凭证，经会计人员审核整理后，按照设置的会计科目，运用复式记账法，编制记账凭证，并据以登记账簿，计算成本，进行财产清查，在账实相符的基础上，编制会计报表。

任务2　动手能力——必须掌握的会计实务操作技能

> 填凭证、登账簿、编报表到底是怎么回事呢？

前面了解了会计核算的基本理论和方法，实际工作中对发生的经济业务都是记录在具有专门格式的载体中的，这就是会计专用的凭证、账簿和报表。因此，填制和审核会计凭证、登记账簿、编制报表是会计最基本的实务操作技能。

一、填制和审核会计凭证

会计凭证，是记录经济活动、明确经济责任的书面证明。

任何企业、事业和行政单位在从事任何一项经济活动时，都必须办理会计凭证，也就是由有关人员根据有关规定和程序填制和取得会计凭证，对整个经济活动过程做出书面记录。有关部门和人员要在会计凭证上盖章签字，表示对会计凭证的真实性、正确性与合法性负责。会计凭证按填制程序和用途可分为原始凭证和记账凭证。

1．原始凭证的填制和审核

原始凭证是企业、行政事业单位在经济业务发生或完成时取得或填制的，是进行会计核算、具有法律效力的原始书面证明。

（1）原始凭证的种类。原始凭证种类繁多，一般有以下两种分类：

① 按来源渠道的不同分为外来原始凭证和自制原始凭证。

- 外来原始凭证是本企业在与外单位或个人发生经济业务往来过程中，从外单位或个人手中取得的，如购货发票、银行的各种结算凭证等。
- 自制原始凭证是在经济业务发生或完成时，由本单位业务经办部门或个人自行填制的，如购入材料验收入库时由仓库保管人员填制的收料单，材料领用部门填制的领料单、完工产品入库单等。

② 按填制手续和方法的不同分为一次凭证和累计凭证。

- 一次凭证是指一次只记录一项经济业务或同时记录若干项同类性质的经济业务的原始凭证，一次性完成各项手续。
- 累计凭证是指在一定时期内连续记录若干项同类性质的经济业务的原始凭证。累计凭证有效使用多次，陆续完成手续，期满后结出累计金额。

（2）原始凭证的填制。原始凭证填写的基本要求是填写要及时、记录要真实、内容要完整、手续要完备、书写要规范、编号要连续。

提示

为确保原始凭证的真实可靠，实际会计工作中，填制原始凭证时应注意以下几个方面：

① 原始凭证的内容必须具备：凭证的名称；填制凭证的日期；填制凭证单位名称或者填制人姓名；经办人员的签名或者盖章；接受凭证单位名称；经济业务内容；数量、单价和金额。

② 从外单位取得的原始凭证，必须盖有填制单位的公章；从个人取得的原始凭证，必须有填制人员的签名或者盖章。自制原始凭证必须有经办单位领导人或者其指定的人员签名或者盖章。对外开出的原始凭证，必须加盖本单位公章。

③ 凡填有大写和小写金额的原始凭证，大写与小写金额必须相符。购买实物的原始凭证，必须有验收证明。支付款项的原始凭证，必须有收款单位和收款人的收款证明。

④ 一式几联的原始凭证，应当注明各联的用途，只能以一联作为报销凭证。

⑤ 一式几联的发票和收据，必须用双面复写纸（发票和收据本身具备复写纸功能的除外）套写，并连续编号。作废时应当加盖"作废"戳记，连同存根一起保存，不得撕毁。

⑥ 发生销货退回的，除填制退货发票外，还必须有退货验收证明；退款时，必须取得对方的收款收据或者汇款银行的凭证，不得以退货发票代替收据。

⑦ 职工公出借款凭据，必须附在记账凭证之后，收回借款时，应当另开收据或者退还借据副本，不得退还原借款收据。

⑧ 经上级有关部门批准的经济业务，应当将批准文件作为原始凭证附件。

⑨ 原始凭证不得涂改、挖补。发现原始凭证有错误的，应当由开出单位重开或者更正，更正处应当加盖开出单位的公章。

（3）原始凭证的审核。原始凭证的审核是一项严肃而细致的工作，它不但要求审核人员有熟练的业务水平，而且必须履行职责，坚持制度，严格把关。原始凭证审核一般从以下两方面入手：

① 审核原始凭证的合法性、真实性。原始凭证反映的经济业务必须符合有关法律、法规、制度的规定，无违法乱纪行为；原始凭证的内容必须如实、客观地反映经济业务的本来面貌，不得歪曲事实、弄虚作假。

② 审核原始凭证的正确性和完整性。原始凭证的填制方法必须正确，数字计算必须准确无误；原始凭证的内容必须完整，符合《会计规范》的规定，手续完备。

2. 记账凭证的填制和审核

记账凭证是指由企业财会部门根据已审核的原始凭证填制的，载有会计分录的作为记账依据的书面文件。

记账凭证按其记录反映的经济业务内容的不同，可以采用收款凭证、付款凭证和转账凭证三种，实际工作中业务量不多的企业通常使用统一格式的通用记账凭证。收款凭证与付款凭证记录的是与现金、银行存款收付有关的经济业务，转账凭证记录的是与现金、银行存款收付无关的其他类型的经济业务。

（1）记账凭证的填制。记账凭证上的主要内容是反映经济业务的会计分录，正确编制会计分录就需要掌握会计核算的基础知识。

（2）记账凭证的审核。记账凭证是登记账簿的依据，为了保证账簿登记的正确性，记账凭证填制完毕必须由专人进行严格审核，审核的内容如下：

① 记账凭证是否附有原始凭证。记账凭证所记录的经济业务内容和金额是否与所附原始凭证的经济业务内容和金额相一致。除结账和更正错误的记账凭证可以不附原始凭证外，其他记账凭证必须附有原始凭证。

② 记账凭证中所填列的应借、应贷会计科目是否正确，账户的对应关系是否清晰，所使用的会计科目是否符合会计制度的规定，金额计算是否准确。

③ 记账凭证中的有关项目填列是否齐全，手续是否齐备，有关人员有无签名或盖章。审核中如发现有差错，应采用一定的更正方法进行更正。

3. 会计凭证的传递与保管

（1）会计凭证的传递。会计凭证的传递是指各种会计凭证从填制、取得到归档保管为止的全部过程，即在单位内部有关人员和部门之间传送、交接的过程。会计凭证应当及时传递，不得积压。

（2）会计凭证的保管。

① 会计凭证登记完毕后，应当按照分类和编号顺序保管，不得散乱丢失。

② 记账凭证应当连同所附的原始凭证或者原始凭证汇总表，按照编号顺序，折叠整齐，按期装订成册，并加具封面，注明单位名称、年度、月份和起讫日期、凭证种类、起讫号码，由装订人在装订线封签处签名或者盖章。

③ 对于数量过多的原始凭证，可以单独装订保管，在封面上注明记账凭证日期、编号、种类，同时在记账凭证上注明"附件另订"和原始凭证名称及编号。

二、登记会计账簿

账簿是由具有一定格式、按一定形式联结的账页组成的，以会计凭证为依据，连续、系统、全面、综合地记录和反映各项资产和权益增减变动情况和结果的簿籍。

1. 账簿的种类

（1）按用途分为序时账簿、分类账簿和备查账簿。

① 序时账簿，又称日记账。序时账簿是按经济业务发生的时间顺序，逐日逐笔进行登记的账簿。现金日记账和银行存款日记账是实际工作中应用最广泛的序时账，详细记录了现金、银行存款的收支、结存情况。

② 分类账簿。分类账簿是指按照总分类账户和明细分类账户对全部经济业务进行分类登记的账簿。因此分类账簿又可分为总分类账簿和明细分类账簿。

③ 备查账簿。备查账簿是对某些序时账、分类账中未能记载的经济事项进行补充登记的账簿，是一种辅助性质的账簿，它可以为其他账簿中的某些经济业务提供必要的备查资料。

（2）按外表形式分为订本式、活页式、卡片式账簿（见表1-3）。

表1-3　按外表形式分类

名　称	外 表 形 式	优　点	缺　点	适　用
订本式	由一定数量的、顺序编号的账页固定装订成册	避免账页散失，防止随意抽换账页	不能增减账页，容易造成预留账页不够或过多，影响记录的连续性或浪费账页，不便于分工记账	日记账和总分类账
活页式	零散账页存放于账夹内	可以根据经济业务的实际需要随时增补账页；便于分工记账	容易造成账页散失或被抽换，使用完毕应及时整理成册，妥善保管	明细分类账
卡片式	具有各种格式、使用分散的卡片所组成	记载内容更详细，可以随时存取，便于日常查阅	容易散失，使用完毕应及时整理成册，妥善保管	实物保管、使用部门

（3）按所用账页格式分为三栏式、多栏式、数量金额式及横线登记式账簿（见表1-4）。

表1-4　按所用账页格式分类

名　称	账 页 格 式	适 用 情 况	常 见 账 户
三栏式	借方、贷方、余额三栏	只需要进行金额核算的经济业务	总分类账户及应收、应付账款等明细账
多栏式	基本结构也是借、贷、余三栏，但在借方栏和贷方栏下分别设置若干专栏	需要进行分项目具体反映的经济业务	制造费用、管理费用、本年利润等明细账
数量金额式	基本结构也是借、贷、余三栏，但在每栏下再分别设置"数量""单价""金额"三个小栏目	既需要进行金额核算，又需要进行数量核算的经济业务	库存商品、原材料等明细账
横线登记式	同一张账页的同一行记录某一项经济业务从发生到结束的相关内容	需要逐笔进行结算的经济业务，对照反映一项经济业务的来龙去脉	其他应收款；物资采购等明细账

2. 会计账簿的格式和登记方法

（1）日记账的格式和登记方法。

① 现金日记账。现金日记账是用来核算和监督库存现金每天的收入、支出和结存情况的账簿。由出纳人员根据同现金收付有关的记账凭证，按时间顺序逐日逐笔进行登记，并根据"上日金额+本日收入-本日支出=本日余额"的公式逐日结出现金余额，与库存现金实存数核对，以检查每日现金收付是否有误。

现金日记账的格式一般采用三栏式，三栏式现金日记账设借方、贷方和余额三个基本的金额栏目，一般将其分别称为收入、支出和余额。在金额栏与摘要栏之间常常插入"对方科目"，以便记账时标明现金收入的来源科目和现金支出的用途科目。

② 银行存款日记账。银行存款日记账是用来核算和监督银行存款每日的收入、支出和结余情况的账簿。银行存款日记账应按企业在银行开立的账户和币种分别设置，每个银行账户都设置一本日记账，由出纳员根据与银行存款收付业务有关的记账凭证，按时间先后顺序逐日逐笔进行登记，每日结出存款余额。

（2）总分类账的格式和登记方法。总账中的账页是按总账科目（一级科目）开设的总分类账户。每个企业都应设置总分类账。总分类账最常用的格式为三栏式，设置借方、贷方和余额三个基本金额栏目。总分类账的记账依据和登记方法取决于企业采用的账务处理程序。

登记这么多种类的账，怎么才能知道对错呢？

（3）明细分类账的格式和登记方法。明细分类账是根据二级账户或明细账户开设账页，分类连续地登记经济业务以提供明细核算资料的账簿。不同类型经济业务的明细分类账，可根据管理需要，依据记账凭证、原始凭证或汇总原始凭证逐日逐笔或定期汇总登记。固定资产、债权、债务等明细账应逐日逐笔登记；库存商品、原材料、产成品收发明细账及收入、费用明细账可逐笔登记，也可定期汇总登记。明细账的格式有三栏式、多栏式、数量金额式和横线登记式（或称平行式）等多种。

三、对账和结账

1. 对账

为了保证账簿所提供的会计资料正确、真实、可靠，记完账后，还要定期做好对账工作，做到账证相符、账账相符、账实相符。会计对账工作的主要内容包括：

（1）账证核对。账证核对是将账簿记录与会计凭证进行核对。会计期末，如果发生账证不符，还有必要重新进行账证核对，但这时的账证核对是通过试算平衡发现记账错误之后再按一定的线索进行。

（2）账账核对。账账核对是利用各种账簿之间的勾稽关系，通过账簿之间的相互核对可以发现记账工作是否有误，一旦发现就应立即更正，做到账账相符。

账簿之间的核对包括以下内容：

① 总分类账有关账户核对。主要核对总分类账各账户借方期末余额合计数与贷方期末余额合计数是否相等，借方本期发生额合计数与贷方本期发生额合计数是否相等。

② 总分类账簿与所属明细分类账簿核对。总分类账簿各账户的期末余额应与其所属的各明细分类账的期末余额之和核对相符。

③ 总分类账簿与序时账簿核对。检查现金总账和银行存款总账的期末余额，与现金日记账和银行存款日记账的期末余额是否相符。

④ 明细分类账簿之间的核对。主要是会计部门有关实物资产的明细账与财产物资保管部门或使用部门的明细账定期核对，以检查其余额是否相符。

（3）账实核对。账实核对是指各项财产物资、债权债务等账面余额与实有数额之间的核对。账实核对的主要内容有：

① 现金日记账账面余额与库存现金余额是否相符。

② 银行存款日记账账面余额与银行对账单的余额是否相符。

③ 各项财产物资明细账账面余额与财产物资的实有数额是否相符。

④ 有关债权债务明细账账面余额与对方单位的账面记录是否相符。

2．结账

结账是指在将本期内所发生的经济业务全部登记入账的基础上，按照规定的方法对该期内的账簿记录进行小结，结算出本期发生额合计和余额，并将其余额结转下期或者转入新账，使各账户记录暂告一段落。结账是企业在每个会计期间终了时编制会计报表所必须进行的基础会计工作。

（1）结账的内容及程序。

① 将本期发生的经济业务全部登记入账，并保证其正确性。

② 根据权责发生制的要求，调整有关账项，合理确定本期应计的收入和应计的费用。具体包括应计收入与应计费用的调整及收入的分摊与成本费用的分摊两类。

③ 将损益类科目转入"本年利润"科目，结平所有损益类科目。

④ 结算出资产、负债和所有者权益科目的本期发生额和余额，并结转下期。

（2）结账的方法。

① 对不需要按月结记本期发生额的账户，如各项应收应付款明细账和各项财产物资明细等，每次记账以后，都要随时结出余额，每月最末一笔余额即为月末余额，月末结账时只需要在最后一笔经济业务记录之下通栏画单红线，不需要再结计一次余额。

② 现金、银行存款日记账和需要按月结计发生额的收入费用等明细账，每月结账时要在最后一笔经济业务记录下面通栏画单红线，结出本月发生额和余额，在摘要栏内注明"本月合计"字样，在下面通栏画单红线。

③ 需要结计本年累计发生额的某些明细账户，每月结账时，应在"本月合计"行下结出自年初起至本月末止的累计发生额，登记在月份发生额下面，在摘要栏内注明 "本年累计"字样，并在下面通栏画单红线，在全年累计发生额下通栏画双红线。

④ 总账账户平时结出月末余额，年终结账时，为了总体反映全年各项资金运动情况的全貌，要将所有总账账户结出全年发生额和年末余额，在摘要栏内注明"本年合计"字样，并在合计数下通栏画双红线。

年度终了结账时，有余额的账户，要将其余额结转至下年，并在摘要栏注明"结转下年"字样，在下一会计年度新建有关会计账户的第一行余额栏内填写上年结转的余额，并在摘要栏内注明"上年结转"字样，即将有余额的账户的余额直接记入新账余额栏内。

任务3　厘清思路——熟悉会计核算程序

会计核算程序是指在会计核算中，账簿组织、记账程序和会计报表有机结合的形式。账簿组织是指会计凭证和账簿的种类、格式及账簿之间的相互关系；记账程序是指从填制会计凭证，登记各种账簿，直到编制财务会计报表的整个会计处理程序。由于单位的规模大小、业务性质不同，在实际工作中便形成了各种不同的会计核算组织形式。

一、记账凭证核算程序

记账凭证核算程序的要点：

（1）根据各种原始凭证和汇总原始凭证编制记账凭证。

（2）根据收款凭证、付款凭证逐笔登记现金日记账和银行存款日记账。

（3）根据原始凭证、汇总原始凭证和记账凭证登记各种明细账。

（4）根据记账凭证逐笔登记总分类账。

（5）月末，将现金日记账和银行存款日记账的余额及各种明细分类账的余额合计数，分别与总分类账中有关的账户余额核对相符。

（6）月末，根据审核无误的总分类账与明细分类账的记录，编制会计报表。

特点：直接根据记账凭证，逐笔登记总分类。

记账凭证核算程序如图 1-1 所示。

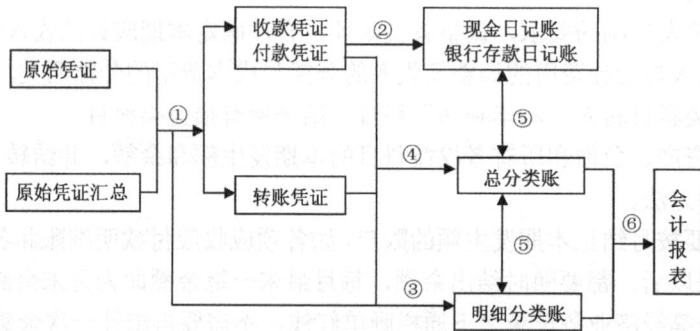

图 1-1　记账凭证核算程序

二、科目汇总核算程序

特点：定期将所有的记账凭证编制成科目汇总表，然后根据科目汇总表登记总分类账。

科目汇总表其实就是试算平衡表的发生额平衡，即将一定时期内的全部记账凭证按照相同的会计科目归类，分别计算出每一个总账科目的借方发生额、贷方发生额，并填列于表内。

科目汇总核算程序如图 1-2 所示。

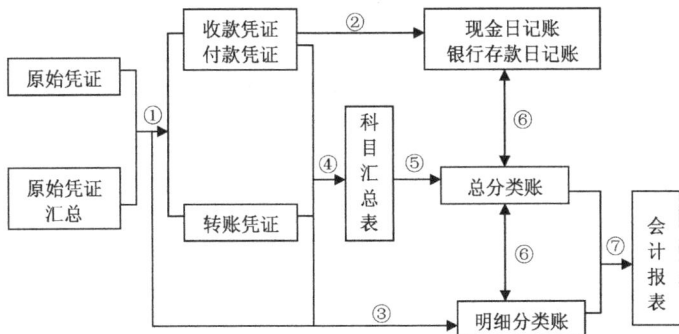

图 1-2　科目汇总核算程序

三、汇总记账凭证核算程序

特点：首先定期将全部记账凭证按照收款凭证、付款凭证与转账凭证分别归类编制成汇总记账凭证，然后再根据汇总记账凭证登记总分类账。

汇总记账凭证核算程序如图 1-3 所示。

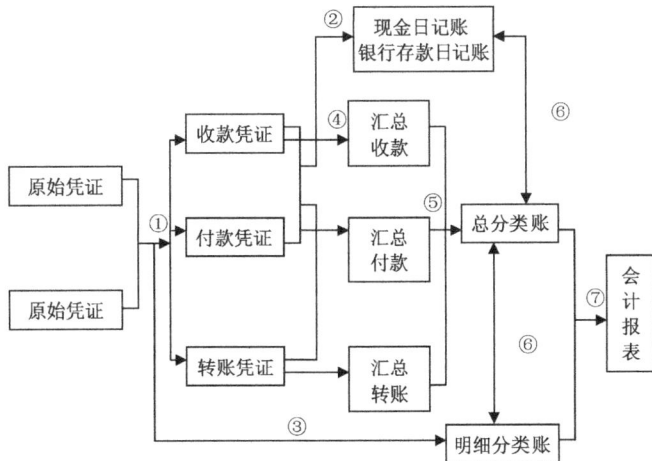

图 1-3　汇总记账凭证核算程序

（1）汇总收款凭证及其编制。汇总收款凭证是指按照现金、银行存款科目的借方分别设置的一种汇总记账凭证，主要是为了汇总一定时期内现金、银行存款收款业务。

编制方法：将需要汇总的收款凭证，按照其对应的贷方科目进行汇总，计算出每一个贷方科目发生额合计数并填入汇总收款凭证中。

（2）汇总付款凭证及其编制。汇总付款凭证是指按照现金、银行存款科目的贷方分别设置的一种汇总记账凭证，主要是为了汇总一定时期内现金、银行存款付款业务。

编制方法：将需要汇总的付款凭证，按照其对应的借方科目进行汇总，计算出每一个借方科目发生额合计数并填入汇总付款凭证中。

（3）汇总转账凭证及其编制。汇总转账凭证是指按照每一个贷方科目分别设置的一种汇总记账凭证，主要用来汇总一定期间内的转账业务。

编制方法：将需要汇总的转账凭证，按照贷方的对应借方科目进行汇总，计算出每一个借方科目发生额合计数并填入汇总转账凭证中。月末，根据计算出的每一个借方科目发生额合计数填列总分类账。

三种常用会计核算形式比较

会计核算形式	主要特点	优缺点	适用情况
记账凭证核算形式	直接根据记账凭证逐笔登记总分类账	简便易行，但登记总账的工作量大	经营规模小、经济业务较简单的企业
科目汇总核算形式	根据科目汇总表登记总账	科目汇总表能起到试算平衡的作用，减轻了登记总账的工作量，但经济业务的来龙去脉不清晰	经营规模大、经济业务较复杂的大中型企业
汇总记账凭证核算形式	根据汇总记账凭证登记总账	既减轻了登记总账的工作量，而且经济业务的来龙去脉清晰；但汇总记账凭证的编制较为烦琐	经营规模大、经济业务较复杂的大中型企业

任务4 从头开始——小企业开业注册与建账

一、小企业开业注册及后续

1．开业注册

小企业注册登记就是要给新生企业"上户口"，必须完成法律规定的一系列程序。首先将企业名称预先到工商局登记，获取企业名称核准，在工商局登记企业名称，到银行开设临时验资账号，请具有验资资格的中介机构出具验资报告；然后备齐申请设立的法定材料申请领取企业营业执照。

此前我国实行的是"三证分离的商事登记制度"，自2015年10月1日开始，国家全面实行"三证合一、一照一码"登记模式。"三证合一"登记制度改革是指将原来企业登记时依次申请，分别由工商行政管理部门核发工商营业执照、质量技术监督部门核发组织机构代码证、税务部门核发税务登记证，改为一次申请、由工商行政管理部门核发一个加载统一社会信用代码的营业执照的登记制度。

统一社会信用代码是每一个法人和其他组织在全国范围内唯一的、终身不变的法定身份识别码。

改革后新办理的营业执照，承载了原来的工商营业执照、组织机构代码证和税务登记证的功能。企业原需要使用组织机构代码证、税务登记证办理相关事务的，一律改为使用"三证合一"后的营业执照办理。

（视频资料："五证合一"别忘记交税）

2．税务后续手续

依法纳税是企业的法定义务，为了营业后能方便快捷地纳税，拿到"一照一码"登记证件后，还需到税务机关办理后续手续。

（1）办理首次涉税事项前的准备工作：刻制发票专用章；签署银行划款三方协议，开

设税款划款对公账户。

① 刻制发票专用章。凭借"一照一码"的登记证件到税务机关办理涉税业务前，要先到公安部门指定的印章刻制单位刻制新式样发票专用章。

② 签署银行划款三方协议，开设税款划款对公账户。纳税人要到办税服务厅取得一份加盖主管税务机关公章的协议书（一式三联），加盖本公司单位公章，到银行开设对公账号。银行在协议书上盖章并留存一联，退回两联。将银行盖章的协议送到办税服务厅，工作人员确认后录入税务征管系统并留存一联。此时，需要向办税服务厅工作人员询问自己网络报税的网址，以及用户名和密码，使用用户名和密码尝试登录。

（2）办理首次涉税事项：首次到税务机关办理如申领发票、申报应税收入等业务时，需要携带已取得的加载统一社会信用代码的营业执照、经办人身份证、发票专用章印模和企业公章。

（3）部分企业信息实录。虽然企业的登记信息已通过电子政务平台传到税务机关，但因部门管理需求不一样，部分登记内容税务机关还需要补录，如房产、土地、车船等财产信息，银行账号、财务负责人信息等。纳税人首次办理申报纳税事项时，要采集核算方式、从业人数、会计制度、代扣代缴、代收代缴税款业务情况等其他补充信息。纳税人办理增值税一般纳税人登记事项的，应采集全部补充信息。

（4）需要注意的关键事项：按时、按期、持续申报。小企业在办完首次涉税业务后，税务部门会对纳税人进行税种（基金、费）的核定，小企业要依照税收法律法规及相关规定确定的申报期限、申报内容连续按期纳税申报。

3．年度报告公示

根据国务院出台的《注册资本登记制度改革方案》，工商总局决定，自 2014 年 3 月 1 日起企业年度检验制度改为企业年度报告公示制度，年度报告公示作为企业的一项法定义务，每年在规定期限内通过"市场主体信用信息公示系统"向工商行政管理机关报送年度报告，并向社会公示，供社会公众查询，企业对年度报告的真实性、合法性负责。

工商行政管理机关通过抽查的方式对企业年度报告公示的内容进行监管，将未按规定报送公示年度报告的企业载入经营异常名录，以信用监管方式取代行政处罚方式，达到引导企业规范经营的目的。

对于经检查发现企业年度报告隐瞒真实情况、弄虚作假的，以及对未按规定报送公示年度报告而被载入经营异常名录或"黑名单"的企业，工商行政管理机关将企业法定代表人、负责人等信息通报公安、财政、海关、税务等有关部门，各有关部门采取相关信用约束措施，从而更有效地监管企业，促进其诚信守法经营。

4．注销

"三证合一"后的企业办理注销时，须先向税务主管机关申报清税，持税务机关出具的《清税证明》，再向企业登记机关申请办理注销登记。

清税证明是指已实行"三证合一、一照一码"登记模式的企业申请注销登记时，向登记机关提交由国税、地税部门出具的所有税务事项均已结清的证明。

二、小企业会计工作的组织与管理

1．小企业会计机构的设置

小企业在初建时，如何设置会计机构是其需要考虑的重要问题之一。企业设置会计机构，应当根据会计业务的需要来决定，一般应当考虑以下两个方面的因素：

（1）企业规模的大小。对于规模较大的中小企业，一般经济业务也比较多，这时应当设置专门的会计机构进行会计核算。对于规模很小、业务和人员都不多的企业，可以不单独设置会计机构，将会计业务并入其他职能部门或者委托代理记账。

（2）经济业务和财务收支的繁简。在决定是否单独设置会计机构时，不能仅考虑企业规模的大小，有些单位的规模相对较小，但其经济业务复杂多样，财务收支频繁，在这种情况下也要单独设置会计机构。

2．小企业会计岗位的设置

根据《会计基础工作规范》，会计工作岗位一般分为：会计机构负责人（会计主管人员）岗位、出纳岗位、稽核岗位、财产物资核算岗位、工资核算岗位、成本费用核算岗位、财务成果核算岗位、资金核算岗位、往来核算岗位、总账岗位、财务报告编制岗位、会计档案管理岗位等。小企业由于规模小、人员少，所以在会计工作岗位的设置上可以一人一岗、一人多岗，但必须符合内部牵制制度的要求，如出纳不得兼任稽核；会计档案保管和收入、费用、债权、债务账目的登记工作；总账和明细账应由不同的人员登记；会计凭证的编制和稽核应由不同人员负责等。

3．会计档案的管理

（1）会计档案的概念及范围。自2016年1月1日起施行新修订的《会计档案管理办法》，在该办法中明确指出会计档案是指单位在进行会计核算等过程中接收或形成的，记录和反映单位经济业务事项的，具有保存价值的文字、图表等各种形式的会计资料，包括通过计算机等电子设备形成、传输和存储的电子会计档案。

下列会计资料应当进行归档：

① 会计凭证，包括原始凭证、记账凭证；

② 会计账簿，包括总账、明细账、日记账、固定资产卡片及其他辅助性账簿；

③ 财务会计报告，包括月度、季度、半年度、年度财务会计报告；

④ 其他会计资料，包括银行存款余额调节表、银行对账单、纳税申报表、会计档案移交清册、会计档案保管清册、会计档案销毁清册、会计档案鉴定意见书及其他具有保存价值的会计资料。

新修订的《会计档案管理办法》专门对电子档案进行了定义。同时满足下列条件的，单位内部形成的属于归档范围的电子会计资料可仅以电子形式保存，形成电子会计档案：

信息化时代，电子的会计资料是会计档案吗？

① 形成的电子会计资料来源真实有效，由计算机等电子设备形成和传输；

② 使用的会计核算系统能够准确、完整、有效接收和读取电子会计资料，能够输出符合国家标准归档格式的会计凭证、会计账簿、财务会计报表等会计资料，设定了经办、审核、审批等必要的审签程序；

③ 使用的电子档案管理系统能够有效接收、管理、利用电子会计档案，符合电子档案的长期保管要求，并建立了电子会计档案与相关联的其他纸质会计档案的检索关系；

④ 采取有效措施，防止电子会计档案被篡改；

⑤ 建立电子会计档案备份制度，能够有效防范自然灾害、意外事故和人为破坏的影响；

⑥ 形成的电子会计资料不属于具有永久保存价值或者其他重要保存价值的会计档案。

满足以上规定条件，单位从外部接收的电子会计资料附有符合《中华人民共和国电子签名法》规定的电子签名的，可仅以电子形式归档保存，形成电子会计档案。

（2）会计档案管理的机构或人员。

① 谁负责管理保管会计档案？

单位的档案机构或者档案工作人员所属机构负责管理本单位的会计档案。单位也可以委托具备档案管理条件的机构代为管理会计档案。

② 会计人员干什么呢？

单位的会计机构或会计人员所属机构按照归档范围和归档要求，负责定期将应当归档的会计资料整理立卷，编制会计档案保管清册。

当年形成的会计档案，在会计年度终了后，可由单位会计管理机构临时保管一年，再移交单位档案管理机构保管。因工作需要确需推迟移交的，应当经单位档案管理机构同意。

单位会计管理机构临时保管会计档案最长不超过三年。临时保管期间，会计档案的保管应当符合国家档案管理的有关规定，且出纳人员不得兼管会计档案。单位会计管理机构在办理会计档案移交时，应当编制会计档案移交清册，并按照国家档案管理的有关规定办理移交手续。

纸质会计档案移交时应当保持原卷的封装。电子会计档案移交时应当将电子会计档案及其元数据一并移交，且文件格式应当符合国家档案管理的有关规定。特殊格式的电子会计档案应当与其读取平台一并移交。

（3）会计档案管理要求。单位应当加强会计档案管理工作，建立和完善会计档案的收集、整理、保管、利用和鉴定销毁等管理制度，采取可靠的安全防护技术和措施，保证会计档案的真实、完整、可用、安全。

单位应当严格按照相关制度利用会计档案，在进行会计档案查阅、复制、借出时履行登记手续，严禁篡改和损坏。

单位保存的会计档案一般不得对外借出。确因工作需要且根据国家有关规定必须借出的，应当严格按照规定办理相关手续。

会计档案借用单位应当妥善保管和利用借入的会计档案，确保借入会计档案的安全完整，并在规定时间内归还。

（4）会计档案的保管期限。新修订的会计档案管理办法规定了各类会计档案的保管期限，规定的会计档案保管期限为最低保管期限。

单位应当定期对已到保管期限的会计档案进行鉴定，并形成会计档案鉴定意见书。经鉴定，仍需继续保存的会计档案，应当重新

（企业和其他组织会计档案保管期限表）

划定保管期限；对保管期满，确无保存价值的会计档案，可以销毁。

会计档案鉴定工作应当由单位档案管理机构牵头，组织单位会计、审计、纪检监察等机构或人员共同进行。

4．销毁程序

经鉴定可以销毁的会计档案，应当按照以下程序销毁：

（1）单位档案管理机构编制会计档案销毁清册，列明拟销毁会计档案的名称、卷号、册数、起止年度、档案编号、应保管期限、已保管期限和销毁时间等内容。

（2）单位负责人、档案管理机构负责人、会计管理机构负责人、档案管理机构经办人、会计管理机构经办人在会计档案销毁清册上签署意见。

刚成立企业时会计要做些什么准备工作呢？

三、小企业如何建账

建账就是小企业在成立初始，根据企业具体行业要求和将来可能发生的会计业务情况，购置所需要的账簿，然后根据企业日常发生的业务情况和会计处理程序登记账簿。

1．建账必须考虑的问题

第一，企业经营规模。企业规模与业务量是成正比的，规模大的企业，业务量大，分工也复杂，会计账簿需要的册数也多；企业规模小，业务量也小，因此企业决策对企业会计信息的依赖性也较小，核算目标主要是对外纳税申报，应考虑采用简明的会计核算形式，所有的明细账可以合成1～2本。

第二，尽量提高核算效率。设计会计账簿，要通盘考虑，不仅要记录方便，而且要在期末结账容易，查账方便，尽量在核算上减少重复登录，提高数据自动平衡校验的有效性，保证会计信息及时明晰，从而提高核算效率。

第三，依据账务处理程序。企业业务量大小不同，所采用的账务处理程序也不同。企业一旦选择了账务处理程序，也就选择了账簿的设置。

2．一般企业建账的准备工作

无论何种企业现金和银行存款日记账都必须设置，还需设置相关的总账和明细账。当一个企业刚成立时，一定要购买上述几种账簿和相关账页。需说明的是，明细账有许多账页格式，要选择好所需格式的账页，如三栏式、多栏式、数量金额式等，然后根据明细账的多少选择所需要的封面和装订明细账用的钉或线。

建账初始，必须要购置的还有记账凭证，记账凭证封面、记账凭证汇总表、记账凭证装订线、装订工具。为报表方便还应购买空白资产负债表、利润表（损益表）、现金流量表等相关会计报表。

3．工业企业建账工作

工业企业是指那些专门从事产品的制造、加工、生产的企业，所以也有人称工业企业为制造业。工业企业由于会计核算涉及内容多，又有成本归集与计算问题，所以工业企业建账是最复杂，也是最具有代表意义的。

（1）现金日记账和银行存款日记账。这两种账簿是企业必须具备的，一般两种账本各设一本。首先根据账簿的启用要求将扉页要求填制的内容填好，根据企业第一笔现金来源和银行存款来源登记入现金日记账和银行存款日记账。

（2）总分类账。企业可根据业务量的多少设一本或几本总分类账，然后根据企业涉及的业务和会计科目设置总账。原则上讲，只要是企业涉及的会计科目就要有相应的总账账簿（账页）与之对应。

（3）明细账。小企业明细账是根据企业自身管理和外界对企业信息资料的需要来设置。明细账通常根据总账科目所属的明细科目设置，一般采用"活页式"账页，格式主要有三栏式、多栏式和数量金额式。一般需要设置明细账的总账科目有应收账款（根据客户名称设置）、其他应收款（根据应收部门、个人、项目设置）、固定资产（根据固定资产的类型设置）、短期借款（根据短期借款的种类或对象设置）、应付账款（根据应付账款对象设置）、其他应付款（根据应付的内容设置）、应交税费（根据税费的种类设置）、销售费用、管理费用、财务费用（均按照费用的构成设置）、主营业务收入与主营业务成本（根据产品的品种、批别、类别设置）、营业外收入、营业外支出（根据收入与支出的种类设置）、投资收益（根据投资的性质与投资的种类设置）。

为计算产品成本要设置生产成本明细账和制造费用明细账，生产成本明细账根据企业选择的成本计算方法，可以按产品品种、批别、类别、生产步骤设置明细账。制造费用明细账根据制造费用核算内容（如工资费、折旧费、修理费等）设置。

（4）其他方面。因工业企业的成本计算比较复杂，所以在企业建账时，要设计一些计算用表格，如材料费用分配表、领料单、工资费用计算表、折旧费用分配表、废品损失计算表、辅助生产费用分配表、产品成本计算单等相关成本计算表格。

四、小工业企业日常经济业务概述

企业要实现盈利这一目标必须经过一系列的生产经营活动才能完成。以工业企业为例，筹集资金是起点，然后经历供应过程、生产过程和销售过程，如图1-4所示。

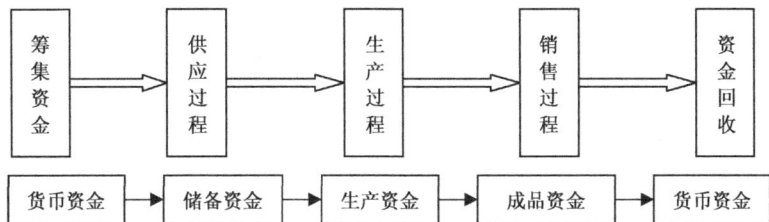

图 1-4　中小工业企业日常经济业务

会计反映和控制的内容，是供、产、销经营过程中能够用货币表现的方面，包括：

（1）由于经营资金的取得、运用和退出企业等经济活动所引起的各项资产、负债及所有者权益的变化情况。

（2）企业在供、产、销的经营过程中的各种生产费用支出和产品成本形成的情况。

（3）企业销售收入的取得和企业纯收入的实现、分配和解缴的情况。

任务5 事半功倍——认真阅读会计实务模拟操作的友情提醒

一、认识会计实务模拟的意义

本书设计的原始凭证与中小企业实际所用原始凭证基本相同，突出仿真性、连续性和可操作性，分步骤进行实务训练，但业务具有连续性，统一对记账凭证编号，对企业某一特定会计期间的经济业务形成较完整的认识。希望学习者能达到以下目的：

（1）进一步理解会计核算理论和方法。通过边学边做、边做边学，使理论知识学习和实务操作同步进行，巩固所学知识，熟悉会计工作规范，掌握从事会计工作的基本岗位技能。

（2）培养作为一名会计人员应具备的认真细致、实事求是、踏实肯干的作风，并树立良好的职业道德。

二、会计实务模拟的一般要求

进行会计实务模拟时，一般应遵循下列基本要求：

（1）动手操作之前，要弄清实务模拟的目的和要求，并对教材的有关内容进行认真复习，以便顺利完成各项实务模拟。

（2）积极参与实务模拟过程，要做到亲自动手，勇于实践，充分发挥主观能动性，实务操作中遇到困难可及时向老师请教，也可与其他同学讨论，但任务必须独立完成。

（3）各项实务模拟的基本操作规范要按照《会计基础工作规范》的要求进行。

（4）按要求编写实验报告。实务模拟结束后，要对实务模拟情况进行总结，谈谈自己的心得体会和收获。

操作技术要求如下：

（1）规范，必须严格按照会计制度和会计基础工作规范的要求进行实务操作。

（2）准确，文字表述和数字计算必须准确无误。

（3）清楚，文字或书写要清晰、工整，不得潦草。

（4）及时，必须按照经济业务发生时间和实务操作计划的安排，及时地进行会计实务操作，保证任务的按时完成。

三、本书会计实务模拟的主要任务

（1）根据所提供的模拟企业 2016 年 11 月 30 日账户余额资料，开设总账账户及有关明细账户，过入期初余额。

（2）根据每章经济业务内容，完成相关原始凭证的填制，并根据原始凭证编制记账凭证。对编制的记账凭证妥善保管，等待所有章节业务处理完毕后，按经济业务发生的时间顺序进行编号，排列整理并装订成册。特别提示：要分析每章提供的原始凭证，尤其是一笔经济业务存在两张以上的原始凭证时，一定要加以仔细的分析，弄清原始凭证所反映的经济业务内容后，再进行会计处理。

（3）根据记账凭证登记日记账、明细账，要求对日记账每天结出余额，对明细分类账进行月结。

（4）按月汇总，编制科目汇总表据以登记总账，并结出余额。

（5）根据账户记录进行对账，保证账账相符。

（6）根据提供的账户余额及发生额资料，以及账簿记录编制模拟企业 2016 年 12 月 31 日资产负债表和 2016 年度利润表。

四、会计实务模拟操作的组织

在小企业实际工作中，会计岗位可以一人一岗，也可以一人多岗，或一岗多人，建议将整个班级的学生分成几组（每组不宜超过 10 人），一个小组相当于一个财务部，再分设不同的会计岗位。学生在每次实务模拟前在教师的指导下讨论每项任务要设置哪些岗位，学生自主选择岗位，明确每个岗位的工作职责；教师在课堂教学中组织学生分工协作完成任务，小组之间还可开展交互检查和竞赛；课后再布置任务让学生去完成别的岗位上的任务，这样学生都能清楚地知道整个业务处理流程。有条件的学校最好放在会计模拟室和模拟银行、模拟税务室进行操作，营造较为逼真的环境氛围，更接近企业实际工作。建议设置出纳、往来、存货、成本核算、财务主管五个岗位，各岗位明确工作职责，按会计基础工作规范的要求进行账务处理。实际工作中各岗位的具体职责如下：

（1）出纳，办理现金收付和结算业务，登记现金和银行存款日记账，保管库存现金和各种有价证券，保管有关印章、空白票据和空白支票。

（2）往来，建立往来款项结算手续，办理往来款项的结算业务，负责往来款项的明细核算。

（3）存货（兼固定资产），会同有关部门拟订财产物资的核算与管理办法，负责材料、库存商品和固定资产明细分类核算，计算提取固定资产折旧，参与材料、库存商品和固定资产的清查盘点。

（4）成本核算，会同有关部门拟订成本核算办法，制订成本费用计划，负责成本管理基础工作，核算产品成本和期间费用，编制成本费用报表并进行分析。

（5）财务主管（兼总账报表），具体领导单位财务会计工作，参与企业经营决策，负责稽核登记总账，负责编制财务会计报表，负责管理会计凭证和财务会计报表。

进行实际模拟操作时，再根据任务具体内容和侧重点，在教师指导下做适当调整。

五、本书模拟企业的基本情况

名称：南京新宏制造有限责任公司——一家从事小型食品机械制造的小企业，增值税一般纳税人（税率17%），执行小企业会计准则。

开户银行：中国工商银行南京东湖支行

账号：18010011220010888

税务号：280602002234678

地址：南京市东湖路 118 号

电话：025-81336665

注册资本：542 万元人民币

法定代表人：张方军

职工人数：60 人

使用原辅材料：各种钢材、塑料、电动机及机物料和包装物

生产产品：810 号和 8810 号

主要会计政策：

（1）各种存货采用实际成本计价。

（2）采用全月一次加权平均法计算发出存货的成本。

（3）采用账结法结转本年利润。

（4）固定资产采用平均年限法计提折旧。

公司 2016 年 11 月账户余额如表 1-5 所示。

表 1-5 账户余额表

2016 年 11 月 30 日

编　号	账户名称	明细账户	借　方	贷　方	备　注
1001	现金		7 570.74		
1002	银行存款		391 560.95		
1012	其他货币资金		100 000.00		
		外埠存款	100 000.00		
1121	应收票据		50 000.00		
		北京通顺	50 000.00		
1122	应收账款		254 448.00		
		上海安顺	147 288.00		
		长沙贸易	107 160.00		
1221	其他应收款		12 200.00		
		办公室备用金	11 000.00		
		刘志平	1 200.00		
1123	预付账款		60 000.00		
		苏州兴旺	20 000.00		
		邮电局	20 000.00		
		广告公司	20 000.00		
1402	在途物资		68 200.00		
		专用塑料	68 200.00		2 200 千克
1403	原材料		1 205 955.00		
		专用钢材	645 000.00		215 吨
		专用塑料	90 055.00		2 905 千克
		专用电机	410 900.00		587 个
		机物料	60 000.00		200 千克
1411	周转材料		99 200.00		
		包装箱	23 600.00		800 只
		专用工具	75 600.00		378 件

26

编　号	账户名称	明细账户	余　额（元）		备　注
			借　方	贷　方	
1405	库存商品		383 900.00		
		810 产品	195 600.00		75 台
		8810 产品	188 300.00		70 台
1408	委托加工物资		20 000.00		
		包装箱	20 000.00		发出的加工材料
1601	固定资产		5 203 663.34		
		在用房屋建筑物	3 832 000.00		
		在用机器设备	1 221 663.34		
		在用运输工具	100 000.00		
		工具器具	50 000.00		
1602	累计折旧			357 500.00	
1701	无形资产		50 000.00		
		商标权	50 000.00		
	累计摊销			20 000.00	
	资产合计		7 906 698.03	377 500.00	
2001	短期借款			80 000.00	年利率 9.4%
2202	应付账款			87 872.00	
		南京自来水公司		2 400.00	11 月水费
		南京电力公司		32 000.00	11 月电费
		上海大江公司		12 932.00	
		南京吉元公司		40 540.00	
2203	预收账款			40 000.00	
		上海安顺		40 000.00	
2211	应付职工薪酬			70 000.00	11 月工资
2221	应交税费			75 697.18	
		应交所得税		31 697.18	
		应交个人所得税		3 000.00	
		未交增值税		30 000.00	
		应交城建税		7 000.00	
		应交教育费附加		4 000.00	
	负债合计			353 569.18	
3001	实收资本			5 420 000.00	
3101	盈余公积			798 760.00	
		法定盈余公积		508 160.00	
		任意盈余公积		290 600.00	
3103	本年利润			480 468.85	1～11 月利润
3104	利润分配	未分配利润		476 400.00	年初未分配利润
	所有者权益合计			7 175 628.85	
	负债及所有者权益合计			7 529 198.03	

新宏制造有限责任公司损益类账户发生额资料如表 1-6 所示。

表 1-6　新宏制造有限责任公司损益类账户发生额资料表

序　号	账　户	1～11 月累计金额（元）
5001	主营业务收入	3 763 400.00
5051	其他业务收入	25 600.00
5301	营业外收入	6 000.00
5401	主营业务成本	2 152 248.00
5402	其他业务成本	11 890.00
5403	税金及附加	88 036.20
5601	销售费用	608 564.00
5602	管理费用	236 550.00
5603	财务费用	86 620.00
5711	营业外支出	3 800.00
5801	所得税	126 822.95

动手做账

1. 原始凭证的填制

原始凭证填制的目的：熟悉原始凭证应具备的基本内容，掌握一些具有一定代表性的原始凭证的填制和审核方法。

（1）增值税专用发票。按规定，增值税专用发票由专门防伪税控系统开具，这里只是熟悉一下专用发票的内容。增值税专用发票及相关原始凭证如表 1-7 所示（以上海市为例）。

表 1-7

上海市增值税专用发票

21065849　　　　　　　　　　　记账联　　　　　　　　　　No.0028637

开票日期：2016 年 6 月 28 日

购货单位	名　　称：上海阳光有限责任公司					密码区		
	纳税人识别号：260801024685454							
	地址、电话：上海市望海开发区 12 号 021-3102258							
	开户行及账号：工行上海支行 180177158900103478							
货物及应税劳务名称	规格型号	单位	数量	单价	金额	税率	税额	
乙产品		件	400	490.00	196 000.00	17 %	33 320.00	
价税合计（大写）	贰拾贰万玖仟叁佰贰拾元整				￥229 320.00			
销货单位	名　　称：大江有限责任公司					备注		
	纳税人识别号：280602002234777							
	地址、电话：上海市解放街 208 号 021-3133666							
	开户行及账号：工行上海支行 180100112200100666							

收款：李红　　　　复核：章林　　　开票：杨立志　　　　销货单位（章）

第一联：记账联　销货方记账凭证

（2）银行结算凭证。银行结算凭证是银行办理款项划拨、收付款单位和银行进行会计核算的书面凭证。不同的结算方式，由于其适用范围、结算内容和结算程序不同，其结算凭证的格式、内容和联次等也各不相同。如表 1-8 所示是最常见的进账单（以中国工商银行为例）。

表 1-8

<h2>中国工商银行　进账单（收账通知）</h2>

2016 年 6 月 30 日　　　　　　　　　　　　　　第 37789 号

付款人	全称	上海阳光有限责任公司	收款人	全称	大江有限责任公司							
	账号	180177158900103478		账号	180100112200100666							
	开户银行	工行上海淮山支行		开户银行	工行上海江河支行							
人民币（大写）		贰拾贰万玖仟叁佰贰拾元整			百	十	万	千	百	十	元	角	分
				¥	2	2	9	3	2	0	0	0
票据种类		转账支票			中国工商银行　上海江河支行　2016.6.30								
票据张数		1 张			业务清讫（5）（收款人开户行盖章）								
单位主管：　会计：　复核：　记账：												

（3）常用自制原始凭证的编制。

① 收料单与领料单。收料单和领料单是企业材料收发最常用的自制原始凭证，一般由仓库保管员根据相关单据填写。它一般一式三联，填写要求：应用蓝色或黑色复写纸一次复写各联；各项目应填写齐全，书写规范；由各有关责任人签名盖章。

- 收料单。大江有限责任公司 2016 年 6 月 1 日从乐山厂购入机物料 600 千克，单位成本 282 元，发生相关运杂费 300 元，当日验收入库。请填写如表 1-9 所示的收料单。
- 领料单。2016 年 6 月 2 日，大江有限责任公司基本生产车间本月领用钢材 20 吨，单位实际成本 3 000 元，用于生产 1 号机器。请填写如表 1-10 所示的领料单。

表 1-9

<h2>收　料　单</h2>

材料科目：　　　　　　　　　　　　　　　　　　　供应单位：

材料类别：　　　　　　　　　　　　　　　　　　　发票号码：967414

2016 年 6 月 1 日　　　　　　　　　　　　　　收 字第 1 号

材料名称	规格	计量单位	数量	实际成本			
				买价		摊运杂费	合计
				单价	金额		
机物料		千克					
合计							

供应部负责人：　　　　记账：　　　　检验：　　　　保管：

表 1-10

领 料 单

领料单位：生产车间　　　　　　　　　　　2016 年 6 月 2 日　　　　　　　　　　编号：212660

名　称	规格或型号	单　位	数　量		实际成本		用　途
			请　领	实　发	单位成本	金　额	

记账：　　　　　　　　　　发料人：　　　　　　　　　　领料人：

② 产品入库单与出库单。产品入库单与出库单是企业产成品收发最常用的自制原始凭证，一般由仓库保管员根据相关单据填写。

● 产品入库单。大江有限责任公司 2016 年 6 月 28 日将本月生产的产品验收入库，其中甲产品 100 件，每件生产成本 500 元；乙产品 10 台，单位生产成本 3 500 元。请填写如表 1-11 所示的产品入库单。

● 产品出库单。大江有限责任公司 2016 年 6 月 28 日销售给某企业甲产品 80 件，单位生产成本 500 元；乙产品 8 台，单位生产成本 3 500 元。请填写如表 1-12 所示的产品出库单。

表 1-11

产品入库单

2016 年 6 月 28 日

品　名	规格型号	单　位	数　量	单位成本	总　成　本

车间负责人：陈围　　　　　　　仓库管理员：王力　　　　　　　制单：李安

表 1-12

产品出库单

提货部门：销售部门　　　　　　　2016 年 6 月 28 日　　　　　　　成品仓库：

产品名称	规格	单　位	数　量	单位成本	金　额	备　注
甲产品						
乙产品						
合计						

仓库管理员：王力　　　　　　　　　　　　　经手人：杨玉

③ 各种费用分配表。最常见的有采购费用分配表、水电费分配表、费用摊销计算表和制造费用分配表等。此部分内容将在后面有关章节中练习。

④ 汇总原始凭证。如表 1-13 和表 1-14 所示是最常见的收料凭证汇总表和发料凭证汇总表。

表 1-13

收料凭证汇总表

2016 年 6 月 1～15 日

应贷账户 \ 应借账户	原 材 料							应交税金	总 计
	原料及主要材料	辅助材料	外购半成品	修理用备件	包装材料	燃 料	合 计		
在途物资	200 000 元							34 000 元	234 000 元
生产成本		2 000 元							
……									
合计	200 000 元	2 000 元						34 000 元	236 000 元

表 1-14

发料凭证汇总表

2016 年 6 月 30 日

应借账户 \ 应贷账户		原料及主要材料	辅助材料	合 计
生产成本	基本生产成本——A 产品	290 000 元	3 000 元	293 000 元
	基本生产成本——B 产品	200 000 元	600 元	200 600 元
车间一般耗用			5 400 元	5 400 元
厂管理部门用			2 900 元	2 900 元
合 计		490 000 元	11 900 元	501 900 元

会计主管： 复核人： 制表人：

⑤ 费用报销单（见表 1-15）。费用报销单是由部门或者个人报销各种费用时填写。会计人员应了解有关交易所 的填写要求，对有关部门和个人填写的单据进行审核。

● 费用报销单为单联式，一次书写完成。

● 不同的费用报销单应填写不同的报销单。最常见的是差旅费报销单。

● 费用报销单后应黏附各类费用发票，归类填写。报销标准、比例及各项补贴应按规定计算填写。

表 1-15

差旅费报销单

2016 年 6 月 21 日

部门	供应科		出差人		李刚			事由		会议			
出发时间			到达时间			火车票	飞机票	市内车费	住宿费	其他	住勤费			合计
月	日	地点	月	日	地点						天数	标准	金额	
12	16	南京	12	17	上海	80 元		120 元	600 元	1 700 元	4 天	50 元	200 元	2 700 元
12	20	上海	12	21	南京	80 元		20 元						100 元
人民币（大写）贰仟捌佰元整														2 800 元
预支金额		3 000.00 元		实报金额			2 800.00 元			结余或超支		200.00 元		
单位领导		杨博		部门负责人			杨会			备　注				

会计主管：蒋华　　　　记账：蒋华　　　　审核：黄兰　　　　出纳：刘军　　　附单据 5 张

2. 记账凭证编制

记账凭证编制的目的：熟悉记账凭证应具备的基本要素；熟练地根据原始凭证判断不同经济业务应该填制的专用记账凭证；掌握会计实务中各种专用记账凭证填制、审核的要求和方法等基本操作技能。

3. 开设账簿

开设账簿的目的：理解建账的方法和所需要的工作步骤；为企业确定本企业会计账户体系；熟悉各种账簿的格式并初步了解账簿的登记方法。

（1）假设模拟企业尚未建账，根据本企业生产经营情况、经营规模及会计机构设置情况，决定设置现金和银行存款日记账、总账和明细账，构成本企业会计账簿体系。登记现金日记账使用登记表、总账使用登记表和总账账户目录。

（2）由于模拟企业已建好账簿体系，因此要求根据所提供的模拟企业 2016 年 11 月 30 日账户余额资料，开设总账户及有关明细账户，过入期初余额。

（说明：开设账簿（2）过入期初余额是本书整体模拟实务的基础内容，其他实务内容相当于基础会计实务模拟练习，不作为全书会计实务模拟的一部分。）

知识检测

一、单项选择题

1. 在会计核算上能够进行正常会计处理的基础是（　　）。
   A. 会计主体　　　　B. 持续经营　　　　C. 会计分期　　　　D. 货币计量
2. 下列项目中，属于企业流动资产的是（　　）。
   A. 预收账款　　　　B. 机器设备　　　　C. 专利权　　　　D. 库存商品
3. 某公司某会计期间期初资产总额为 200 000 元，当期期末负债总额比期初减少 20 000

元，期末所有者权益比期初增加 60 000 元。则该企业期末资产总额为（　　）元。

    A．180 000　　　　B．200 000　　　　C．240 000　　　　D．260 000

4．下列经济业务会引起资产类项目和负债类项目同时减少的是（　　）。

    A．从银行提取现金　　　　　　　　B．赊购原材料

    C．用银行存款归还企业的银行短期借款　　D．接受投资者投入的现金资产

5．某企业"长期借款"账户期末贷方余额为 100 000 元，本期共增加 60 000 元，减少 80 000 元。则该账户的期初余额为（　　）元。

    A．借 80 000　　　B．贷 120 000　　　C．借 120 000　　　D．贷 80 000

6．职工出差的借款单，按其填制方法属于（　　）。

    A．自制原始凭证　　　　　　　　　B．外来原始凭证

    C．一次凭证　　　　　　　　　　　D．累计凭证

二、多项选择题

1．下列项目中，引起资产负债变化的经济业务是（　　）。

    A．以银行存款偿还银行借款　　　　B．开出应付票据抵付应付账款

    C．以银行存款上交税金　　　　　　D．收到外商捐赠的设备

2．下列项目中，属于所有者权益的有（　　）。

    A．投资人对企业的投入资本　　　　B．资本溢价

    C．未分配利润　　　　　　　　　　D．盈余公积金

    E．接受他人的捐赠

3．明细账可据（　　）登记。

    A．记账凭证　　　　　　　　　　　B．原始凭证

    C．原始凭证汇总表　　　　　　　　D．科目汇总表

4．用银行存款缴纳企业欠缴的税金可能导致（　　）。

    A．企业的资产总额减少　　　　　　B．企业的资产总额增加

    C．企业的资产和负债同时减少　　　D．会计恒等式不再平衡

    E．所有者权益不变

5．会计账簿按经济用途可分为（　　）。

    A．序时账　　　B．分类账　　　C．联合账　　　D．备查账

6．对账的内容包括（　　）。

    A．账证核对　　　B．账账核对　　　C．账实核对　　　D．账表核对

三、判断题

1．在账簿记录中可能出现红字。　　　　　　　　　　　　　　　（　　）

2．所有者权益就是指投资者投入的全部资本。　　　　　　　　　（　　）

3．借贷记账法下，账户的借方登记增加数，贷方登记减少数。　　（　　）

4．总账与其所属明细账必须平行登记，总账与所属明细账的余额方向肯定相同。

    　　　　　　　　　　　　　　　　　　　　　　　　　　　　（　　）

5．通过试算平衡检查账簿记录后，若平衡就可肯定记账准确无误。　（　　）

6．预收账款和预付账款均属于负债。　　　　　　　　　　　　　（　　）

模块 2 小企业日常主要经济业务核算

项目 1 小企业资金筹集业务核算

基本要求:	① 掌握实收资本的账务处理； ② 掌握短期借款和长期借款的核算。
重 点:	① 实收资本和资本公积的核算； ② 短期借款和长期借款的核算。
难 点:	实收资本的核算、长期借款的核算。

案例导入

想一想，如果你创业开店需要 15 万元，自己出资 5 万元，鼓动同学投资 4 万元合伙经营，还缺 6 万元怎么办呢？获得银行小额创业贷款 3 万元，又向朋友借了 3 万元。由此可以看出，资金来源就是两个方面——投资者投入和向外部借款，这也是我国小企业常用的两条筹集渠道。

> 创办企业的钱从哪儿来呢？

知识链接

注册资本又称法定资本，有限责任公司的注册资本是在公司登记机关登记的全体股东实缴的出资额。根据新修改的公司法，有限责任公司的注册资本为在公司登记机关登记的全体股东认缴的出资额。2014 年新修改的公司法将注册资本实缴登记制改为认缴登记制，公司股东可以自主约定认缴出资额、出资方式、出资期限等，并记载于公司的章程。

实缴制是指企业营业执照上的注册资本是多少，该公司的银行验资账户上就必须有相应数额的资金。实缴制需要占用企业的资金，一定程度上抑制了投资创业，降低了企业资本的营运效率。而认缴制则是工商部门只登记公司认缴的注册资本总额，无须登记实收资本，不再收取验资证明文件。认缴登记制不需要占用企业资金，可以有效提高资本运营效率，降低企业成本。

实收资本是指投资者按照企业章程或合同、协议的约定，实际投入企业的资本，它是企业注册登记的法定资本总额的来源，它表明所有者对企业的基本产权关系。实收资本是企业永久性的资金来源，它是保证企业持续经营和偿还债务的最基本的物质基础，是企业抵御各种风险的缓冲器。

任务 1　投入资本的核算

一、实收资本的核算

1. 账户设置

依照新修改的公司法的规定，公司股东可以自主约定认缴出资额、出资方式、出资期限等。因此，在核算上就有必要设置"实收资本"账户核算小企业实际收到的投资者的出资。应按照不同投资者进行明细核算。

实收资本	
根据有关规定减少的注册资本	实际收到投资者的出资，以及根据有关规定增加的注册资本
	企业实际拥有资本总额

2. 不同出资方式下投入资本的核算

股东可以用货币出资，也可以用实物、知识产权、土地使用权等可以用货币估价并可以依法转让的非货币财产作价出资；但是，法律、行政法规规定不得作为出资的财产除外。

投资者可采用哪些方式出资呢？

[例 2-1-1]　货币投资的核算。

新宏公司接受亿达房地产公司投入货币资金 200 000 元，已存入银行。

　　借：银行存款　　　　　　　　　　　　　　200 000
　　　　贷：实收资本——亿达房地产公司　　　　　　200 000

[例 2-1-2]　接受实物投资的核算。

新宏公司收到 A 投资者投入小汽车一辆，原价 210 000 元，累计折旧 40 000 元，评估确认价值 150 000 元。

　　借：固定资产——小汽车　　　　　　　　150 000
　　　　贷：实收资本——A　　　　　　　　　　150 000

[例 2-1-3]　接受无形资产投资的核算。

新宏公司接受 B 投资者以非专利技术投资，经过双方评估确认该项非专利技术价值

100 000 元。

  借：无形资产——非专利技术   100 000
    贷：实收资本——B   100 000

  延伸思考实务问题：新成立公司注册资本 1 000 000 万元，章程规定可以一年内缴清，公司新成立的时候没有收到一分钱实收资本，但大老板自己出钱支付了营业用房租金，购买了办公设备、办公用品等共计 150 000 元。想一想，会计应当如何记账呢？这也是新公司法修订以来会计实务中大家讨论和关注的问题。建议大家上网查阅不同的处理方法，进行一下分析比较，看看怎样的处理方法既合法又合理。

> 投资者的出资都在"实收资本"核算吗？

二、资本公积的核算

  资本公积，是指小企业收到的投资者出资额超过其在注册资本或股本中所占份额的部分。小企业用资本公积转增资本，应当冲减资本公积。小企业的资本公积不得用于弥补亏损。

提示

  想一想，为什么有人愿意多出钱却少占份额呢？企业初创时，要经过筹建、开拓市场等过程，投资回报时间长，资本利润率较低，投资风险较大。正常生产经营以后，资本利润率要高于初创时期，同时企业可能有了留存收益，使原有投资在质量上和数量上都发生变化。因此，为了维护原有投资者的权益，新加入的投资者须付出大于原有投资者的出资额，才能取得与原有投资者相同的投资比例。

1. 账户设置

资本公积	
根据有关规定用资本公积转增资本	小企业收到投资者出资超出其在注册资本中所占份额的部分
	小企业资本公积总额

2. 资本公积的核算

[例 2-1-4] 新宏公司注册资本 3 800 000 元，收到 C 投资者投入转账支票一张，金额 200 000 元，C 投资者占新宏公司注册资本的比例为 5%。

  借：银行存款   200 000
    贷：实收资本——C   190 000
      资本公积——资本溢价   10 000

[例 2-1-5] 新宏公司用资本公积 30 000 元转增资本。

  借：资本公积   30 000
    贷：实收资本   30 000

任务 2　负债筹资的核算

一、短期借款的核算

1. 账户设置

设置"短期借款"账户核算小企业向银行或其他金融机构等借入的期限在 1 年内的各种借款。应按照借款种类、贷款人和币种进行明细核算。

借来的钱怎么核算呢?

短期借款

短期借款的偿还数额	借入的短期借款额
	尚未归还的短期借款本金

2. 短期借款的核算

[例 2-1-6]　新宏公司 4 月 1 日向当地工商银行申请流动资金贷款 100 000 元,用于购进库存材料。借款期限 3 个月,年利率 12%,款项收存银行,每月月初按月付息。

(1)企业于 4 月 1 日取得借款时,根据银行收款通知,应作会计分录如下:

借:银行存款　　　　　　　　　　　　100 000
　　贷:短期借款——工商银行　　　　　　　　　100 000

(2)企业于 4 月 30 日计算当月负担的利息时(100 000 元×12%÷12=1 000 元):

借:财务费用　　　　　　　　　　　　1 000
　　贷:应付利息　　　　　　　　　　　　　　1 000

5 月月初支付利息时:

借:应付利息　　　　　　　　　　　　1 000
　　贷:银行存款　　　　　　　　　　　　　　1 000

企业 5 月月末 6 月月初应作相同会计分录。

(3)6 月 30 日,借款期满,新宏公司以银行存款偿还本息时:

借:短期借款——临时借款　　　　　　100 000
　　财务费用　　　　　　　　　　　　1 000
　　贷:银行存款　　　　　　　　　　　　　　101 000

二、长期借款的核算

1. 账户设置

设置"长期借款"账户核算小企业向银行或其他金融机构借入的期限在 1 年以上的各项借款本金。应按照借款种类、贷款人和币种进行明细核算。

长期借款	
已偿还的长期借款额	已借入的长期借款额
	尚未偿还的长期借款本金

2. 长期借款的核算

[例 2-1-7]　新宏公司 2014 年 1 月 1 日向建设银行借入资金 500 000 元，借款利率 12%，借款期限两年，每月支付借款利息，两年期满后一次还清本金，该企业用此款改造升级厂房。2009 年年底共发生料、工、费 300 000 元，2015 年发生料、工、费 200 000 元。2015 年 6 月已完工交付使用，并办理了竣工手续。（假定工程完工前利息费用全部进入在建工程，完工后计入财务费用）

（1）收到借款时：

借：银行存款　　　　　　　　　　　　　　500 000

　　贷：长期借款——建设银行　　　　　　　　500 000

（2）2014 年，根据各种料、工、费业务（实际工作应该在发生费用的当月做会计分录）：

借：在建工程　　　　　　　　　　　　　　300 000

　　贷：银行存款　　　　　　　　　　　　　　300 000

（3）2014 年每月支付利息（为简化不通过应付利息账户）：

借：在建工程　　　　　　　　　　　　　　5 000

　　贷：银行存款　　　　　　　　　　　　　　5 000

（4）2014 年发生各种费用，根据付款凭证及有关凭证：

借：在建工程　　　　　　　　　　　　　　200 000

　　贷：银行存款　　　　　　　　　　　　　　200 000

（5）2015 年办公楼完工交付使用前每月付息：

借：在建工程　　　　　　　　　　　　　　5 000

　　贷：银行存款　　　　　　　　　　　　　　5 000

（6）根据办理完的竣工手续，编制转账凭证：

借：固定资产　　　　　　　　　　　　　　590 000

　　贷：在建工程　　　　　　　590 000（300 000+200 000+5 000×18）

（7）2015 年办公楼完工交付使用后每月付息：

借：财务费用　　　　　　　　　　　　　　5 000

　　贷：银行存款　　　　　　　　　　　　　　5 000

（8）到期归还本金时，根据付款凭证：

借：长期借款——建设银行　　　　　　　　500 000

　　贷：银行存款　　　　　　　　　　　　　　500 000

动手做账

资料：新宏有限责任公司 2016 年 12 月发生以下有关资金筹集的经济业务。

【业务 1】（见表 2-1-1、表 2-1-2）

表 2-1-1

中国建设银行　借款借据（回单）　⑥

填制日期：2016 年 12 月 2 日

借款单全称	新宏有限责任公司		存款户账号	180100112200100888									
贷款种类	长期借款	利率　年（率）12%	贷款户账号	285788210100123671									
贷款金额 （大写）	叁拾万元整		亿	千	百	十	万	千	百	十	元	角	分
				¥	3	0	0	0	0	0	0	0	0
系统合同号	1508 号		上列贷款已转入你单位的存款户										
备注：厂房抵押贷			中国建设银行 南京东湖支行 2016.12.2 业务清讫 （5） （银行公章）										

此联代存款账户收账通知

表 2-1-2

中国建设银行南京分行借据（副本）

填制日期：2016 年 12 月 2 日

借款合同

甲方：中国建设银行南京新城营业部

乙方：南京市新宏有限责任公司

　　乙方申请固定资产专门借款 30 万元，专门用于车间改造工程，协议规定如下：

借款期限 2 年，年利率 12%。

采用单利计算，到期一次还本付息。

……

　　甲方签章：（章）

　　乙方签章：（章）

签订日期：2016 年 12 月 2 日

【业务 2】（见表 2-1-3、表 2-1-4）

表 2-1-3

收款收据

2016 年 12 月 3 日　　　№11588462

交款单位	利伟有限责任公司	交款方式	转账支票								
人民币 （大写）	壹拾万元整		百	十	万	千	百	十	元	角	分
			¥	1	0	0	0	0	0	0	0
交款事由	投资款										

第三联：记账联

注：已办妥了增资手续。

表 2-1-4

中国工商银行　进账单　（收款通知）　3

2016 年 12 月 3 日　　　　　　　　　第　号

付款人	全称	利伟有限责任公司	收款人	全称	新宏有限责任公司
	账号	21005656202222556		账号	1801001122200100888
	开户银行	南京工行桥南分理处		开户银行	工行南京东湖支行

人民币（大写）	壹拾万元整	千	百	十	万	千	百	十	元	角	分
		￥	1	0	0	0	0	0	0	0	0

票据种类	转账支票
票据号码	
票据张数	

中国工商银行
南京东湖支行
2016.12.3
业务清讫
（受理银行盖章）
（6）

单位主管：　会计：　复核：　记账：

【业务 3】　（见表 2-1-5～表 2-1-7）

表 2-1-5

中国工商银行　借款还款凭证　3

填制日期：2016 年 12 月 31 日

借款单全称	新宏有限责任公司			存款户账号	1801001122200100888
贷款种类	短期借款	利率	年(率)9.4%	贷款户账号	285788210100123671

贷款金额（大写）	捌万元整	亿	千	百	十	万	千	百	十	元	角	分
					￥	8	0	0	0	0	0	0

系统合同号	1808 号

备注：
上述借款请从本单位基本存款户中支付
（还款单位盖章）（略）
2016 年 12 月 30 日

中国工商银行
南京东湖支行
2016.12.30
业务清讫
（银行会计部门公章）
2016 年 12 月 30 日

表 2-1-6

中国工商银行
转账支票存根

D H 00001385

科　目：＿＿＿＿＿

对方科目：＿＿＿＿＿

出票日期：2016 年 12 月 30 日

收款人：中国工商银行南京东湖支行
金　额：80 000 元
用　途：支付借款本息

单位主管：　　会计：

表 2-1-7

中国工商银行南京分行　利息借方传票

2016 年 12 月 22 日

收款人	全称	中国工商银行南京东湖支行	付款人	全称	新宏有限责任公司
	账号	3024180100526388		账号	180100112200100888
	开户银行	工行南京东湖支行		开户银行	工行南京东湖支行

人民币（大写）	陆佰元整		百	十	万	千	百	十	元	角	分
					￥	6	0	0	0	0	0

中国工商银行
南京东湖支行
2016.12.30
工行南京分行东湖支行
业务清讫
(6)

摘要	上列贷款利息已从你单位账户转讫　（银行盖章）	科　目（借）：＿＿＿＿＿＿　　对方科目（贷）：＿＿＿＿＿＿
		复核：　　　记账：　　　制票：

知识检测

一、单项选择题

1．企业本年增加实收资本 400 000 元，其中包括盈余公积转增资本 250 000 元；接受固定资产投资 60 000 元；接受货币投资 90 000 元，年末影响所有者权益增加（　　）元。

　　A．150 000　　　B．400 000　　　C．90 000　　　D．60 000

2．当企业投资者的投入资本超过注册资本时，超过的部分应当记入公司的（　　）。

　　A．实收资本　　B．资本公积　　　C．盈余公积　　D．营业外收入

3．企业接受投入厂房一幢，原账面原值 700 000 元，已提折旧 200 000 元，投资各方确认价值为 800 000 元，并支付相关税费 10 000 元。"实收资本"的入账价值为（　　）元。

　　A．500 000　　　B．800 000　　　C．510 000　　　D．810 000

4．向银行借入款项 20 万元，并用其中 10 万元购入机器一台。则企业总资产增加了（　　）。

　　A．20 万元　　　B．10 万元　　　C．30 万元　　　D．0 万元

5．某企业接受投资者投入材料一批，对方提供的发票显示材料价格 67 000 元，增值税 11 390 元。则该企业作会计分录时，应贷记（　　）。

　　A．实收资本　　B．原材料　　　　C．资本公积

　　D．应收账款　　E．应交税费

二、多项选择题

1．小企业借入各种短期借款可能涉及的账户有（　　）。

　　A．银行存款　　B．应付利息　　　C．财务费用　　D．短期借款

2．长期负债利息可能列支的账户有（　　）。

　　A．财务费用　　B．在建工程　　　C．营业费用　　D．原材料

3．某企业接受 A 公司投入的设备一台，价值 60 000 元。则该项业务会导致企业（　　）。

　　A．实收资本增加 60 000 元　　　　　B．资本公积增加 60 000 元

　　C．固定资产增加 60 000 元　　　　　D．银行存款增加 60 000 元

4. 新宏公司收到克明公司投资款现金 100 000 元，款项已经存入银行，新宏公司正确的账务处理为（　　　）。

　　A．借记"银行存款"，贷记"现金"　　　　B．借记"现金"，贷记"实收资本"

　　C．借记"实收资本"，贷记"银行存款"　D．借记"银行存款"，贷记"资本公积"

5. 向中国银行借入为期 6 个月的一笔款项 150 000 元。则正确的处理为（　　　）。

　　A．增加企业短期借款　　　　　　　　B．增加企业银行存款

　　C．增加企业长期借款　　　　　　　　D．减少企业短期借款

　　E．减少企业银行存款　　　　　　　　F．减少企业长期借款

三、判断题

1. 对于一个企业来说，投资者投入的资金，并不全部构成实收资本。　　　　（　　　）

2. 小企业资本公积，既可以转增资本，也可以弥补亏损。　　　　　　　　（　　　）

3. 企业因取得长期借款而发生的利息，全部应作为筹资费用计入财务费用。

　　　　　　　　　　　　　　　　　　　　　　　　　　　　　　　　（　　　）

4. 投资者根据有关规定对小企业进行增资或减资，小企业应当增加或减少资本公积。

　　　　　　　　　　　　　　　　　　　　　　　　　　　　　　　　（　　　）

5. 短期借款由于种种原因未及时归还使借款期超过 1 年的应该转入长期借款核算。

　　　　　　　　　　　　　　　　　　　　　　　　　　　　　　　　（　　　）

项目2　小企业货币资金收付业务核算

基本要求：	① 掌握现金、银行存款及其他货币资金的账务处理； ② 熟悉现金的使用范围和现金收支的规定； ③ 了解货币资金内部控制的内容，熟悉银行存款结算的种类及相关内容。
重　点：	① 现金的管理规定； ② 现金、银行存款和其他货币资金的账务处理。
难　点：	各种银行存款结算方法的使用范围、规定等内容。

案例导入

假设新宏公司的采购人员向外地恒立工厂购入专用塑料一批，价税合计 52 000 元。请问，公司该如何支付这笔钱给恒立工厂呢？付现金还是通过银行结算，国家有规定吗？采购人员到外地出差需要领用现金又该怎么办呢？

知识链接

一、货币资金内部控制

1．不相容职务分离制度

货币资金收支应由出纳人员和会计人员分工负责、分别办理。出纳员负责货币资金的收支和保管、收支原始凭证的保管和签发、日记账的登记。会计不得兼任出纳；出纳不得兼任稽核、会计档案保管，不得兼管收入、费用、债券债务账目的登记工作。不得由一人办理货币资金全过程业务，严禁将办理资金支付业务的相关印章和票据集中一人保管。

2．授权审批制度

企业办理资金收付业务，应当遵守现金和银行存款管理的有关规定，严格规范资金的收支条件、程序和审批权限。审批人应当在授权范围内进行审批，不得超越审批权限；办理货币资金支付的财务经办人员应当按照审批人的批准意见办理货币资金业务；对于审批人超越授权范围审批的货币资金业务，财务经办人员有权拒绝办理。建立健全有效的货币资金保护措施，专人负责专人保管，未经授权不得接触货币资金。

3. 货币资金的预算制度

简单讲就是货币资金的收付要预先制订好计划，统筹协调内部各机构在生产经营过程中的资金需求，切实做好资金在采购、生产、销售等各环节的综合平衡，全面提升资金营运效率。

4. 会计记录和内部稽核

小企业各种收付款业务应集中到会计部门办理。取得的资金收入应当及时入账，不得账外设账，严禁设立"小金库"。企业办理资金支付业务，应当明确支出款项的用途、金额、预算、限额、支付方式等内容，并附原始单据或相关证明，履行严格的授权审批程序后，方可安排资金支出。货币资金的收支事项，均应有一定的收支凭证和传递手续，按小企业会计准则的规定进行记录。建立对货币资金业务的监督检查制度，明确监督检查机构或人员的职责权限，定期或不定期地进行检查。

二、库存现金的管理规定

1. 现金的收付范围

（1）现金收入的范围。
① 剩余差旅费和归还备用金等个人交款。
② 对个人或不能转账的集体单位的销售收入。
③ 不足转账起点的小额收款。
（2）现金支付的范围。职工工资、津贴、个人劳务报酬、根据国家规定发给个人的奖金、各种劳动保护费、福利费，以及国家规定对个人的支出、向个人收购农产品和其他物资支付的款项、出差人员随身携带的差旅费、结算起点以下的零星支出、中国人民银行确定需要支付现金的其他支出。

> **提示** 现金收支范围主要是发生的小额零星收支及对个人的收支。

2. 库存现金的管理

（1）不得坐支现金。特殊情况需要坐支的，应事先报开户银行批准。
（2）企业借出现金必须执行严格的授权审批程序，严禁挪用、擅自借出库存现金。
（3）企业从开户银行提取现金时应如实写明提取现金的用途，严禁谎报用途套取现金。
（4）不准用不符合财务制度的凭证单据代替库存现金，即不得白条抵库。
（5）不得向他人出租出借银行账户代替他人存入或支取现金。
（6）企业取得的收入必须及时入账，不得私设小金库，不得账外设账和公款私存。
企业内部必须严格现金使用范围，加强现金收支的管理。应做到以下几点：
（1）收取现金与签发收据应分别专人负责。企业收取现金，应由专人签发收据，由出纳人员收款，并将应存银行的现金送存银行。如果企业取得的收入有付款单位开给的凭证，仍应由专人开出收据交由交款人，以分清经办人员与收款人员的职责。
（2）建立票据的领用制度。领用的收据和发票必须登记数量和起讫编号，由领用人员签字。收回收据和发票存根，应由保管人员办理签收手续。对空白收据和发票应定期检查以防止短缺。

（3）严格按照《现金管理暂行条例》规定的现金支出范围支取现金。

（4）对已收讫、付讫的凭证，应在有关原始凭证上加盖"收讫""付讫"章。

（5）签发支票和付款要有两人分别盖章。

（6）对现金收付款凭证，应定期装订成册，由专人保管。

（7）对支付的保证金、押金、备用金等应定期与有关单位和部门清理核对。

（8）出纳人员对经管的库存现金，必须做到日清月结。内部稽核人员定期或不定期对库存现金进行检查，以保证库存现金的安全与完整。

三、银行存款管理规定

1．开立账户的规定

银行存款账户包括基本存款户、一般存款户、临时存款户、专用存款户。

企业基本存款户必须凭中国人民银行当地分支机构核发的开户许可证办理，并只能选择一家银行的一个营业机构开立一个基本存款户。基本存款户主要用于办理日常的转账结算和现金收付，企业的工资、奖金等现金的支取只能通过基本存款户办理。

企业可以在开设基本存款户以外的其他银行或营业机构，开立一个一般存款户。该账户可办理转账结算、银行借款转存和存入现金，但不能用于支取现金。企业在异地独立核算的分支机构也可以开设一般存款户。

临时存款户是企业因临时经营活动（如临时采购材料）需要开立的账户。企业可以通过该账户办理转账和国家现金管理规定办理现金收付。

专用存款户是企业因特定用途需要开立的账户，如科研项目专项资金等。

2．办理结算必须遵守的纪律

按照《支付结算办法》的规定，企业应在所在地银行申请开立存款结算账户，企业货币资金的收入和支出，除了规定可用现金收付的以外，其他款项都必须通过银行办理结算。

各开户单位通过银行账户办理资金收付，必须遵守下列规定：

（1）认真贯彻执行国家的政策、法令，遵守银行信贷、结算和现金管理等有关规定。在银行检查时，各单位必须提供账户使用情况的有关资料。

（2）每个公司一般只能在一家银行或其他金融机构开立基本账户，否则责令其限期撤销多余账户，并根据性质和情节的轻重处以 5 000～10 000 元的罚款。但可以在其他银行开设辅助账户。

（3）不准出租、出借银行账户，违者除责令其纠正外，并按账户出租、出借的金额处以 5%，但不低于 1 000 元的罚款。

（4）各单位在银行的账户必须有足够的资金保证支付，不准签发空头支票和远期支票，套取银行信用。

（5）及时、正确地记载和银行的往来账务，重视对账工作。

任务 1 库存现金的核算

一、库存现金的核算

1. 账户设置

为了总地反映和监督现金的收入、支出和结存的状况，在总分类核算中，应设置"库存现金"账户，该账户属于资产类账户。

库存现金	
现金收入金额	现金支出金额
库存现金结余款	

小企业应当设置"库存现金日记账"，由出纳人员根据收付款凭证，按照业务发生顺序逐笔登记。每日终了，应当计算当日的现金收入合计额、现金支出合计额和结余额，将结余额与实际库存额核对，做到账款相符。

2. 核算举例

[例 2-2-1] 新宏公司开出支票从银行提取现金 2 500 元备用。

借：库存现金　　　　　　　　　　　　　　2 500
　　贷：银行存款　　　　　　　　　　　　　　　2 500

[例 2-2-2] 新宏公司出售多余材料价款 500 元，增值税 85 元，收到现金 585 元。

借：库存现金　　　　　　　　　　　　　　585
　　贷：其他业务收入　　　　　　　　　　　　　500
　　　　应交税费——应交增值税（销项税额）　　85

二、备用金的核算

1. 备用金管理

备用金是指企业拨付给非独立核算的内部单位或工作人员作为差旅费、零星采购、零星开支等费用的款项。预支作为差旅费、零星采购用的备用金，一般按估计需用数额领取，支用后一次报销，多退少补。对于零星开支用的备用金，可实行定额备用金制度，即由指定的备用金负责人按照规定的数额领取，支用后按规定手续报销，补足原定额。

（1）企业各部门填制"备用金借款单"，财务部门核定其零星开支，凭此单据支给现金。

（2）各部门零星备用金，一般不得超过规定数额，若遇特殊需要应由企业部门经理核准。

（3）各部门零星备用金借支应将取得的正式发票定期送到财务部门备用金管理

人员（出纳员）手中，冲转借支额或补充备用金。

2. 账户设置

为了总地反映和监督备用金的领用和报销情况，应在"其他应收款"账户下，设置"备用金"明细账户，按备用金的使用单位和个人进行明细核算。在备用金数额较大或备用金业务较多的企业里，可单独设置"备用金"账户进行核算。

3. 核算举例

[例 2-2-3]　公司职工张山出差，预借差旅费 2 000 元，以现金支付。

借：其他应收款——张山　　　　　　　　　　2 000
　　贷：库存现金　　　　　　　　　　　　　　　2 000

张山出差回来报销各项费用共计 1 860 元，交回现金 140 元。

借：管理费用　　　　　　　　　　　　　　　1 860
　　库存现金　　　　　　　　　　　　　　　　140
　　贷：其他应收款——张山　　　　　　　　　　2 000

[例 2-2-4]　新宏公司财务部门根据核定的备用金定额拨付供应科备用金 5 000 元，开出现金支票。

借：其他应收款——备用金　　　　　　　　　5 000
　　贷：银行存款　　　　　　　　　　　　　　　5 000

供应科报销日常办公用品费 2 500 元，财会部门审核后予以报销，并补足现金。

借：管理费用　　　　　　　　　　　　　　　2 500
　　贷：库存现金　　　　　　　　　　　　　　　2 500

任务 2　银行存款的核算

一、银行支付结算方式

目前常用的国内支付结算方式是指银行汇票、银行本票、商业汇票、支票、汇兑、委托收款、托收承付、信用卡。

（银行结算票据票样）

1. 银行汇票

（1）概念：银行汇票是指汇款人将款项交存当地银行，由银行签发银行汇票，给汇款人持往异地办理转账结算或支取现金的票据。

（2）优点：①票随人到，有利于单位和个人的急需用款和及时采购；②使用灵活，持票人既可将汇票转让给销货方，也可通过银行办理分次支付或转汇；③兑现性较强，个人可以持填明"现金"字样的汇票到兑付银行支取现金；④凭票购货，余款自动退回，可以钱货两清，防止不合理的预付款项和交

银行有哪些结算方式可供企业选择呢？

易尾欠发生。

（3）适用范围与条件：①单位和个人各种款项结算，均可使用银行汇票。银行汇票可用于转账，填明"现金"字样的银行汇票也可用于支取现金；申请人或收款人为单位的，不得使用现金银行汇票。②银行汇票一律记名，汇款金额起点为500元。③银行汇票的付款期为1个月，逾期的汇票，兑付银行不予受理。

（4）结算程序请扫右侧二维码观看。

（5）记账：申请人根据银行汇票申请书借记"其他货币资金"，贷记"银行存款"；收款人根据进账单借记"银行存款"，贷记相关账户。

（银行汇票结算程序）

2. 银行本票

（1）概念：银行本票是指申请人将款项交存银行，由银行签发银行本票给申请人，申请人凭票办理转账结算或支取现金的结算方式，分为不定额和定额两种。

（2）优点：银行本票由银行签发，保证兑付，而且见票即付，信誉高，便于购货企业及时购买材料物资，也有利于销售企业迅速收回货款。

（3）适用范围与条件：①银行本票在指定城市的同城范围内使用；②银行本票的金额起点。不定额银行本票的金额起点为100元，定额银行本票面额为1 000元、5 000元、10 000元、50 000元；③银行本票一律记名，允许背书转让；④银行本票的付款期限为1个月，在付款期内银行见票即付，不能挂失。超过付款期限的银行本票，不能再向银行转账或支取现金，但可以由申请的单位到签发本票的银行办理退款手续。

> **提示**　使用银行本票的人要特别注意保管，防止丢失。企业在收到银行本票后，应及时交存银行，切实保证银行本票的安全和正确使用。

（4）结算程序请扫右侧二维码观看。

（5）记账：申请人根据银行本票申请书借记"其他货币资金"，贷记"银行存款"；收款人根据进账单借记"银行存款"，贷记相关账户。

（银行本票结算程序）

3. 商业汇票

（1）概念：商业汇票是指由付款人或存款人（或承兑申请人）签发，由承兑人承兑，并于到期日向收款人或被背书人支付款项的一种票据。

（2）分类：按其承兑人的不同，可分为商业承兑汇票和银行承兑汇票两种。①商业承兑汇票是指由收款人签发，经付款人承兑，或者由付款人签发并承兑的汇票；②银行承兑汇票是指由收款人或承兑申请人签发，并由承兑申请人向开户银行申请，经银行审查同意承兑的汇票。

（3）适用范围与条件：①商业汇票在同城、异地都可以使用，而且没有结算起点的限制。各企业、事业单位之间只有根据购销合同进行合法的商品交易，才能签发商业汇票；②商业汇票可以由付款人签发，也可以由收款人签发，但都必须经过承兑；③商业汇票的付款期限由交易双方商定，但最长不得超过6个月；④商业汇票在付款期限内可以背书转让；⑤商业汇票的持票人可持未到期的商业汇票连同贴现凭证向银行请求贴现。

（商业汇票结算程序）

（4）结算程序：商业承兑汇票结算程序和银行承兑汇票结算程序请扫右侧二维码观看。

（5）记账：使用商业汇票结算，会计核算中收款方要用到"应收票据"、付款方要用到"应付票据"账户，将在往来业务核算中详细介绍。

> **提示**　比较一下商业承兑汇票和银行承兑汇票，企业更欢迎哪一种方式呢？当然是银行承兑汇票，因为银行在汇票上做出承兑行为后，银行就成为汇票主债务人，即使付款人在票据到期时无力付款，承兑银行也必须无条件付款。一般情况下持票人可以保证将钱收回来。

4. 支票

（1）概念：支票是指出票人签发，委托办理支票存款业务的银行或者其他金融机构在见票时无条件支付确定的金额给收款人或持票人的票据。

（2）分类：分为现金支票、转账支票和普通支票。支票上印有"现金"字样的为现金支票，只能用于提取现金；支票上印有"转账"字样的为转账支票，只能用于办理转账；支票上未印有"现金"或"转账"字样的为普通支票，普通支票可用于转账，也可用于提取现金。

（3）适用范围与条件：同城票据交换地区内的单位和个人之间的一切款项结算，均可使用支票。自 2007 年 6 月 25 日起支票实现了全国通用，异城之间也可使用支票进行支付结算。

支票的提示付款期限自出票日起 10 日内。超过提示付款期限提示付款的，持票人开户银行不予受理，付款人不予付款。

（4）结算程序请扫右侧二维码观看。　（支票结算程序）

（5）记账：签发支票时，根据支票存根和有关凭证，借记相关账户，贷记"银行存款"；收款人将支票送存开户银行时，根据进账单回单，借记"银行存款"，贷记相关账户。

5. 汇兑

（1）概念：汇兑是指汇款人委托银行将其款项支付给收款人的一种结算方式。

（2）分类：按凭证传送的方式可分为信汇和电汇两种。

（3）适用范围与条件：单位和个人的各种款项的结算，均可使用汇兑结算方式。汇兑结算适用范围广，手续简便易行，灵活方便，因而是目前应用极为广泛的一种结算方式。

（4）结算程序请扫右侧二维码观看。　（汇兑结算程序）

（5）记账：付款单位汇款后凭银行回单借记相关账户，贷记"银行存款"，同时按照银行收取的手续费借记"财务费用"，贷记"银行存款"；收款人根据进账单借记"银行存款"，贷记相关账户。

6. 委托收款

（1）概念：委托收款是指收款人委托银行向付款人收取款项的一种结算方式。

（2）分类：按凭证传递方式不同，可分为委邮和委电两种，由收款人选用。

（3）适用范围与条件：无论是单位还是个人都可以凭已承兑商业汇票、债券、存单等付款人债务证明办理收取款项，同城或异地的均可采用。委托收款没有金额起点的限制，适用范围较宽。

（4）结算程序请扫右侧二维码观看。

（5）记账：付款人付款时，借记相关账户，贷记"银行存款"；收款人收到款项时，借记"银行存款"，贷记相关账户。

（委托收款结算程序）

7．托收承付

（1）概念：托收承付是指根据购销合同由收款人发货后委托银行向异地购货单位收取货款，购货单位根据合同验单或验货后，向银行承认付款的一种结算方式。

（2）分类：分为邮寄和电报两种，由收款人选用。

（3）适用范围与条件：托收承付结算方式只适用于异地订有经济合同的商品交易及相关劳务款项的结算。托收承付结算每笔的金额起点为 10 000 元。

（4）结算程序请扫右侧二维码观看。

（5）记账：付款人付款时，借记相关账户，贷记"银行存款"；收款人收到款项时，借记"银行存款"，贷记相关账户

（托收承付结算程序）

8．信用卡

（1）概念：信用卡是指商业银行向个人和单位发行的，凭以向特约单位购物、消费和向银行存取现金，且具有消费信用的特制载体卡片。

（2）分类：按使用对象分为单位卡和个人卡。凡在中国境内金融机构开立基本存款账户的单位可申请单位卡。单位卡可申请若干张，持卡人资格由申领单位法定代表人或其委托的代理人书面指定和注销，持卡人不得出租或转借信用卡。

（3）适用范围与条件：单位卡账户的资金一律从基本存款账户转入，不得交存现金，不得将销货收入的款项存入，同时也不得支取现金。办理销户时，单位卡账户余额应转入其基本存款账户。单位卡不得用于 100 000 元以上的商品交易、劳务供应款项的结算。

（4）结算程序请扫右侧二维码观看。

（信用卡结算程序）

二、银行存款的核算

1．账户设置

为了核算企业银行存款收支和结存情况，应设置"银行存款"账户。

银行存款	
银行存款收入数额	银行存款支出数额
企业银行存款的结余款	

2．核算举例

[例 2-2-5]　新宏公司将"工资结算表"交开户银行，通知其将本月工资计 220 000 元转入各职工个人的工资储蓄卡。应作如下账务处理：

　　借：应付职工薪酬　　　　　　　　　　　　　　220 000
　　　　贷：银行存款　　　　　　　　　　　　　　　　220 000

[例 2-2-6]　新宏公司接到银行通知，收回 A 公司前欠款 8 000 元。应作如下账务处理：

借：银行存款　　　　　　　　　　　　　　8 000
　　贷：应收账款——A 公司　　　　　　　　　8 000
[例 2-2-7]　新宏公司用银行存款归还欠 W 公司货款 40 000 元。应作如下账务处理：
借：应付账款——W 公司　　　　　　　　40 000
　　贷：银行存款　　　　　　　　　　　　　40 000

小企业应当按照开户银行和其他金融机构、存款种类等设置"银行存款日记账"，由出纳人员根据收付款凭证，按照业务的发生顺序逐笔登记。每日终了结出余额。

"银行存款日记账"应定期与"银行对账单"核对，至少每月核对一次。小企业银行存款账面余额与银行对账单余额之间如有差额，应编制"银行存款余额调节表"调节相符。"银行存款"总分类账，应视企业采用不同的会计核算形式，可根据收款凭证、付款凭证直接登记；也可根据科目汇总表、汇总记账凭证等定期登记入账。

任务 3　其他货币资金的核算

一、其他货币资金的内容

其他货币资金是指企业在经营过程中，与库存现金、银行存款存放地点及用途不同但属于货币资金范畴的款项。包括以下内容：

（1）外埠存款，指企业到外地进行临时或零星采购时，汇往采购地银行开立采购专户的款项。

（2）银行汇票存款，指企业为取得银行汇票按规定存入银行的款项。

（3）银行本票存款，指企业为取得银行本票按规定存入银行的款项。

（4）信用卡存款，指企业为取得信用卡按规定存入银行的款项。

（5）信用证保证金，指企业为取得信用证按规定存入银行的保证金。

二、其他货币资金的核算

1. 账户设置

为了核算企业其他货币资金的收支和结存情况，应设置"其他货币资金"账户进行核算。应按照其种类设置明细账户，进行明细分类核算。

其他货币资金

其他货币资金的增加数额	其他货币资金的减少数额
其他货币资金的结余额	

2．核算举例

[例2-2-8] 新宏公司将存款8 000元汇往天津中国工商银行开设采购专户。根据银行汇款委托书（存根）和转账支票存根，填制"银行存款付款凭证"。

借：其他货币资金——外埠存款 8 000

贷：银行存款 8 000

该公司收到采购员交来天津购买甲种材料的账单，货款6 000元，专用发票上注明的增值税额为1 020元，据以填制"转账凭证"等。

借：原材料 6 000

应交税费——应交增值税（进项税额） 1 020

贷：其他货币资金——外埠存款 7 020

[例2-2-9] 新宏公司要求银行办理银行汇票，公司填制"银行汇票委托书"，并开出金额为10 000元的转账支票一张，经银行审核同意，开出银行汇票。

借：其他货币资金——银行汇票存款 10 000

贷：银行存款 10 000

公司持汇票到异地某公司购买材料，根据发票账单及开户银行转来的银行汇票第四联等凭证，共计支付货款8 000元，增值税1 360元。

借：原材料 8 000

应交税费——应交增值税（进项税额） 1 360

贷：其他货币资金——银行汇票存款 9 360

收到开户银行转来的多余款项640元。

借：银行存款 640

贷：其他货币资金——银行汇票存款 640

[例2-2-10] 新宏公司存入东海证券公司某营业部200 000元，以备用于短期投资。

借：其他货币资金——存出投资款 200 000

贷：银行存款 200 000

公司在该证券公司购入中石化股票，实付款项160 000元。

借：短期投资——股票投资 160 000

贷：其他货币资金——存出投资款 160 000

动手做账

资料：新宏有限责任公司2016年12月发生以下有关货币资金的经济业务。

【业务 1】 2016 年 12 月 1 日，将现金 6 000 元存入银行，其中 100 元面额 50 张，50 元面额 20 张（见表 2-2-1）

表 2-2-1

中国工商银行　现金解款单　（回单）

年　　月　　日

解款单位	全称		款项来源	
	账号		解款部门	

人民币：（大写）		百	十	万	千	百	十	元	角	分

票面	张数	十	万	千	百	十	元	票面	张数	千	百	十	元	角	分	（收款银行盖章）
百元								二元								
五十元								一元								
十元								角票								
五元								分币								

（此联由银行盖章后退回单位）

现金缴款单（一式三联）：

【业务 2】 2016 年 12 月 3 日，销售产品给本市梅森有限责任公司，已收到对方开来的转账支票，办妥入账手续（见表 2-2-2、表 2-2-3）

表 2-2-2

中国工商银行　进账单　（收款通知）　　**3**

年　　月　　日　　　　第 35692 号

付款人	全称		收款人	全称	
	账号			账号	
	开户银行			开户银行	

人民币（大写）		千	百	十	万	千	百	十	元	角	分

票据种类	
票据号码	
票据张数	

单位主管：　　会计：　　复核：　　记账：　　（受理银行盖章）

（此联是收款人开户行交给持票人的收款通知）

表 2-2-3

江苏省增值税专用发票

3207667859　　　　记账联　　　　№0533826

开票日期：2016 年 12 月 3 日

<table>
<tr><td rowspan="4">购货单位</td><td colspan="5">名　　称：南京梅森有限责任公司</td><td rowspan="4">密码区</td><td colspan="2" rowspan="4"></td><td rowspan="9">第一联：记账联　销货方记账凭证</td></tr>
<tr><td colspan="5">纳税人识别号：3204358945388796</td></tr>
<tr><td colspan="5">地 址、电 话：南京市珠江路 5 号 025-66022258</td></tr>
<tr><td colspan="5">开户行及账号：南京工行珠江分理处 3225400467233113</td></tr>
<tr><td colspan="2">货物及应税劳务名称</td><td>规格型号</td><td>单位</td><td>数量</td><td>单价</td><td>金额</td><td>税率</td><td>税额</td></tr>
<tr><td colspan="2">810 产品</td><td></td><td>台</td><td>30</td><td>3 800.00</td><td>114 000.00</td><td>17%</td><td>19 380.00</td></tr>
<tr><td colspan="2">价税合计（大写）</td><td colspan="7">壹拾叁万叁仟叁佰捌拾元整　　　　¥ 133 380.00</td></tr>
<tr><td rowspan="2">销货单位</td><td colspan="5">名　　称：新宏有限责任公司
纳税人识别号：280602002234678</td><td rowspan="2">备注</td><td colspan="2" rowspan="2">新宏有限责任公司 280602002234678 发票专用章</td></tr>
<tr><td colspan="5">地 址、电 话：南京市东湖路 118 号 025-81336665
开户行及账号：工行南京东湖支行 180100112200100888</td></tr>
</table>

收款：王燕　　复核：俞开平　　开票：林珊　　销货单位（章）

【业务 3】 2016 年 12 月 5 日开出现金支票，提现 3 000 元备用（见表 2-2-4）

表 2-2-4

中国工商银行
现金支票存根

D H 00001391

科　　目：________________

对方科目：________________

出票日期：　年　月　日

收款人：	
金　额：	
用　途：	

单位主管：　　　会计：

【业务 4】 2016 年 12 月 8 日向本市昌成有限责任公司购买小文件柜、A4 纸等办公用品，价税合计 1 661.4 元，开出转账支票支付（见表 2-2-5～表 2-2-7）

表 2-2-5

江苏省增值税专用发票

5208667852　　　　　　　　　　发票联　　　　　　　　　　№0743820

开票日期：2016 年 12 月 8 日

购货单位	名　称：新宏有限责任公司 纳税人识别号：280602002234678 地址、电话：南京市东湖路 118 号 025-81336665 开户行及账号：工行南京东湖支行 180100112200100888		密码区				
货物及应税劳务名称	规格型号	单位	数量	单价	金额	税率	税额
小文件柜		个	2	600.00	1 200.00	17%	204.00
A4 纸		包	10	22.00	220.00	17%	37.40
价税合计（大写）	壹仟陆佰陆拾壹元肆角整				￥1 661.40		
销货单位	名　称：南京昌成有限责任公司 纳税人识别号：320402002234678 地址、电话：南京市东湖路 118 号 025-81756665 开户行及账号：建行南京南山支行 220300112200100821		备注				

收款：刘一　　　复核：平林林　　　开票：陆成　　　销货单位（章）

第二联：发票联　购货方记账凭证

表 2-2-6

江苏省增值税专用发票

5208667852　　　　　　　　　　抵扣联　　　　　　　　　　№0743820

开票日期：2016 年 12 月 8 日

购货单位	名　称：新宏有限责任公司 纳税人识别号：280602002234678 地址、电话：南京市东湖路 118 号 025-81336665 开户行及账号：工行南京东湖支行 180100112200100888		密码区				
货物及应税劳务名称	规格型号	单位	数量	单价	金额	税率	税额
小文件柜		个	2	600.00	1 200.00	17%	204.00
A4 纸		包	10	22.00	220.00	17%	37.40
价税合计（大写）	壹仟陆佰陆拾壹元肆角整				￥1 661.40		
销货单位	名　称：南京昌成有限责任公司 纳税人识别号：320402002234678 地址、电话：南京市东湖路 118 号 025-81756665 开户行及账号：建行南京南山支行 220300112200100821		备注				

收款：刘一　　　复核：平林林　　　开票：陆成　　　销货单位（章）

第三联：抵扣联　购货方抵扣凭证

表 2-2-7

[业务 4] 2016 年 12 月 5 日向本市员股有限责任公司购买小尺寸电视 A4 机器批发品，价税合计 1 561.4 元，开出转账支票支付。（见表 2-2-5～表 2-2-7）

表 2-2-5

```
┌──────────────────────────────────────┐
│          中国工商银行                  │
│          转账支票存根                  │
│                                        │
│  D H 00049562                          │
│                                        │
│    科  目：_____          │
│    对方科目：_____          │
│    出票日期：  年  月  日               │
│   ┌──────────────────────────┐         │
│   │ 收款人：                 │         │
│   │ 金  额：                 │         │
│   │ 用  途：                 │         │
│   └──────────────────────────┘         │
│    单位主管：     会计：                │
└──────────────────────────────────────┘
```

【业务 5】 2016 年 12 月 10 日准备向本市金星公司购入专用塑料一批，向开户银行申请并办妥银行本票一张，金额 26 000 元。金星公司地址：南京市武汉路 10 号（见表 2-2-8）

表 2-2-8

银行本票申请书 （存根）　　　1　　№ 00004103

申请日期：　年　月　日　　　　　　第　号

申请人		收款人										
账　号 或住址		账　号 或住址										
用　途		代理 付款行										
本票金额			百	十	万	千	百	十	元	角	分	
备注		科　　目：_____										
		对方科目：_____										
		财务主管：　　复核：　　经办：										

此联申请人留存

【业务 6】 2016 年 12 月 11 日向太原德鑫钢铁厂采购原材料，开出申请书，向开户银行申请并办妥面额为 120 000 元的银行汇票一张，持往太原市采购（见表 2-2-9）

表 2-2-9

中国工商银行汇票申请书　　（存根）　　1　№ 00004103

申请日期：　　年　月　日　　　　　　　　　　　　第　号

申请人		收款人											
账　号 或住址		账　号 或住址											
用　途		代理 付款行											
汇票金额			百	十	万	千	百	十	元	角	分		
备注		科　　目：_____											
		对方科目：_____											
		财务主管：　　复核：　　经办：											

此联申请人留存

【业务 7】 2016 年 12 月 12 日开出承兑期为 3 个月的商业承兑汇票一张，抵付上月向上海大江公司购入一批专用塑料的价款 12 932 元（见表 2-2-10）

表 2-2-10

商业承兑汇票　　2　　汇款号码：

签发日期：　　年　月　日　　　　　　第　号

收款人	全称		付款人	全称											
	账号			账号											
	开户银行	行号		开户银行		行号									
汇票金额	人民币 （大写）				千	百	十	万	千	百	十	元	角	分	
汇票到期日	年　月　日		交易合同号码												
本汇票已经本单位承兑，到期日无条件支付票款。 　此致 承兑人 　　（付款人盖章） 负责：　经办：　年　月　日			付购货款 （汇票签发人盖章） 负责：　经办：												

此联是收款人开户行随结算凭证寄付款人　开户行作付出传票附件

【业务8】 2016 年 12 月 26 日用信汇方式汇出款项 60 000 元，汇到设立在安阳工行的临时采购专户，用于向安阳市钢铁厂采购原材料。地址：安阳市中原区巷口 12 号（见表 2-2-11）

表 2-2-11

1　中国工商银行　信汇凭证（回单）　　№1292966

委托日期：　　年　　月　　日

汇款人	全称		收款人	全称										
	账号或住址			账号或住址										
	汇出地点	汇出行名称		汇入地点		汇出行名称								
金额	人民币（大写）			百	十	万	千	百	十	元	角	分		

汇款用途

上列款项已根据委托输入，如需查询，请持此回单来行面洽。

（汇出行盖章）

年　　月　　日

单位主管：　会计：

出纳：

此联是汇出行给汇款人的回单

【业务9】 2016 年 12 月 28 日销售给常州远洋食品厂 810 产品 50 台，每台 3 900 元，产品已送货上门，对方验收入库，凭对方验收单委托银行办理收款。地址：常州市大仓路 5 号（见表 2-2-12、表 2-2-13）

表 2-2-12

江苏省增值税专用发票

3207666523　　　　　　　　记账联　　　　　　　　№0538362

开票日期：2016 年 12 月 28 日

购货单位	名　称：常州远洋食品厂 纳税人识别号：3204423145381156 地址、电话：常州市大仓路 5 号 0519-66022258 开户行及账号：常州工行怀德分理处 3225400467235216 75				密码区		
货物及应税劳务名称	规格型号	单位	数量	单价	金额	税率	税额
810 产品		台	50	3 900.00	195 000.00	17%	33 150.00
价税合计（大写）	贰拾贰万捌仟壹佰伍拾元整				￥228 150.00		
销货单位	名　称：新宏有限责任公司 纳税人识别号：280602002234678 地址、电话：南京市东湖路 118 号 025-81336665 开户行及账号：工行南京东湖支行 180100112200100888				备注		

收款：王燕　　　复核：俞开平　　　开票：林珊　　　销货单位（章）

第一联：记账联　销货方记账凭证

表 2-2-13

委邮　委托收款凭证（回单）　1

委托日期：　年　月　日　　　　　　　　　委托号码

第　号

付款人	全称		收款人	全称		
	账号			账号		
	开户银行			开户银行		行号

委收金额	人民币（大写）	千	百	十	万	千	百	十	元	角	分

款项内容		委托收款凭据名称		附寄单证张数	
付款人开户行邮政编码		收款人开户行邮政编码		上列款项 1. 已全部划回你方账户 2. 已收回部分款项自你方账户 3. 全部未收到 　　　　收款人开户行盖章 　　　　　年　　　月　　　日	

此联是收款人开户银行给收款人的回单

单位主管：　　　　　会计：　　　　　复核：

知识检测

一、单项选择题

1. 下列各项中，根据《现金管理暂行条例》规定，不能用现金结算的是（　　）。
   A. 职工工资和津贴　　　　　　　　B. 按规定发给个人的奖金
   C. 向个人收购农副产品的价款　　　D. 向农业企业收购农副产品的价款

2. 除中国人民银行另有规定外，支票的提示付款期限一般为自出票日起（　　）。
   A. 7 天　　　　　B. 10 天　　　　　C. 15 天　　　　　D. 5 天

3. 银行汇票的付款期限为自出票日起（　　）。
   A. 半个月　　　　B. 1 个月　　　　C. 2 个月　　　　D. 3 个月

4. 以下结算方式中，受结算金额起点限制的有（　　）。
   A. 支票结算方式　　　　　　　　　B. 汇兑结算方式
   C. 委托收款结算方式　　　　　　　D. 托收承付结算方式

5. 商业汇票的付款期限由交易双方商定，但最长不得超过（　　）。
   A. 3 个月　　　　B. 6 个月　　　　C. 9 个月　　　　D. 12 个月

二、多项选择题

1. 下列各项中，符合《现金管理暂行条例》规定，可以用现金结算的有（　　）。
   A. 1 000 元以下的零星支出　　　　B. 个人劳务报酬
   C. 各种劳保、福利费用　　　　　　D. 向小企业收购物资的价款
   E. 向农民收购农产品的价款

2．关于现金管理，下列说法正确的有（　　　　）。

　A．在国家规定的范围内使用现金结算　　　B．库存限额一经确定，不得变更

　C．收入的现金必须当天送存银行　　　　　D．每天下班时必须对现金进行清点

　E．必须每天登记现金日记账

3．下列各项中，属于银行存款日记账核对内容的有（　　　　）。

　A．银行存款日记账与银行存款总账的核对

　B．银行存款日记账与银行存款对账单的核对

　C．银行存款日记账与银行存款余额调节表的核对

　D．银行存款日记账与银行存款收、付款凭证的核对

三、判断题

1．银行承兑汇票到期时，如果购货企业的存款不足支付票款，承兑银行应将汇票退还销货企业，由购销双方自行处理。（　　　）

2．未达账项是指小企业与银行之间由于凭证传递上的时间差，一方已登记入账而另一方尚未入账的账项。（　　　）

3．由于银行存款余额调节表主要用来核对企业与银行双方的记账有无差错，因此不能作为记账的依据。（　　　）

4．银行汇票是单位将款项交存开户银行，由银行签发给其持往同城或异地采购商品时办理结算或支取现金的票据。（　　　）

5．企业可以根据经营需要，在一家或几家银行开立基本存款账户。（　　　）

项目 3　小企业往来结算业务核算

基本要求：

① 掌握应收账款和应付账款的概念、确认、计价及核算方法；

② 掌握应收票据和应付票据的概念、计价及核算方法；

③ 掌握预收账款和预付账款的核算；

④ 其他应收款和其他应付款的概念及核算方法。

重　　点： 应收账款与应付账款、应收票据与应付票据、预收账款与预付账款的核算。

难　　点： 应收账款与应付账款、应收票据与应付票据的计价。

案例导入

假如新宏有限责任公司销售一批产品给北京正康公司，价税款 140 400 元；假如正康公司暂时资金紧张未付货款，那么这项销售业务就会使新宏公司产生一项应收款项，而正康公司发生了一项应付账款。由于商业信用引起的债权债务在企业日常经济业务中是普遍现象，也是会计核算的重要内容之一。

> 企业之间的买卖如果是欠账的该怎么核算呢？

知识链接

一、应收账款与应付账款

1. 应收账款的确认

应收账款是指企业在正常的生产经营过程中，由于销售商品、产品或提供劳务而形成的债权。具体来说，应收账款包括应向购货单位或接受劳务的单位收取的款项或代垫的运杂费。

（1）入账金额。一般情况下，企业销售商品、产品或提供劳务等，应在商品、产品已经交付，劳务已经提供，合同已经履行，销售手续已经完备时，确认应收账款的金额。

① 商业折扣下应收账款入账金额的确认。商业折扣是指在规定的商品价格单上根据不同销售对象和销售数量，给予一定的价格优惠。此项优惠通常用百分比表示，如 5%、10%、

20%等。由于商业折扣在销售发生时已经发生，企业只须按扣除商业折扣后的净额确认销售收入和应收账款。

② 现金折扣下应收账款入账金额的确认。现金折扣是指企业为了鼓励客户在规定的期限内尽早偿还货款或劳务款而给予对方价格上的优惠。现金折扣的表示方式一般为 3/10、1/20、n/30，我国目前的会计实务中，规定采用总价法入账。客户在折扣期内付款时，企业确认的现金折扣，列作当期财务费用。

（2）入账时间。应收账款的入账时间一般应按交易发生日或销售收入确认之时被确定为债权而予以入账。

2．应付账款的确认

应付账款是指企业在生产经营活动过程中因购买物资或接受劳务供应等业务应支付给供应者的款项。

（1）入账金额。应付账款通常是在购销活动中由于取得物资与支付货款的时间不一致造成的，往往在短期就需付款。因而，应付账款应按发票记载的应付金额入账。在购货折扣情况下，应区别情况处理。

① 商业折扣下应付账款入账金额的确认。由于商业折扣在销售发生时已经发生，企业只需要按扣除商业折扣后的净额确认应付账款。

② 现金折扣下应付账款入账金额的确认。供货方提供现金折扣情况下，我国会计制度规定采用总价法，即在购货发生时按未扣除现金折扣前的发票总额入账。如果在折扣期内付款，可享受到折扣冲减财务费用。

（2）入账时间。应付账款入账时间的确认，应以购入货物所有权的转移或接受劳务已发生为标志。

> **提示**
>
> 在实际工作中，应区别情况处理：
> （1）在货物和发票账单同时到达的情况下，应付账款一般待货物验收入库后，才按发票账单所列金额登记入账。
> （2）在货物验收入库、发票账单未到的情况下，应付账款可暂不入账，月份内等待，待收到发票账单后再根据情况处理。至月份终了仍未收到发票账单的，应按估计价或计划价暂估入账，下月初用红字冲销，待以后收到发票账单时，再按具体情况处理。

二、应收票据与应付票据

应收票据是指企业因销售商品或提供劳务等而收到的尚未到期兑现的商业汇票。

应付票据是指由出票人出票、委托付款人在指定日期无条件支付确定的金额给收款人或持票人的票据。

1．票据的分类

票据按承兑人的不同，分为商业承兑汇票和银行承兑汇票。

票据按是否带息，分为无息商业汇票和带息商业汇票。无息商业汇票到期时，承兑人只按票面金额向收款人或被背书人支付款项；带息商业汇票到期时，承兑人必须按票面金额加上利息向收款人或被背书人支付款项。目前我国常用的是不带息票据。

2．应收、应付票据的入账价值

按现行制度规定，企业收到的商业汇票无论是否带息，均按应收票据的票面价值入账。应付票据入账价值，应分两种情况处理：不带息应付票据应按票据面值计价入账；带息应付票据企业开出承兑票据时按面值计价入账，期末计算的应付利息应列为应付票据款计价入账。

3．票据期限与到期价值的确定

（1）票据期限。票据期限是指从票据签发日至到期日的时间间隔。票据的期限一般有按月表示和按日表示两种。票据按月表示时，不考虑月份的实际天数，统一按次月对日为整月计算。

> **提示**
>
> 如收到签发日为 2 月 5 日，为期 3 个月的票据，到期日应为 5 月 5 日；在计算时按到期月份的对日确定，若到期月份无此对日，应按到期月份的最后一日确定。例如，8 月 31 日开出的 6 个月商业汇票，到期日应为下一年 2 月 28 日（若有 29 日为 29 日）；若此汇票为 8 个月时，到期日应为下一年的 4 月 30 日；如约定按日计算，则应以足日为准，在计算时按算头不算尾或算尾不算头的方式确定。例如，4 月 20 日开出的 60 天商业汇票的到期日为 6 月 19 日。

（2）票据到期价值的确定。票据到期价值要根据票据是否带息的不同来确定。

① 若是不带息票据，到期价值就是票面价值即本金。

② 若是带息票据，到期价值为票据面值加上应计利息：

票据到期价值=票据面值×（1+票面利率×票据期限）

利率一般以年利率表示，常把一年定为 360 天。如一张面值为 1 000 元，期限为 90 天，票面利率为 10% 的商业汇票，到期价值为 1 000 元×（1+10%×90÷360）=1 025 元

4．应收票据贴现的核算原则

（1）附追索权的贴现指企业将应收票据向银行等金融机构申请贴现时，企业与银行等金融机构签订的协议中规定，在贴现的应收票据到期，债务人未按期偿还时，申请贴现企业负有向银行等金融机构还款的责任。

（2）不附追索权的贴现：如果企业与银行等金融机构签订的协议中规定，在贴现的应收债权到期，债务人未按期偿还，申请贴现的企业不负有任何偿还款责任时，应视同应收票据的出售，并按相关核算规定进行处理。

> **提示**
>
> 附追索权的贴现申请企业一般按照以票据为质押取得借款的核算原则进行会计处理。（也可根据实际情况判断是否终止确认应收票据）不附追索权的贴现才是企业真正地将收款的权利转让给银行。

任务 1　应收账款与应付账款的核算

一、应收账款的核算

1．账户设置

设置"应收账款"账户核算小企业因销售商品、提供劳务等日常生产经营活动应收取的款项。应按照对方单位（或个人）进行明细核算。

应收账款	
企业因销售商品、提供劳务等日常生产经营活动应收取的款项	应收账款的收回、改用商业汇票结算及转销为坏账的应收账款
企业尚未收回的应收账款	

2．核算举例

[例 2-3-1]　新宏公司赊销给 A 客户一批商品；价款 20 000 元，增值税 3 400 元，付款条件为 2/10、1/20、n/30。

（1）销售商品时，应作如下会计分录：

借：应收账款——A　　　　　　　　　　　　　23 400
　　贷：主营业务收入　　　　　　　　　　　　　20 000
　　　　应交税费——应交增值税（销项税额）　　　3 400

（2）若上述购货单位在 10 天之内交付款项时，根据收款凭证应作如下会计分录：

借：银行存款　　　　　　　　　　　　　　　　23 000
　　财务费用　　　　　　　　　　　　　　　　　　400
　　贷：应收账款——A　　　　　　　　　　　　23 400

（3）若上述购货单位超过 20 天付款时，根据收款凭证应作如下会计分录：

借：银行存款　　　　　　　　　　　　　　　　23 400
　　贷：应收账款——A　　　　　　　　　　　　23 400

[例 2-3-2]　新宏公司向兴旺公司销售产品一批，按照产品价目表，其售价为 30 000 元，由于对方是长期客户，公司决定给予 10% 的商业折扣，金额为 3 000 元。公司开出增值税专用发票，价款为 27 000 元，增值税 4 590 元，采用委托收款方式。公司已办妥有关托收手续。

借：应收账款——兴旺公司　　　　　　　　　　31 590
　　贷：主营业务收入　　　　　　　　　　　　　27 000
　　　　应交税费——应交增值税（销项税额）　　　4 590

3．坏账损失

小企业应收及预付款项符合下列条件之一的，减除可收回的金额后确认的无法收回的应收及预付款项，作为坏账损失：

（1）债务人依法宣告破产、关闭、解散、被撤销，或者被依法注销、吊销营业执照，其清算财产不足清偿的。

（2）债务人死亡，或者依法被宣告失踪、死亡，其财产或者遗产不足清偿的。

（3）债务人逾期 3 年以上未清偿，且有确凿证据证明已无力清偿债务的。

（4）与债务人达成债务重组协议或法院批准破产重整计划后，无法追偿的。

（5）因自然灾害、战争等不可抗力导致无法收回的。

（6）国务院财政、税务主管部门规定的其他条件。

应收及预付款项的坏账损失应当于实际发生时计入营业外支出，同时冲减应收及预付款项。

假设例 2-3-2 中款项由于兴旺公司破产确定无法收回：

借：营业外支出　　　　　　　　　　　31 590
　　贷：应收账款——兴旺公司　　　　　　　　　　　31 590

二、应付账款的核算

1. 账户设置

设置"应付账款"账户核算小企业因购买材料、商品和接受劳务等日常生产经营活动应支付的款项。应按照对方单位（或个人）进行明细核算。

应付账款

偿还、抵付的应付账款及转销无法支付的应付账款	企业因购买商品、接受劳务而产生的应付款项、转入的到期无法支付的应付票据款
	企业尚未支付的应付账款

2. 核算举例

[例 2-3-3]　新宏公司从 A 公司购进甲材料一批，货款 100 000 元，增值税额 17 000 元，材料已验收入库，款项尚未支付。若在 10 天内付款可享受 2% 的现金折扣，20 天内付款可享受 1% 的现金折扣。该公司有关账务处理为：

（1）材料验收入库时，根据有关原始凭证，作如下账务处理：

借：原材料　　　　　　　　　　　　　　100 000
　　应交税费——应交增值税（进项税额）　17 000
　　贷：应付账款——A 公司　　　　　　　　　　　117 000

（2）公司在 10 天内向 A 公司付款时，根据有关原始凭证，作如下账务处理：

借：应付账款——A 公司　　　　　　　117 000
　　贷：财务费用　　　　　　　　　　　　　　2 340（117 000×2%）
　　　　银行存款　　　　　　　　　　　　　　114 660

（3）如果超过 20 天付款，则应作如下账务处理：

借：应付账款——A 公司　　　　　　　117 000
　　贷：银行存款　　　　　　　　　　　　　　117 000

> **提示**　企业由于种种原因确实无须支付的应付款项，应直接转入营业外收入。

若上述款项由于对方公司的原因确实无须支付：

借：应付账款——A公司　　　　　　　　　　117 000
　　贷：营业外收入　　　　　　　　　　　　　　117 000

[例2-3-4]　新宏公司6月30日根据有关资料结算本月应付电费30 000元，其中基本生产车间产品生产用21 000元，车间照明用3 000元，厂部照明用6 000元。7月2日以存款支付上月应付电费41 000元，并按应付电费的17%支付增值税6 970元。根据上述资料，该公司应作如下账务处理：

（1）6月30日结算应付电费时：

借：生产成本——基本生产成本　　　　　　21 000
　　制造费用　　　　　　　　　　　　　　3 000
　　管理费用　　　　　　　　　　　　　　6 000
　　贷：应付账款——电力公司　　　　　　　30 000

（2）7月2日以存款支付应付电费及增值税时：

借：应付账款——电力公司　　　　　　　　41 000
　　应交税费——应交增值税（进项税额）　6 970
　　贷：银行存款　　　　　　　　　　　　　47 970

任务2　应收票据与应付票据的核算

一、应收票据的核算

1．账户设置

设置"应收票据"账户核算小企业因销售商品（产成品或材料，下同）、提供劳务等日常生产经营活动而收到的商业汇票。应按照开出、承兑商业汇票的单位进行明细核算。

应收票据	
应收票据收到时的面值和带息票据期末计提的利息	到期应收票据收回时的面值，或承兑人到期无力支付而被退回的商业承兑汇票金额，或未到期票据转让情况
持有的应收票据票面价值和应计利息	

2．核算举例

[例2-3-5]　新宏公司销售库存商品一批，货款50 000元，增值税8 500元，采用商业汇票结算，收到不带息的商业承兑汇票一张，面额58 500元，期限3个月。

借：应收票据　　　　　　　　　　　　　　58 500
　　贷：主营业务收入　　　　　　　　　　　50 000
　　　　应交税费——应交增值税（销项税额）　8 500

该商业承兑汇票 3 个月期满，已送往开户银行办理收款手续，承兑人已承兑付款。

借：银行存款 58 500

　　贷：应收票据 58 500

如果公司持有的商业汇票到期，付款人无力支付票款，公司收到银行退回的商业承兑汇票，应将票据的票面金额转入"应收账款"账户。

假设该商业承兑汇票 3 个月期满，购货单位开户银行无力承付，银行退回商业汇票。

借：应收账款——××单位 58 500

　　贷：应收票据 58 500

[例 2-3-6] 新宏公司将一张带息的银行承兑汇票于到期日到银行办理收款，票面金额为 20 000 元，年利率 10%，期限为 90 天。

带息的商业汇票到期收回时，不仅可以收取票款，还可以收到票据利息，收取的票据利息冲减财务费用。

到期值=20 000 元×（1+10%×90÷360）=20 500（元）

借：银行存款 20 500

　　贷：应收票据 20 000

　　　　财务费用 500

[例 2-3-7] 新宏公司于 2 月 10 日，（2 月为 28 天）将大地公司签发承兑日为 1 月 31 日、期限为 90 天、面值为 50 000 元的银行承兑汇票到银行申请贴现，银行规定的月贴现率为 0.6%。

贴现天数=90-10=80 天（或者从贴现日至到期日计算）

贴现息=50 000×0.6%÷30×80=800（元）

（1）银行有追索权情况下：

借：银行存款 49 200

　　财务费用 800

　　贷：短期借款 50 000

如果票据到期银行全额收回款项，则：

借：短期借款 50 000

　　贷：应收票据 50 000

如果票据到期对方无力支付，银行一般会直接从贴现企业账户中划走票款。

借：应收账款 50 000

　　贷：应收票据 50 000

借：短期借款 50 000

　　贷：银行存款 50 000

（2）银行无追索权情况下：

借：银行存款 49 200

　　财务费用 800

　　贷：应收票据 50 000

[例 2-3-8] 新宏公司向丰达公司采购材料，材料价款 50 000 元，增值税 8 500 元，材料已验收入库。公司将一张票面金额为 50 000 元的不带息票据背书转让，用于偿付丰达公司货款，差额 8 500 元当即以银行存款支付。新宏公司应作账务处理如下：

借：原材料   50 000

  应交税费——应交增值税（进项税额） 8 500

  贷：应收票据   50 000

    银行存款   8 500

二、应付票据的核算

1. 账户设置

设置"应付票据"账户核算小企业因购买材料、商品和接受劳务等日常生产经营活动开出、承兑的商业汇票。应按照债权人进行明细核算。

应付票据	
反映已支付（或结转）的商业汇票票款	反映企业因购买材料、商品等而开出承兑的商业汇票的面值和带息票据计算的应付利息
	反映企业尚未到期的商业汇票本息

2. 核算举例

[例 2-3-9] 新宏公司 2016 年 6 月 1 日购进一批原材料，价款 10 000 元，增值税率 17%，签发一张期限为 5 个月不带息商业汇票给供货单位华新公司，应作账务处理如下：

（1）购料，签发商业承兑汇票：

借：原材料   10 000

  应交税费——应交增值税（进项税额） 1 700

  贷：应付票据——华新公司   11 700

（2）到期偿还票款时：

借：银行存款   11 700

  贷：应付票据——华新公司   11 700

[例 2-3-10] 新宏公司从 B 公司购入乙材料一批，货款 40 000 元，增值税 6 800 元，价税款当日签发并承兑一张为期 3 个月面额为 46 800 元的带息银行承兑汇票结算，支付承兑手续费 160 元，年利率 4.8%，材料已验收入库。

（1）申请承兑，支付承兑手续费时，应作如下账务处理：

借：财务费用——手续费   160

  贷：银行存款   160

（2）持票购料，材料验收入库时，应作如下账务处理：

借：原材料   40 000

  应交税费——应交增值税（进项税额） 6 800

  贷：应付票据——银行承兑汇票——B 公司 46 800

（3）第 1、2 个月的月末，公司计算应付利息时，应作如下账务处理：

月应付利息=46 800×4.8%÷12=187.20（元）

借：财务费用——利息支出　　　　　　　　187.20

　　贷：应付票据——银行承兑汇票——B 公司　187.20

（4）票据到期公司支付票据本息，应作如下账务处理：

借：应付票据——银行承兑汇票——B 公司 47 174.40（46 800+187.20×2）

　　财务费用——利息支出　　　　　　　　187.20

　　贷：银行存款　　　　　　　　　　　　　47 361.60（46 800+187.20×3）

（5）若票据到期，公司无力付款，则由承兑银行承担付款责任，公司应作如下账务处理：

借：应付票据——银行承兑汇票——B 公司 47 174.40

　　财务费用——利息　　　　　　　　　　187.20

　　贷：短期借款　　　　　　　　　　　　　47 361.60

> **提示**　如果商业承兑汇票到期，承兑人无力支付票款，应将"应付票据"转入"应付账款"。

任务 3　其他应收款与其他应付款的核算

一、其他应收款的核算

1. 账户设置

设置"其他应收款"账户核算小企业除应收票据、应收账款、预付账款、应收股利、应收利息等以外的其他各种应收及暂付款项。包括：各种应收的赔款、应向职工收取的各种垫付款项等。应按照对方单位（或个人）进行明细核算。

其他应收款

各种其他应收款项的发生数	各种其他应收款的结算回收数
期末尚未收回的其他应收款项数额	

2. 核算举例

[例 2-3-11]　新宏公司职工李英因公出差预借差旅费 500 元。

（1）根据填制的借款单经审核后履行借款手续。

借：其他应收款——备用金（李英）　　　　500

　　贷：现金　　　　　　　　　　　　　　　500

（2）职工李英数日出差返回后，持车票、住宿费收据等单据，共报销差旅费 380 元，并交回剩余现金 120 元。根据差旅费报销单等凭证。

借：管理费用——差旅费　　　　　　　　　380

　　现金　　　　　　　　　　　　　　　　120

　　贷：其他应收款——备用金（李英）　　　500

[例 2-3-12]　新宏公司开出转账支票一张计 1 500 元，支付某单位的包装物押金。

借：其他应收款——存出保证金　　　　　　1 500

　　贷：银行存款　　　　　　　　　　　　　1 500

[例 2-3-13] 新宏公司应收保险公司车辆损害赔偿款 2 000 元，应作会计分录如下：

借：其他应收款——保险公司　　　　　　　　2 000

　　贷：待处理财产损溢——待处理固定资产损溢　2 000

新宏公司收到保险赔款，存入银行时：

借：银行存款　　　　　　　　　　　　　　　2 000

　　贷：其他应收款——应收赔罚款　　　　　　2 000

二、其他应付款的核算

1. 账户设置

设置"其他应付款"账户核算小企业除应付账款、预收账款、应付职工薪酬、应交税费、应付利息、应付利润等以外的其他各项应付、暂收的款项，如应付租入固定资产和包装物的租金、存入保证金等，应按照其他应付款的项目和对方单位（或个人）进行明细核算。

其他应付款

企业实际支付或转销的应付款项	企业发生的各种应付、暂收款项
	企业应付未付的其他应付款项

2. 核算举例

[例 2-3-14] 本月 5 日，新宏公司收到外单位租用包装物押金 4 000 元，存入银行。

借：银行存款　　　　　　　　　　　　　　　4 000

　　贷：其他应付款——存入保证金　　　　　　4 000

[例 2-3-15] 本月 10 日，新宏公司开出转账支票支付职工医保基金 5 000 元。

借：其他应付款——职工医保　　　　　　　　5 000

　　贷：银行存款　　　　　　　　　　　　　　5 000

[例 2-3-16] 新宏公司于本月 30 日，结转车间应付租入固定资产租金 6 000 元。

借：制造费用　　　　　　　　　　　　　　　6 000

　　贷：其他应付款——应付租金　　　　　　　6 000

任务 4　预收账款与预付账款的核算

一、预收账款的核算

1. 账户设置

设置"预收账款"账户核算小企业按照合同规定预收的款项。包括：预收的购货款、工程款等，应按照对方单位（或个人）进行明细核算。预收账款情况不多的小企业，也可以将预收的款项直接记入"应收账款"账户贷方。

预收账款

企业实际发出产品或提供劳务的价税款及退回的余额	企业收到对方预付的款项及补付的货款
尚未转销的款项	企业预收的款项

2．核算举例

[例 2-3-17]   新宏公司于 4 月 5 日，按合同规定预收四新工厂货款 50 000 元款项存入银行。5 月 12 日，实际销售给四新工厂商品计价款 80 000 元，增值税 13 600 元，差额 33 600 元暂未收到。

（1）预收货款时，公司应作如下账务处理：

借：银行存款　　　　　　　　　　　　　　　50 000
　贷：预收账款——四新工厂　　　　　　　　　　50 000

（2）公司发售产品时，公司应作如下账务处理：

借：预收账款——四新工厂　　　　　　　　　93 600
　贷：主营业务收入　　　　　　　　　　　　　　80 000
　　　应交税费——应交增值税（销项税额）　　　13 600

二、预付账款的核算

1．账户设置

设置"预付账款"账户核算小企业按照合同规定预付的款项。包括根据合同规定预付的购货款、租金、工程款等。应按照对方单位（或个人）进行明细核算。预付款项情况不多的小企业，也可以将预付的款项直接记入"应付账款"账户借方。

买方预付了货款，卖方就是预收了货款，应如何处理呢？

预付账款

小企业预付的款项	接受货物或劳务的金额及收到对方单位退回的预付款
预付的各种款项	企业尚未补付给对方单位的款项

2．核算举例

[例 2-3-18]   新宏公司按购销合同规定预付给盛达建材厂货款 6 000 元，用银行存款付讫。

借：预付账款——盛达建材厂　　　　　　　　6 000
　贷：银行存款　　　　　　　　　　　　　　　6 000

企业在合同期内收到盛达厂发来材料，共 7 000 元。

借：原材料　　　　　　　　　　　　　　　　7 000
　　应交税费——应交增值税（进项税额）　　1 190
　贷：预付账款——盛达建材厂　　　　　　　　8 190

同时开出转账支票补付盛达厂材料款。

借：预付账款——盛达建材厂　　　　　　　　2 190
　贷：银行存款　　　　　　　　　　　　　　　2 190

企业的预付账款如有确凿的证据表明无法收回，应当于实际发生时计入营业外支出。

假定预付盛达建材厂货款 6 000 元并未收到所购材料并有确定证据证明无法收回：

借：营业外支出 6 000

贷：预付账款——盛达建材厂 6 000

动手做账

资料：新宏有限责任公司 2016 年 12 月发生以下往来结算业务。

【业务 1】 （见表 2-3-1）

表 2-3-1

中国工商银行
转账支票存根

D H 00025867

科　　目：＿＿＿＿＿＿＿＿＿＿＿＿

对方科目：＿＿＿＿＿＿＿＿＿＿＿＿

出票日期：2016 年 12 月 1 日

| 收款人：南京吉元公司 |
| 金　　额：40 540 元 |
| 用　　途：支付前欠货款 |

单位主管：　　　　会计：

【业务 2】 （见表 2-3-2）

表 2-3-2

借　款　单

财会账证 52 号　　　　　2016 年 12 月 2 日　　　　　№256983

借款单位	供应科	姓名	王刚	级别	办事员	出差地点	连云港
						天数	5
事由		采购	借款金额（大写）	壹仟元整	￥1 000.00		
实际报销金额	￥＿＿＿	结余金额	￥＿＿＿	注意事项	一、凡借用公款必须使用本单。二、第三联为正式借据，由借款人和单位负责人签单。三、出差返回后三天内结算。		
		超支金额	￥＿＿＿				
单位负责人签单	杨博	借款人签单	王刚	备注	现金付讫		

第三联　记账联

【业务 3】 （见表 2-3-3）

表 2-3-3

中国工商银行　进账单　（收款通知）　**3**

2016 年 12 月 3 日　　　　　第 52685 号

付款人	全称	南通华安公司	收款人	全称	新宏有限责任公司
	账号	210056562022225		账号	180100112200100888
	开户银行	南通建行安元分理处		开户银行	工行南京东湖支行

人民币 （大写）	伍万元整	千	百	十	万	千	百	十	元	角	分
				¥	5	0	0	0	0	0	0

票据种类	银行汇票	中国工商银行
票据号码		南京东湖支行
票据张数		2016.12.3
预收 810 号产品的货款		业务清讫（6）
单位主管：　会计：　复核：　记账：		（受理银行盖章）

【业务 4】 （见表 2-3-4、表 2-3-5）

表 2-3-4

江苏省增值税专用发票

11665839　　　　　　　　　发票联　　　　　　　　№0015635

开票日期：2016 年 12 月 5 日

购货单位	名　　称：新宏有限责任公司	密码区
	纳税人识别号：280602002234678	
	地址、电话：南京市东湖路 118 号 025-81336665	
	开户行及账号：工行南京东湖支行 180100112200100888	

货物及应税劳务名称	规格型号	单位	数量	单价	金额	税率	税额
专用塑料		千克	2 000	33.00	66 000.00	17%	11 220.00
价税合计（大写）	柒万柒仟贰佰贰拾元整				¥ 77 220.00		

销货单位	名　　称：常州侨兴有限责任公司	备注
	纳税人识别号：320400002234879	常州侨兴有限责任公司
	地址、电话：常州市凤凰路 10 号 0519-8256130	320400002234879
	开户行及账号：工行常州分行和平分理处 321568655221121	

收款：林松　　复核：李丽　　开票：曹成　　销货单位（章）票专用章

表 2-3-5

江苏省增值税专用发票

11665839   抵扣联   №0015635

开票日期：2016 年 12 月 5 日

购货单位	名　　　称：新宏有限责任公司					密码区		
	纳税人识别号：280602002234678							
	地　址、电话：南京市东湖路 118 号 025-81336665							
	开户行及账号：工行南京东湖支行 180100112200100888							
货物及应税劳务名称	规格型号	单位	数量	单价	金额	税率	税额
专用塑料		千克	2 000	33.00	66 000.00	17%	11 220.00
价税合计（大写）	柒万柒仟贰佰贰拾元整				￥77 220.00		
销货单位	名　　　称：常州侨兴有限责任公司					备注		
	纳税人识别号：320400002234879							
	地　址、电话：常州市凤凰路 10 号 0519-8256130							
	开户行及账号：工行常州分行和平分理处 321568655221121							

收款：林松　　复核：李丽　　开票：曹成　　　　销货单位（章）　专用章

320400002234879

第二联：抵扣联　购货方扣税凭证

注：材料尚未到达，记入"在途物资"账户。

【业务 5】　（见表 2-3-6～表 2-3-8）

表 2-3-6

代垫费用清单（存根联）

日期：2016 年 12 月 12 日

单位名称	北京正康有限责任公司	代垫费用项目：运费	
金额	伍仟伍佰元整　　　　　　　　　￥5 500		
内容：8810 产品由南京运至北京，物流公司直接开发票给北京正康公司		附单据	
		2 张	
备注：			

主管：　　　　　会计：　　　　　　复核：　　　　　制单：

表 2-3-7

中国工商银行

转账支票存根

D H 00001391

科　　目：＿＿＿＿＿＿＿

对方科目：＿＿＿＿＿＿＿

出票日期：2016 年 12 月 12 日

收款人：南京佳吉快运公司
金　额：5 500 元
用　途：支付运输费用

单位主管：　　　会计：

表 2-3-8

江苏省增值税专用发票

32065849　　　　　　　　　　记账联　　　　　　　　　　№0028637

开票日期：2016 年 12 月 12 日

购货单位	名　　　称：北京正康有限责任公司					密码区		第一联：记账联　销货方记账凭证
	纳税人识别号：260801024685454							
	地址、电话：北京市京海开发区 12 号 0136-3102258							
	开户行及账号：工行北京分行 180177158900103478							
货物及应税劳务名称	规格型号	单位	数量	单价	金额	税率	税额	
8810 产品		台	20	4 000.00	80 000.00	17%	13 600.00	
价税合计（大写）	玖万叁仟陆佰元整					￥93 600.00		
销货单位	名　　　称：新宏有限责任公司					备注		
	纳税人识别号：280602002234678							
	地址、电话：南京市东湖路 118 号 025-81336665					280602002234678		
	开户行及账号：工行南京东湖支行 180100112200100888							

收款：王燕　　复核：俞开平　　开票：林珊　　　　　　　销货单位（章）

【业务 6】　（见表 2-3-9、表 2-3-10）

表 2-3-9

江苏省增值税专用发票

32065849　　　　　　　　　　记账联　　　　　　　　　　№0028637

开票日期：2016 年 12 月 15 日

购货单位	名　　　称：上海安顺有限责任公司					密码区		第一联：记账联　销货方记账凭证
	纳税人识别号：223311523465782							
	地址、电话：上海市汉阳路 2 号 021-82223258							
	开户行及账号：上海建行汉阳路分理处 68542220001456							
货物及应税劳务名称	规格型号	单位	数量	单价	金额	税率	税额	
8810 产品		台	10	4 000.00	40 000.00	17%	6 800.00	
价税合计（大写）	肆万陆仟捌佰元整					￥46 800.00		
销货单位	名　　　称：新宏有限责任公司					备注		
	纳税人识别号：280602002234678							
	地址、电话：南京市东湖路 118 号 025-81336665					280602002234678		
	开户行及账号：工行南京东湖支行 180100112200100888							

收款：王燕　　复核：俞开平　　开票：林珊　　　　　　　销货单位（章）

表 2-3-10

商业承兑汇票　2

汇款号码：

签发日期：　　年　月　日　　　　　　　　第　　号

收款人	全称	新宏有限责任公司			付款人	全称	上海安顺公司		
	账号	180100112200100888				账号	68542220001456		
	开户银行	工行南京东湖支行	行号	53026		开户银行	建行上海分行汉阳分理处	行号	88605

汇票金额	人民币（大写）	肆万陆仟捌佰元整	千	百	十	万	千	百	十	元	角	分
					¥	4	6	8	0	0	0	0

汇票到期日	2011 年 2 月 15 日	交易合同号码	

本汇票已经本单位承兑，到期无条件支付票款。 此致 承兑人 负责：　经办：　2016 年 12 月 15 日	付购货款 （汇票签发人盖章） 负责：　　　经办：

此联是收款人开户行随结算凭证寄付款人

开户行作付出传票附件

【业务7】　（见表 2-3-11）

表 2-3-11

中国工商银行　电汇凭证（回单）1

委托日期：2016 年 12 月 16 日　　　　　　　第 86870 号

收款人	全称	杭州万胜商贸公司			汇款人	全称	南京新宏有限责任公司		
	账号或住址	杭州农行西子支行 616163255002247				账号或住址	南京东湖路 118 号		
	汇入地点	浙江省	杭州市	汇入行名称 农行西子支行		汇出地点	江苏省	南京市	汇出行名称 工行南京东湖支行

金额	人民币（大写）	贰万陆仟伍佰陆拾元整	千	百	十	万	千	百	十	元	角	分
						¥	2	6	5	6	0	0	0

汇款用途： 预付采购电机款	中国工商银行（汇出行盖章） 南京东湖支行 2016.12.16 业务清讫 （6）

【业务 8】 （见表 2-3-12）

表 2-3-12

收　据

2016 年 12 月 28 日

兹收到　红远公司	
人民币贰仟元整	￥2 000.00 元
上款系：租用设备押金	现金收讫
收款单位：财务科　会计主管：俞开平	审核：　出纳：王燕

（印章：新宏有限责任公司　280602002234678　发票专用章）

【业务 9】 （见表 2-3-13、表 2-3-14）

表 2-3-13

领款凭据

汇款号码：

2016 年 12 月 28 日　　　第　号

领款人	王刚	单位或部门		供应科							
领款金额（大写）	壹佰玖拾元整		百	十	万	千	百	十	元	角	分
						￥	1	9	0	0	0
用途	补付超支差旅费										
审批意见	同意报销　张大山 2016.12.28			现金付讫							
主管：俞开平　　会计：　　　领款人：王刚											

表 2-3-14

差旅费报销单

汇款号码：

报销日期：2016 年 12 月 28 日　　第　号

部门	供应科	出差人	王刚	事由	采购材料				
出差日期	起止地点	飞机	火车	汽车	市内交通费	住宿费	餐费	电话费	合计	单据
2 日	南京至连云港		80		90	800	100	30	1 100	12
7 日	连云港至南京		80		10				90	2
	合计		160		100	800	100	30	1 190	14
报销金额	人民币（大写）壹仟壹佰玖拾元整							￥1 190.00	
原借款	￥1 000.00	报销额	￥1 190.00		应退还		应找补		￥190
财会审核意见	已审核俞开平 2016.12.19	审批人意见	同意报销　张大山　2016.12.19						
主管：俞开平　　会计：　　　出纳：王燕　　报销人：王刚									

注：假设住宿费未取得专用发票。

知识检测

一、单项选择题

1. 企业某项应收账款 100 000 元，现金折扣条件 2/10、1/20、n/30，客户在第 18 天付款，该企业财务费用的发生额为（　　）元。

  A. 1 000   B. 2 000   C. 600   D. 300

2. 一张期限为 3 个月的票据的面值是 10 000 元，票面利率为 8%。则该票据的到期价值为（　　）元。

  A. 10 200   B. 10 800   C. 12 400   D. 10 000

3. 下列项目中，应通过"其他应付款"账户核算的有（　　）。

  A. 应收出租包装物的租金   B. 应付职工工资   C. 存入保证金

  D. 应付经营租入固定资产的租赁费   E. 应付融资租入固定资产的租赁费

4. 企业无法支付的应付款项，经确认后，应列入（　　）。

  A. 其他业务收入   B. 营业外收入

  C. 资本公积   D. 待处理财产损溢

5. 企业开出并承兑的商业汇票到期无力支付时，正确的会计处理是将该应付票据（　　）。

  A. 转作短期借款   B. 转作应付账款

  C. 转作其他应付款   D. 仅作备查登记

二、多项选择题

1. 下列业务中，通过"应收账款"账户核算的是（　　）。

  A. 未收价款   B. 企业负担产品运费

  C. 企业代垫的运杂费   D. 增值税销项税额

2. 其他应收款的核算内容包括（　　）。

  A. 存出保证金   B. 应收赔罚款

  C. 为职工代垫的各种款项   D. 备用金

3. 下列关于应付账款的说法，正确的是（　　）。

  A. 应付账款核算购买商品、接受劳务等应支付的款项

  B. 应付账款的余额一般在贷方

  C. 应付账款应该按照供应单位设置明细科目

  D. 应付账款的借方余额表示尚未偿还的款项

4. 下列应通过"应付账款"账户核算的是（　　）。

  A. 应付租金   B. 应付购入包装物的款项

  C. 应付存入保证金   D. 应付接受劳务的款项

5. 下列应通过"其他应付款"账户核算的是（　　）。

  A. 经营租入固定资产的应付租金   B. 出租或出借包装物收取的押金

  C. 应付租入包装物租金   D. 存出保证金

三、判断题

1. 当企业采用现金折扣方式销售时，应收账款应按扣除折扣后的金额入账。（　　）
2. "应付票据"账户的贷方余额反映企业尚未到期应付票据本息。　　（　　）
3. 商品销售中发生的商业折扣在应收账款中不予反映。　　　　　　（　　）
4. 小企业发生的坏账损失于实际发生时直接计入营业外支出。　　　（　　）
5. 应付账款入账时间的确认，应以购入货物所有权的转移或接受劳务已发生为标志。

　　　　　　　　　　　　　　　　　　　　　　　　　　　　　　（　　）

项目4 小企业存货业务核算

基本要求：	① 掌握取得存货及发出存货的计价方法； ② 掌握实际成本计价法下存货收发的核算方法； ③ 了解计划成本计价法下存货收发的核算。
重　点：	实际成本计价法下存货收发的核算。
难　点：	计划成本计价法下存货收发的核算。

案例导入

　　材料、产品等存货价值在企业流动资产中占有很大的比重，那么请问企业领导层会关注存货哪些方面呢？企业不断地购入、耗用材料最终目的是快速地销售产品，收回更多资金。因此，存货的资金占用及周转情况是主要关注点，存货核算就应当正确计算存货购入成本，记录存货的收发、领退和保管情况，反映存货资金的占用情况，督促企业加快存货周转速度，促进企业提高资金的使用效率。

知识链接

　　存货，是指小企业在日常生产经营过程中持有以备出售的产成品或商品、处在生产过程中的在产品、将在生产过程或提供劳务过程中耗用的材料和物料等，以及小企业（农、林、牧、渔业）为出售而持有的或在将来收获为农产品的消耗性生物资产。小企业的存货包括：

　　（1）原材料，是指小企业在生产过程中经加工改变其形态或性质并构成产品主要实体的各种原料及主要材料、辅助材料、外购半成品（外购件）、修理用备件（备品备件）、包装材料、燃料等。

　　（2）在产品，是指小企业正在制造尚未完工的产品。包括：正在各个生产工序加工的产品，以及已加工完毕但尚未检验或已检验但尚未办理入库手续的产品。

　　（3）半成品，是指小企业经过一定生产过程并已检验合格交付半成品仓库保管，但尚未制造完工成为产成品，仍需进一步加工的中间产品。

　　（4）产成品，是指小企业已经完成全部生产过程并已验收入库，符合标准规格和技术条件，可以按照合同规定的条件送交订货单位，或者可以作为商品对外销售的产品。

　　（5）商品，是指小企业外购或委托加工完成并已验收入库用于销售的各种商品。

　　（6）周转材料，是指小企业能够多次使用、逐渐转移其价值但仍保持原有形态且不确认为固定资产的材料，包括包装物、低值易耗品、小企业（建筑业）的钢模板、木模板、脚手架等。

（7）委托加工物资，是指小企业委托外单位加工的各种材料、商品等物资。

（8）消耗性生物资产，是指小企业（农、林、牧、渔业）生长中的大田作物、蔬菜、用材林，以及存栏待售的牲畜等。

任务 1　熟悉存货的计价方法

一、取得存货的入账价值

小企业取得的存货，应当按照成本进行计量。不同方式取得存货的实际成本包括内容也不同。

（1）外购存货的成本。外购存货的成本包括：购买价款、相关税费、运输费、装卸费、保险费，以及在外购存货过程中发生的其他直接费用，但不含按照税法规定可以抵扣的增值税进项税额。

> **提示**　如新宏公司购入甲材料增值税专用发票上注明数量 500 千克，单价 100 元/千克，增值税 8 500 元。另据铁路部门发票支付运费 2 000 元，增值税 220 元；市内装卸费用 500 元，增值税 30 元。那么这批甲材料的入账成本为 52 500（500×100+2 000+500）元。

（2）通过进一步加工取得存货的成本包括：直接材料、直接人工，以及按照一定方法分配的制造费用。（这将在本模块项目 7 中详细学习。）

（3）投资者投入存货的成本，应当按照评估价值确定。

（4）提供劳务的成本包括：与劳务提供直接相关的人工费、材料费和应分摊的间接费用。

（5）盘盈存货的成本，应当按照同类或类似存货的市场价格或评估价值确定。

二、发出存货的计价方法

根据小企业会计准则规定，小企业应当采用先进先出法、加权平均法或者个别计价法确定发出存货的实际成本。计价方法一经选用，不得随意变更。

1. 先进先出法

[例 2-4-1]　新宏公司 11 月 A 材料的收、发、存数据资料，如表 2-4-1 所示。

先进先出法是以先购入材料先发出的存货流转假设为前提的，对发出材料进行计价的一种方法。只是对成本流转顺序的假设，与实际发货是否按先买进来先发出的顺序无关。

新宏公司 A 材料采用先进先出法计算发出存货和期末存货的成本。计算成本如下：

本期发出 A 材料成本=（600×10+200×11）+（200×11+200×12）=12 800（元）

期末结存 A 材料成本=400×12+400×16=11 200（元）

表 2-4-1

新宏公司 11 月 A 材料收、发、存数据资料

年		摘要	收入		发出		结存数量
月	日		数量（件）	单位成本（元）	数量（件）	单位成本（元）	（件）
11	1	结存					600
	6	购入	400	11			1 000
	12	发出			800		200
	18	购入	600	12			800
	25	发出			400		400
	30	购入	400	16			800

注：期初结存材料的单位成本为每件 10 元。

具体计算过程见登记的存货明细账（见表 2-4-2）。

> **提示**　采用先进先出法，能随时结转成本，期末存货成本较接近现行市场价值，企业不能随意挑选存货成本以调节当期利润。但是在存货收发业务频繁和单价经常变动的情况下，存货计价的工作量较大。当物价上涨时，用早期较低的成本与现行收入相配比，会少计发出存货的成本，高估当期利润，并高估期末存货的价值。

表 2-4-2

存货明细账（先进先出法）

材料名称：A材料　　　　　　　　　　　　　　　　　　　　　　　　　　单位：件/元

2016 年		摘要	收入			发出			库存		
月	日		数量	单价	总额	数量	单价	总额	数量	单价	总额
11	1	结存							600	10	6 000
	6	购入	400	11	4 400				600	10	6 000
									400	11	4 400
	12	发出				600	10	6 000			
						200	11	2 200	200	11	2 200
	18	购入	600	12	7 200				200	11	2 200
									600	12	7 200
	25	发出				200	11	2 200			
						200	12	2 400	400	12	4 800
	30	购入	400	16	6 400				400	12	4 800
									400	16	6 400
	30	合计	1 400		18 000	1 200		12 800	400	12	11 200
									400	16	

2. 加权平均法

加权平均法亦称全月一次加权平均法，是指以本月全部收入存货的数量加月初结存存货的数量作为权数，去除本月收入存货成本加上月初结存成本，计算出存货的加权平均单

位成本，从而确定存货的发出成本和库存成本。加权平均法的具体计算公式为：

$$加权平均单位成本=\frac{月初结存存货的实际成本+本月收入存货的实际成本}{月初结存存货的数量+本月收入存货的数量}$$

$$发出存货的实际成本=发出存货的数量×平均单位成本$$

[例 2-4-2]　沿用表 2-4-1 的数据，假设采用加权平均法，计算如下：

$$加权平均单位成本=\frac{6\,000+4\,400+7\,200+6\,400}{600+400+600+400}=12（元/件）$$

$$发出材料实际成本=1\,200×12=14\,400（元）$$

$$结存材料的实际成本=800×12=9\,600（元）$$

具体计算过程见登记的存货明细账（见表 2-4-3）。

> **提示**　采用加权平均法能简化存货的核算工作，而且在存货的市场价格波动较大时计算出来的单位成本比较平均，存货成本的分摊较为折中。但这种方法只有在期末计算出加权平均单价，才能确定发出和结存存货的成本，平时无法从账簿上提供详细的资料，不利于存货的管理。

表 2-4-3

存货明细账 （加权平均法）

材料名称：A 材料　　　　　　　　　　　　　　　　　　　　　　　　　　单位：件

2016 年		摘要	收入			发出			库存		
月	日		数量	单价	总额	数量	单价	总额	数量	单价	总额
11	1	结存							600	10	6 000
	6	购入	400	11	4 400				1 000		
	12	发出				800			200		
	18	购入	600	12	7 200				800		
	25	发出				400			400		
	30	购入	400	16	6 400				800		
	30	合计	1 400		18 000	1 200	12	14 400	800	12	9 600

3．个别计价法

个别计价法又称个别认定法、具体辨认法，是指对库存和发出的每一特定货物或每一批特定货物的个别成本加以认定的一种方法。是假设存货的成本流转与实物流转相一致的方法。采用个别计价法，一般需具备两个条件：一是存货项目必须是可以辨别认定的；二是必须要有详细的记录，包括每一存货的品种规格、入账时间、单位成本、存放地点等情况。

[例 2-4-3]　以新宏公司的 A 材料收发资料为例：经具体认定，若 8 月 12 日发出的 A 材料中，属于期初结存的有 500 件，属于 8 月 6 日购入的有 300 件；8 月 25 日发出的 A 材料中，属于期初结存的有 100 件，属于 8 月 18 日购入的有 300 件。8 月 A 材料的发出实际成本和期末结存成本可计算如下：

$$本期 A 材料发出的实际成本=500×10+300×11+100×10+300×12=12\,900（元）$$

$$期末 A 材料结存成本=600×10+400×11+600×12+400×16-12\,600=11\,100（元）$$

采用个别计价法，能准确计算发出存货和期末存货的成本。但需分批认定和记录存货的批次及各批的单价和数量，工作量较大；另外，容易出现企业随意选用较高或较低价格的存货以调节当期利润的现象。这种方法一般适用于容易识别、存货品种数量不多、单位成本较高的存货，如房产、船舶、飞机、珠宝等贵重物品。此外，能够分清批次，整批进整批出的存货也可以采用这种方法。

任务2　实际成本计价法下原材料的核算

存货的计价方法有按实际成本计价和按计划成本计价。实际成本法是指企业材料的收入、发出、结存均按存货的实际成本计价。

一、账户设置

为正确进行原材料收发业务的核算，企业应设置"原材料""在途物资"等总分类账户。

（1）"原材料"账户核算小企业库存的各种材料。本账户应按照材料的保管地点（仓库）、材料的类别、品种和规格等进行明细核算。购入工程用材料，在"工程物资"账户核算，不在本账户核算。

原材料	
验收入库的各种原材料的实际成本	发出的各种原材料实际成本
月末企业库存原材料的实际成本	

（2）"在途物资"账户核算小企业采用实际成本进行材料、商品等物资的日常核算、尚未到达或尚未验收入库的各种物资的实际采购成本。该账户按供应单位进行明细分类核算。

在途物资	
已支付或已开出、承兑商业汇票的物资货款及采购费用	验收入库的在途材料实际成本
月末企业已付款或已开出、承兑商业汇票但尚未验收入库的在途物资的实际成本	

二、材料收入业务的总分类核算

1. 外购材料的核算

实际成本计价法下材料收发应如何核算呢？

（1）货款付清，同时收料。企业采购材料，如果货款及采购费用的支付，与材料验收入库在较短时间内完成，这时应根据银行结算凭证、发票账单、运杂费等单据和材料入库的收料单等填制付款及收料的记账凭证。

[例 2-4-4]　新宏公司从外地购入专用塑料一批，买价5 000元，增值税专用发票

标明增值税 850 元，供货单位发货时代垫运杂费 200 元，共计 6 050 元，发票账单已收到，价税款和运杂费通过银行支付，材料已验收入库。应作会计分录如下：

借：原材料——原料及主要材料　　　　　5 200
　　应交税费——应交增值税（进项税额）　850
　　贷：银行存款　　　　　　　　　　　　　　6 050

（2）付款在先，收料在后。企业从外地购买材料，由于材料运输时间往往超过银行结算凭证的传递和承付时间，因此会发生先收到发票账单，并据以支付货款或开出商业承兑汇票，而材料尚未运到或尚未验收入库的情况。对此，可通过"在途物资"账户进行核算，等收到材料并验收入库后，再由在途物资转入"原材料"账户。

[例 2-4-5]　新宏公司从宝山钢铁公司购入专用钢材一批，增值税专用发票标明买价 20 000 元，增值税 3 400 元，对方代垫运输费 888 元（其中增值税 88 元），货款和运输费均已通过银行支付，但角钢尚未入库。根据银行结算凭证及所付发票及运费单等，应作会计分录如下：

借：在途物资——宝山钢铁公司　　　　　20 800
　　应交税费——应交增值税（进项税额）　3 488
　　贷：银行存款　　　　　　　　　　　　　24 288

待钢材运到并验收入库时，根据在途材料明细账的记录和收料单，应作会计分录如下：

借：原材料——原料及主要材料　　　　　20 800
　　贷：在途物资——宝山钢铁公司　　　　　20 800

（3）收料在先，付款在后。

① 材料已收到，结算凭证也已到达，企业因存款不足暂未付款。这种情况下企业购入材料，应承担偿还供货单位货款的债务，应通过"应付账款"账户进行反映；若企业与供方达成协议，采用商业汇票形式延期付款时，则应通过"应付票据"账户进行反映。

如果是欠账买材料应怎么记录？

[例 2-4-6]　新宏公司从徐州连红公司购入专用电机一批，货款 20 000 元，增值税 3 400 元，对方代垫运费 666 元，已收到结算凭证，材料已验收入库，因存款不足尚未付款。应作会计分录如下：

借：原材料——原料及主要材料　　　　　20 600
　　应交税费——应交增值税（进项税额）　3 466
　　贷：应付账款——连红公司　　　　　　　24 066

待以后支付该批材料款项时，应作会计分录如下：

借：应付账款——连红公司　　　　　　　24 066
　　贷：银行存款　　　　　　　　　　　　　24 066

若对方同意延期付款，开出并承兑商业汇票抵付上项应付账款时，应作会计分录如下：

借：应付账款——连红公司　　　　　　　24 066
　　贷：应付票据　　　　　　　　　　　　　24 066

② 材料已收到，但结算凭证未到。遇到这种情况，通常几天之内即可收到结算凭证，

因此可以先暂不作会计分录，待结算凭证送达，支付款项后再做处理。若月末结算凭证仍未到达，为了如实反映企业月末资产的结存情况和负债情况，对这批材料可先按照合同价格或计划价格暂估入账，并通过"应付账款"账户下设"暂估应付款"账户进行核算。下月月初，用红字做同样的凭证予以冲销，以便下月付款或开出、承兑商业汇票时按正常程序处理。

[例 2-4-7] 新宏公司从某工厂购入材料一批，已经办理提货手续并验收入库，月末结算凭证仍未到达，按合同价格 5 000 元暂估入账。

借：原材料　　　　　　　　　　　　　　5 000
　　贷：应付账款——暂估应付账款　　　　　　5 000

下月月初，用红字金额冲销上述分录。

借：原材料　　　　　　　　　　　　　　5 000（红字）
　　贷：应付账款——暂估应付账款　　　　　　5 000（红字）

收到该批材料结算凭证时，按实际支付的材料买价 5 000 元，增值税 850 元，运杂费 200 元。

借：原材料　　　　　　　　　　　　　　5 200
　　应交税费——应交增值税（进项税额）　850
　　贷：银行存款　　　　　　　　　　　　　　6 050

（4）预付货款，收料后再结算。企业按照订货合同的规定，预付一定比例的货款给供货单位，供货单位根据合同规定的期限和数量发货，发货后双方再结算货款。

[例 2-4-8] 新宏公司向吉星工厂订购原料一批，按合同规定预付货款 10 000 元。

借：预付货款——吉星工厂　　　　　　10 000
　　贷：银行存款　　　　　　　　　　　　　10 000

收到吉星工厂按合同规定的数量和期限发来的原材料时，作会计分录如下：

借：原材料——原料及主要材料　　　　40 000
　　应交税费——应交增值税（进项税额）　6 800
　　贷：预付货款——吉星工厂　　　　　　　46 800

该批材料全部价税款 40 000 元，扣除企业已预付的 10 000 元货款，其余款项通过银行付清。企业补付货款应作会计分录如下：

借：预付货款——吉星工厂　　　　　　36 800
　　贷：银行存款　　　　　　　　　　　　　36 800

2．外购材料中发生的一些特殊情况的处理

（1）发生短缺与损耗的处理。

① 运输途中的合理损耗应作为存货的采购费用计入采购成本。

[例 2-4-9] 新宏公司向某企业购入原材料 50 吨，收到的增值税专用发票上注明的售价为 120 元/吨，增值税 1 020 元。另发生运输费 1 000 元，装卸费 500 元，增值税共计 140 元（1 000×11%＋ 500×6%），款已

如果材料在运输途中发生了问题怎么办呢？

付。原材料运抵企业后，验收入库为49.6吨，途中发生合理损耗0.4吨。则该材料的入账价值为：

$$120×50+1\,000+500=7\,500（元）$$

借：原材料　　　　　　　　　　　　　　　　7 500

　　应交税费——应交增值税（进项税额）　　1 160

　贷：银行存款　　　　　　　　　　　　　　　　8 660

② 能确定由供应单位、运输单位、保险公司或者其他过失人负责赔偿的，应向有关单位或者责任人索赔，从"在途物资"转入"应付账款"或"其他应收款"账户。

③ 因遭受意外灾害发生的损失和尚待查明原因的途中损耗，不得增加物资的采购成本，应将其损失从"在途物资"账户转入"待处理财产损溢"账户，查明原因后再分别处理：属于供应单位、运输单位、保险公司或者其他过失人负责赔偿的，将其损失从"待处理财产损溢"账户转入"应付账款"或者"其他应收款"账户；属于自然灾害造成的损失，应按扣除残料价值和保险公司赔款后的净损失，从"待处理财产损溢"账户转入"营业外支出——非常损失"账户。

[例2-4-10]　8月5日新宏公司收到上月月末从上海新新公司购入塑料，该批材料购入数量为1 000吨，每吨30元，增值税5 100元，款已付，材料验收入库时发现短缺50吨，其余收妥入账。查明原因是供货单位少发，供应单位已同意补发货。应作会计分录如下：

收到材料时：

借：原材料——专用塑料　　　　　　　　　　28 500

　　应付账款——新新公司　　　　　　　　　　1 755

　　应交税费——应交增值税（进项税额）　　 255（红字）

　贷：在途物资　　　　　　　　　　　　　　　30 000

收到新新公司补发来的材料时，应作会计分录如下：

借：原材料——专用塑料　　　　　　　　　　1 500

　　应交税费——应交增值税（进项税额）　　 255

　贷：应付账款——新新公司　　　　　　　　　1 755

[例2-4-11]　假设上述短缺50吨是由于自然灾害造成的。

材料验收入库时，应作会计分录如下：

借：原材料——专用塑料　　　　　　　　　　28 500

　贷：在途物资——新新公司　　　　　　　　　28 500

借：待处理财产损溢——待处理流动资产损溢　　1 755

　贷：在途物资——新新公司　　　　　　　　　1 500

　　应交税费——应交增值税（进项税额转出）　 255

经确认保险公司应予赔偿1 200元，其余经批准转销。

借：其他应收款——应收赔罚款　　　　　　　1 200

　　营业外支出——非常损失　　　　　　　　 555

　贷：待处理财产损溢——待处理流动资产损溢　1 755

④ 不同原因造成材料短缺情况下进项税额的一般原则如下：

a.材料短缺损失若应由验收入库的材料承担，如运输途中的合理损耗，其进项税额应予抵扣。

b. 凡属由供应单位造成的短缺，若对方决定近期内予以补货，则短缺材料的进项税额暂不得抵扣，需待补来材料验收入库后，方可再予以抵扣；若对方决定退赔货款，应视不同情况比照销货退回进行处理。如购买方未付货款且未作账务处理，应退回原增值税专用发票，注明作废后，重开增值税专用发票。如已付款或已作账务处理，必须取得当地主管税务机关开具的进货退出或索取折让证明单交供应方，企业则应在取得对方开具的红字增值税专用发票后，以红字冲减原已登记的进项税额。

c. 凡属运输单位造成的短缺或毁损，应向运输部门索赔，其中的进项税额应由"应交税费——应交增值税（进项税额转出）"账户的贷方转入"其他应收款"账户的借方。

d. 凡属购入途中发生的非常损失，其进项税额不得抵扣，而应由"应交税费——应交增值税（进项税额转出）"账户的贷方转入"待处理财产损溢"账户的借方，与损失的材料成本一并处理。

（2）外购材料退货、折让的会计处理。

① 发生退货。企业购进货物发生退货时，应区别下列两种不同情况进行具体处理：

a. 未付货款也未作账务处理的。这种情况下，购货方只需将发票联和抵扣联退还给销货方即可，既然购货方进货后还未进行账务处理，退货时也无须进行账务处理。如果是部分退货，将发票联和抵扣联退还给销货方后，由销货方按实际数量重新开具增值税专用发票，购货方也不用对退货进行账务处理，只要按实购数量、金额进行正常的购货账务处理即可。

b. 已付货款，或者货款未付但已进行账务处理的。这种情况下，发票联及抵扣联无法退还，购货方必须取得当地主管税务机关开具的"进货退出及索取折让证明单"送交销货方，作为销货方开具红字增值税专用发票的合法依据。购货方根据销货方转来的红字发票联、抵扣联进行如下账务处理：

将证明单转交销货方时：

借：应收账款
　贷：在途物资

在收到销货方开来的红字专用发票及退还的款项时：

借：银行存款
　　应交税费——应交增值税（进项税额）（红字）
　贷：应收账款

[例2-4-12] 新宏公司2月购进乙材料10 000千克，取得的增值税专用发票上注明价款500 000元，增值税款85 000元。材料已验收入库，并开出银行转账支票支付款项。

2月支付货款，材料验收入库时，会计处理如下：

借：原材料——乙材料　　　　　　　　　　500 000
　　应交税费——应交增值税（进项税额）　　85 000
　贷：银行存款　　　　　　　　　　　　　　　585 000

3月因上述材料存在质量问题退回部分材料，取得当地主管税务机关开具的"进货退出及索取折让证明单"送交销货方，退回价款10 000元，增值税款1 700元，已收到对方开具的红字增值税专用发票，则其会计处理如下：

借：银行存款　　　　　　　　　　　　　　11 700
　　应交税费——应交增值税（进项税额）（红字）　1 700
　贷：原材料——乙材料　　　　　　　　　　10 000

[例 2-4-13]　新宏公司 8 月 26 日收到 B 公司转来的托收承付凭证及发票，所列甲材料价款 5 000 元，税额 850 元，公司于当日委托银行付款。9 月 10 日材料运到，验收质量不合格，全部退货，并取得主管税务机关开具的证明单，送交销货方，代垫退货运杂费 800元。9 月 20 日收到 B 公司开具的红字增值税专用发票抵扣联。

支付款项时：

借：在途物资——甲材料　　　　　　　　　　5 000
　　应交税费——应交增值税（进项税额）　　　850
　贷：银行存款　　　　　　　　　　　　　　5 850

将证明单转交销货方时：

借：应收账款——B 公司　　　　　　　　　　5 800
　贷：在途物资——B 公司　　　　　　　　　5 000
　　　银行存款　　　　　　　　　　　　　　800

在收到销货方开来的红字专用发票及退还的款项时：

借：银行存款　　　　　　　　　　　　　　6 650
　　应交税费——应交增值税（进项税额）　　　850（红字）
　贷：应收账款　　　　　　　　　　　　　　5 800

② 进货折让。在采用验货付款的情况下，可直接将专用发票退回销货方，由其重新开具专用发票，此后进行正常的账务处理即可。在采用验单付款的情况下，购货方应向其主管税务机关索取进货退出及折让证明单，转交销货方，并根据销货方开具的红字专用发票进行如下会计处理：

材料验收入库后，按扣除折让后的金额入账，在将证明单转交销货方时：

借：原材料
　　应付账款——××（折让金额）
　贷：在途物资

在收到销货方转来的折让金额红字增值税专用发票及款项后：

借：银行存款
　　应交税费——应交增值税（进项税额）（红字）
　贷：应付账款

[例 2-4-14]　新宏公司购进材料 2 000 千克，价格 5 元/千克，增值税进项税额 1 700 元，材料验收入库时发现质量不过关，经与销货方协商后同意折让 10%。

购买付款时：

借：在途物资　　　　　　　　　　　　　　10 000
　　应交税费——应交增值税（进项税额）　　1 700
　贷：银行存款　　　　　　　　　　　　　　11 700

材料验收入库后，按扣除折让后的金额入账，在将证明单转交销货方时：

借：原材料   9 000（红字）

  应付账款   1 000（红字）

 贷：在途物资   10 000（红字）

在收到销货方转来的折让金额红字增值税专用发票及款项后：

借：银行存款   1 170（红字）

  应交税费——应交增值税（进项税额） 170（红字）

 贷：应付账款   1 000

3．自制材料、投资者投入原材料的核算

（1）自制材料和废料入库。自制材料验收入库时，应填制"材料入库单"，回收的交库废料，也应办理及时入库手续。

[例 2-4-15] 新宏公司自己生产的某种材料完工并已由仓库验收入库，其生产成本为 6 000 元。

借：原材料   6 000

 贷：生产成本   6 000

（2）接受存货投资的会计处理。取得投资者投入的原材料，应当按照评估价值，借记本账户，贷记"实收资本""资本公积"账户。涉及增值税进项税额的，还应进行相应的财务处理。

[例 2-4-16] 新宏公司接受德和公司原材料一批作为投资，开来一份增值税专用发票，直接将货物送到仓库验收入库。增值税专用发票上注明：材料价格 256 400 元，税额 43 588 元，价税合计 299 988 元。应作会计分录如下：

借：原材料   256 400

  应交税费——应交增值税（进项税额） 43 588

 贷：实收资本——德和公司   299 988

4．企业收入材料的原始凭证

企业收入材料应编制"收料单"或"入库单"。"收料单"常见格式如表 2-4-4 所示。

表 2-4-4

收 料 单

供应单位：   材料科目：原材料 编号：收 2

发票号码：   2016 年 6 月 3 日   材料类别： 仓库：1 号库

材料	规	计量	数 量		实 际 成 本				
名称	格	单位	应收	实收	买 价		运 杂 费	其 他	合 计
					单价	金额			

仓库主管：   记账员：   验收人：王彬

企业可根据不同情况确定材料总分类账的登记方法。对于材料收入业务较少的企业，收入核算的工作量不大，可根据收料凭证逐日逐笔编制记账凭证，并据以登记总分类账；对于收料业务较多的企业，则可根据收料凭证整理汇总，定期编制"收料凭证汇总表"，并据以编

制记账凭证，登记总分类账，进行总分类核算。"收料凭证汇总表"的格式如表 2-4-5 所示。

表 2-4-5

收料凭证汇总表

2016 年 8 月 1～15 日

应借账户　应贷账户	原　材　料							应交税费	总　计
	原料及主要材料	辅助材料	外购半成品	修理用备件	包装材料	燃　料	合　计		
在途物资									
生产成本									
……									
合计									

三、材料发出的总分类核算

企业发出材料，均应办理必要的手续和填制领发料凭证，据以进行发出材料的核算。为简化总分类核算工作，实际工作中一般不直接根据领发料凭证填制记账凭证，而是将领发料凭证定期按领用材料的部门和用途归类和总汇，编制"发料凭证汇总表"，据以进行材料发出的总分类核算。

> **提示**
>
> 发出材料应根据不同用途借记有关账户，主要有：生产产品领用的应记入"生产成本——基本生产成本"账户；用于辅助生产的应记入"生产成本——辅助生产成本"账户；车间管理用及一般消耗用的应记入"制造费用"账户；厂部管理部门领用的应记入"管理费用"账户；专设销售机构领用的应记入"营业费用"账户；材料直接对外销售的应记入"其他业务支出"账户；用于职工集体福利的应记入"应付职工薪酬"账户；专项工程领用的应记入"在建工程"账户。

[例 2-4-17]　新宏公司 2016 年 6 月月末根据领发料凭证，汇总编制"发料凭证汇总表"，如表 2-4-6 所示。

表 2-4-6

发料凭证汇总表

2016 年 6 月 30 日

应借账户　应贷账户		原料及主要材料	辅助材料	合　计
生产成本	基本生产成本——A 产品	290 000 元	3 000 元	293 000 元
	基本生产成本——B 产品	200 000 元	600 元	200 600 元
生产成本——辅助生产成本		50 000 元	1 300 元	51 300 元
车间一般耗用			5 400 元	5 400 元
厂管理部门用			2 900 元	2 900 元

应贷账户 应借账户	原料及主要材料	辅助材料	合　计
专项工程领用		4 660 元	4 660 元
对外销售	1 000 元		1 000 元
合　计	541 000 元	17 860 元	558 860 元

会计主管：　　　　　　　复核人：　　　　　　　制表人：

借：生产成本——基本生产成本（A产品）　293 000

　　　　　　——基本生产成本（B产品）　200 600

　　　　　　——辅助生产成本　51 300

　　制造费用　5 400

　　管理费用　2 900

　　在建工程　4 660

　　其他业务支出　1 000

　　贷：原材料——原料及主要材料　541 000

　　　　　　　——辅助材料　17 860

四、材料收发业务的明细分类核算

实际成本计价法下材料明细分类核算，可采用"两套账"的方式，即在仓库设置一套材料卡片，由仓库保管人员负责登记库存各种材料实物数量的增减变化和结存情况。另外，财会部门设置一套数量、金额式明细账，由财会人员负责登记。采用"两套账"的方式对材料的增减变动进行双重记录，账卡可以核对，便于财会部门及时进行金额的核算；也可采用"一套账"的方式，即将仓库设置的材料卡片和财会部门设置的材料明细账合并，设置一套既有数量又有金额的材料明细账，既能为仓库管理材料物资提供数量资料，又可作为财会部门进行价值核算的明细账簿。这套账放在仓库，由仓库人员负责登记收发结存数量，财会人员定期到仓库核对仓库人员的登记数量并负责登记收发结存的金额。材料明细账按材料的品种、规格设置账页，按仓库或材料类别组成账本。

五、材料按实际成本计价核算综合举例

[例 2-4-18]　新宏公司原材料按实际成本计价进行核算，2016 年 5 月发生下述经济业务，请作相应的会计分录：

（1）1 日，企业从光明工厂购入甲材料一批，专用发票上记载的货款为 30 000 元，增值税 5 100 元，上月已预付款 20 000 元，材料已验收入库，余款尚未支付。

（2）5 日，企业从前进工厂购入乙材料一批，增值税专用发票上注明材料价款为 50 000元，增值税 8 500 元，购进材料支付运费 1 000 元，装卸费 300 元，全部款项用银行存款支付，材料尚未到达。

（3）6 日，宏远工厂从胜利工厂购入甲材料 100 吨，收到卖方开具的增值税专用发票显示材料价格 200 000 元，增值税 34 000 元；收到的运费发票显示运费 10 000 元，增值税1 100 元；收到的保险发票标明，保险费共 2 000 元，增值税 180 元，款项开给承兑的商业

汇票，材料尚未到达。

（4）15 日，生产部门自制完成的丙材料一批，实际成本 10 000 元，材料已验收入库。

（5）18 日，从前进工厂购入的乙材料验收入库。

（6）25 日，从胜利工厂购入的甲材料运到，验收入库后的合格品为 95 吨，短少 5 吨。后查明原因，短少 5 吨由被盗所致，保险公司同意赔款 10 000 元。

（7）30 日，采用委托收款结算方式从红星工厂购入乙材料一批，材料已验收入库，月末发票账单尚未收到，暂估价为 5 000 元。

（8）30 日，根据"发料凭证汇总表"的记录，本月基本生产车间领用甲材料 50 000 元，车间管理部门领用甲材料 2 000 元，销售部门领用甲材料 1 800 元，企业管理部门领用甲材料 1 200 元。

应作会计分录如下：

（1）借：原材料——甲材料　　　　　　　　　　30 000
　　　　应交税费——应交增值税（进项税额）　5 100
　　　贷：预付账款——光明工厂　　　　　　　　35 100

（2）借：在途物资——乙材料　　　　　　　　　51 300
　　　　应交税费——应交增值税（进项税额）　8 628（8 500+1 000×
　　　　　　　　　　　　　　　　　　　　　　　11%+300×6%）
　　　贷：银行存款　　　　　　　　　　　　　　59 928

（3）借：在途物资——甲材料　　　　　　　　　212 000
　　　　应交税费——应交增值税（进项税额）　35 280（34 000+1 100+180）
　　　贷：应付票据　　　　　　　　　　　　　　247 280

（4）借：原材料——丙材料　　　　　　　　　　10 000
　　　贷：生产成本　　　　　　　　　　　　　　10 000

（5）借：原材料——乙材料　　　　　　　　　　51 300
　　　贷：在途物资——乙材料　　　　　　　　　51 300

（6）借：原材料——甲材料　　　　　　　　　　200 735
　　　　待处理财产损溢——待处理流动资产损溢　10 565
　　　贷：在途物资　　　　　　　　　　　　　　211 300

每吨材料成本：212 000÷100=2 120（元）
入库材料成本：2 120×95=201 400（元）
短少材料成本：2 120×5=10 600（元）

借：其他应收款　　　　　　　　　　　　　　　10 000
　　营业外支出　　　　　　　　　　　　　　　2 364
　　贷：待处理财产损溢——待处理流动资产损溢　10 600
　　　　应交税费——应交增值税（进项税额转出）　1 764（35 280÷100×5）

（7）借：原材料　　　　　　　　　　　　　　　5 000
　　　贷：应付账款——暂估应付账款　　　　　　5 000
下月初应作同样的分录红字冲回。

（8）借：生产成本　　　　　　　　　　　　　　50 000
　　　　制造费用　　　　　　　　　　　　　　　2 000

销售费用	1 800
管理费用	1 200
贷：原材料——甲材料	55 000

任务3 计划成本计价法下材料收发业务的核算

计划成本计价法下核算要设置哪些账户呢？

计划成本法是指企业材料的收入、发出、结存均按预先制定的计划成本计价。

一、账户设置

（1）"原材料"账户按计划成本计价，反映各种材料的增减变动。

（2）"材料采购"账户按材料类别设置明细账。

材料采购

购入材料的货款和采购费用，以及结转入库材料实际成本小于计划成本的节约差异额	结转入库材料的计划成本，以及入库材料实际成本大于计划成本的差异额
月末在途材料的实际成本	

（3）"材料成本差异"账户核算企业各种材料实际成本与计划成本的差异额，是各材料账户的调整账户，按材料类别设置明细账户。

材料成本差异

入库材料实际成本大于计划成本的超支差异额	入库材料实际成本小于计划成本的节约差异额，以及月末分配转出的发出材料应负担的差异额（超支差异用蓝字，节约差异用红字）
月末结存材料应负担的超支差异	月末结存材料应负担的节约差异

二、收入材料的总分类核算

1. 外购材料的总分类核算

（1）货款付清同时收料。

[例 2-4-19] 2016 年 6 月 3 日，新宏公司从外地购入甲种原料 3 000 千克，单价 5 元/千克，发生运费 200 元，随货款一起支付增值税 2 550 元。结算凭证已到，货款、运杂费及增值税通过银行支付，该种材料入库 3 000 千克，计划单价 5.20 元/千克。

采购时：

借：材料采购——原材料	15 200
应交税费——应交增值税（进项税额）	2 572（2 550+200×11%）
贷：银行存款	17 772

材料验收入库时，先编制材料收料单（见表 2-4-7），注明实收数量和计划单价，作材料入库和结转入库材料计划成本和实际成本差异额的分录。

表 2-4-7

<h1>收 料 单</h1>

供应单位：　　　　　　　　　　　　　　　　　　　　　　　　材料科目：原材料　编号：收 2

发票号码：　　　　　　　　　　2016 年 6 月 3 日　　　　　　材料类别：　　　　仓库：1 号库

材料名称	计量单位	数量		实际成本					计划成本	
		应收	实收	买价		运杂费	其他	合计	单位成本	金额
				单价	金额					
甲材料	千克	3 000	3 000	5	15 000	200		15 200	5.2	15 600

仓库主管：　　　　　记账员：　　　　　验收人：王彬　　　　　交料人：李哲

借：原材料　　　　　　　　　　　　　　　　15 600
　　贷：材料采购——原材料　　　　　　　　　　15 600
借：材料采购——原材料　　　　　　　　　　400
　　贷：材料成本差异　　　　　　　　　　　　　400

（2）付款在先，收料在后。

[例 2-4-20]　新宏公司采用汇兑结算方式购入 A 材料一批，货款 16 000 元，增值税 2 720 元，发票账单已收到，计划成本 15 500 元，材料尚未收到。

借：材料采购——原材料　　　　　　　　　　16 000
　　应交税费——应交增值税（进项税额）　　2 720
　　贷：银行存款　　　　　　　　　　　　　　　18 720

等待以后材料验收入库时，再作按计划成本结转材料成本差异的会计账务处理。若到月末仍未收到，则"材料采购"账户出现月末借方余额，表示为在途物资。

如例 2-4-20 采购材料到达后作如下分录：

借：原材料　　　　　　　　　　　　　　　　15 500
　　贷：材料采购——原材料　　　　　　　　　　15 500
借：材料成本差异　　　　　　　　　　　　　500
　　贷：材料采购——原材料　　　　　　　　　　500

（3）收料在先，付款在后。

第一种情况是结算凭证已到，企业由于资金不足等原因尚未支付。

[例 2-4-21]　新宏公司从上海钢厂购入钢材 10 吨，货款 25 000 元，增值税 4 250 元，对方代垫运费 600 元。收到结算凭证，材料已验收入库，计划单价 2 580 元/吨。收到结算凭证，但企业由于资金不足货款尚未支付。

借：物资采购——原材料　　　　　　　　　　25 600
　　应交税费——应交增值税（进项税额）　　4 316
　　贷：应付账款——上海钢厂　　　　　　　　　29 916
借：原材料　　　　　　　　　　　　　　　　25 800
　　贷：材料采购——原材料　　　　　　　　　　25 800
借：材料采购——原材料　　　　　　　　　　200
　　贷：材料成本差异　　　　　　　　　　　　　200

若双方商定采用商业汇票结算方式下月付款，开出商业汇票抵付上项应付账款时：

借：应付账款——上海钢厂　　　　　　　　　29 850

贷：应付票据   29 850

第二种情况是材料已验收入库，结算凭证尚未到达。遇到这种情况时，通常几天之内即可收到结算凭证，因此可以先暂不作会计分录，待结算凭证送达且支付款项后再据以编制付款、收料的记账凭证。若遇到月末结算凭证仍未到达时，为了如实反映企业月末资产的结存情况和负债情况，对这批材料可先按照计划价格暂估入账，并通过"应付账款"账户进行核算。下月月初，用红字作同样的凭证予以冲销，以便下月付款或开出、承兑商业汇票时按正常程序处理。

[例 2-4-22] 新宏公司采用委托收款方式，从上海宏达企业购入乙材料一批，材料已到达，验收入库，月末，相关结算凭证尚未到达，计划价格 83 000 元。公司应作如下账务处理：

月末暂估入账：

借：原材料——乙材料   83 000

贷：应付账款——宏达公司   83 000

下月初用红字冲回：

借：原材料——乙材料   83 000（红字）

贷：应付账款——宏达公司   83 000（红字）

（4）预付货款的方式。

[例 2-4-23] 新宏公司向立新工厂订购乙种原料 20 吨，每吨 500 元。按合同预付货款 3 000 元，支付预付款时：

借：预付账款——立新工厂   3 000

贷：银行存款   3 000

收到立新工厂按期发来的乙种原料 10 200 元，该批材料计划成本 11 000 元。补付该批货款及对方代垫运费和按货款的 17% 支付增值税时，应作如下会计分录：

借：材料采购——原材料   10 200

应交税费——应交增值税（进项税额）   1 700

贷：预付账款——立新工厂   11 900

借：原材料   11 000

贷：材料采购——原材料   11 000

借：材料采购——原材料   800

贷：材料成本差异   800

补足预付款时：

借：预付账款——立新工厂   8 900

贷：银行存款   8 900

[例 2-4-24] 如例 2-4-19～例 2-4-23 所述，平时收料只登记材料明细账上的数量，不结转材料计划成本和成本差异，月末，汇总本月收到结算凭证的外购入库材料的实际成本与计划成本的成本差异，根据收料凭证汇总表（见表 2-4-8），结转入库材料的计划成本。

借：原材料   67 900

贷：材料采购——原材料   67 000

材料成本差异——原材料   900

表 2-4-8

收料凭证汇总表

2016 年 6 月

应借账户\应贷账户	原料及主要材料		辅助材料	合　计		
	实际成本	计划成本		实际成本	计划成本	成本差异
物资采购	67 000	67 900				900
应付账款——暂估应付账款	83 000	83 000				
合　计	150 000	150 900				900

会计主管：　　　　　　　复核人：李立　　　　　　制表人：林珊

> **提示**
>
> 　　计划成本法下收入材料的核算内容一般有三个方面：一是反映材料采购成本的发生；二是按计划成本反映材料验收入库；三是结转入库材料的成本差异。为简化总分类核算工作，外购材料入库时不必逐笔按计划成本结转，可于月末将本月收到结算凭证的收料凭证按材料类别分别汇总其实际成本和计划成本，计算成本差异额，据以编制结转入库材料计划成本和结转成本差异额的会计分录。

2. 自制材料、残料交库的总分类核算

企业收到自制材料和废料，应按计划成本借记"原材料"账户，按其实际成本贷记"生产成本"账户，同时结转入库材料的成本差异。

[例 2-4-25] 新宏公司由辅助生产车间自制材料一批完工，实际成本为 4 800 元，按库存自制材料的数量和计划单价计算，该批材料计划成本为 4 750 元。应作会计分录如下：

借：原材料——原料及主要材料　　　4 750
　　材料成本差异——原材料　　　　　　50
　　贷：生产成本——辅助生产成本　　　　　4 800

三、发出材料的总分类核算

为了简化日常核算工作对于平时各部门领用材料的单据，企业可定期按使用部门和用途归类汇总，月末编制"发料凭证汇总表"，按计划成本编制各部门领用材料的分录。然后，通过计算和分配发出材料应分摊的差异额（超支差异额用蓝字分配，节约差异额用红字分配），将各部门领用材料的计划成本调整为实际成本。发出材料应分摊的

怎样才能反映发出材料的实际成本呢？

差异额是根据发出材料计划成本和材料成本差异率计算确定的，分配的去向与材料计划成本去向一致。结转发出材料的成本差异记入"材料成本差异"账户的贷方，结转发出材料的节约差异用红字，超支差异用蓝字。

[例 2-4-26] 新宏公司根据月末领料凭证表，本月各部门领料情况如下：基本生产车间生产产品领用 47 500 元，辅助生产车间领用 20 000 元，车间一般耗用 1 500 元，企业管理部门领用 3 000 元，专设的销售机构领用 2 500 元。月末计算的材料成本差异率为 2%。账务处理为：

借：生产成本——基本生产成本   47 500

          ——辅助生产成本   20 000

    制造费用   1 500

    管理费用   3 000

    销售费用   2 500

  贷：原材料   74 500

分配材料成本差异时，应作会计分录如下：

借：生产成本——基本生产成本   950

          ——辅助生产成本   400

    制造费用   300

    销售费用   50

  贷：材料成本差异——原材料   2 300

> **提示**　发出材料的成本差异分摊一定是记在"材料成本差异"账户的贷方，只是要求注意数字颜色；而收入材料成本差异是超支记在该账户借方，节约记在该账户贷方，想一想为什么呢？

四、材料的明细分类核算

1. 材料明细账

按计划成本计价反映，由于每一种材料的收入和发出都是按已确定的计划单价计价，因此在登记明细账时，平时只需要登记材料收发的数量，金额可在期末结账时计算登记，所以更便于采用"一套账"的核算方式。日常核算由仓库人员在材料明细账中登记材料收发结存的数量，财会人员定期到仓库稽核，月末以结存数量乘以计划单价，计算并登记某种材料的结存金额，以便对账。材料明细账格式如表 2-4-9 所示。

表 2-4-9

材料明细账

材料类别：　　　　　　　材料编号：　　　　　　　最高储备量：
材料名称规格：　　　　　存放地点：　　　　　　　最低储备量：
计划单价：5 元/千克

| 2016 年 | | 凭证编号 | 摘　要 | 收入数量 | 发出数量 | 结　　存 | |
月	日					数　　量	金　　额
8	1		期初余额			2 000	10 000
	6		购入	3 000		5 000	
	12	（略）	领用		3 000	2 000	
	18		购入	5 000		7 000	
	26		领用		3 000	4 000	20 000
	31		合计	8 000	6 000	4 000	20 000

2．物资采购明细账

物资采购明细账是用来记录企业外购的各类或各种材料的实际采购支出，计算确定各类或各种材料的实际采购成本及成本差异额的明细记录。一般情况下，物资采购明细账可按材料大类，如原材料、低值易耗品、包装物等设置。物资采购明细账格式如表 2-4-10 所示。

表 2-4-10

物资采购明细账

明细账户：原材料　　　　　　　　　　　　　2016 年 8 月　　　　　　　　　　　　　单位：元

凭证号数		发票账单	供应单位	摘要	借　方			2016 年		凭证号数	收料号数	摘要	贷　方			
月	日				买价	采购费用	合计	月	日				计划成本	成本差异	其他	合计

> **提示**
>
> 　　物资采购明细账采用横线登记法进行登记，即同一批外购材料的付款和收料业务在同一行中登记，这样可以一目了然地看到某一项外购材料业务从发生到结束的有关内容，清楚地反映一项经济业务的来龙去脉，对应关系清楚明了。借方按照经济业务发生的顺序，逐笔登记外购材料的实际采购成本；贷方按照借方记录的顺序根据收料单登记验收入库的各批外购材料的计划成本和成本差异额；月份终了，将已在借方栏和贷方栏登记的材料成本差异结转到"材料成本差异"账户。对于月末账内只有借方金额而无贷方金额的款项即为在途物资，应逐笔转入下月物资采购明细账内，以便材料验收入库时进行账务处理。

3．材料成本差异明细账

为了计算各种材料成本差异率，反映各种材料实际发生的成本差异，将发出材料的计划成本调整为实际成本，应按材料大类设置"材料成本差异"明细账进行材料成本差异的明细分类核算。材料成本差异明细账中本月收入和发出材料的计划成本，应分别根据"收料凭证汇总表"和"发料凭证汇总表"登记填列。本月收入和本月发出材料的成本差异，应分别根据相关凭证登记，实际成本大于计划成本的差额为超支，记在"借方差额"栏内，实际成本小于计划成本的差额为节约，记在"贷方差额"栏内。

发出材料的成本差异，应根据发出材料的计划成本乘以材料成本差异率计算。材料成本差异率是指材料成本差异额与计划成本额的比率。超支差异用"+"号表示，节约差异用"−"表示。具体计算公式为：

$$材料成本差异率=\frac{月初结存材料的成本差异+本月收入材料的成本差异}{月初结存材料的计划成本+本月收入材料的计划成本}\times100\%$$

发出材料应负担的成本差异=发出材料的计划成本×材料成本差异率

发出材料的实际成本=发出材料的计划成本+发出材料的成本差异

结存材料应负担的成本差异=结存材料的计划成本×材料成本差异率

结存材料的实际成本=结存材料的计划成本+结存材料的成本差异

[例 2-4-27]　新宏公司月初结存材料的计划成本为 35 000 元，本月收入材料的成本差异为 65 000 元；月初结存材料的成本差异为超支差异 500 元，本月收入材料的成本差异为节约 2 500 元；本月发出材料的计划成本为 60 000 元。

材料成本差异率=（500-2 500）÷（35 000+65 000）×100%=-2%

发出材料应负担的成本差异=60 000×（-2%）=-1 200（元）

发出材料的实际成本=60 000-1 200=58 800（元）

> **提示**　计算发出材料或结存材料应负担的成本差异看起来比较难理解，其实只要弄清原材料和材料成本差异的账户结构就能解决问题了，学习中可以充分利用"T"形账户。

五、计划成本计价法下材料收发的综合举例

[例 2-4-28]　宏达机械制造公司对原材料采用计划成本进行核算，该企业 2016 年 3 月初有关资料为："原材料"账户借方余额 26 000 元，"材料成本差异"账户贷方余额 1 800 元。3 月发生下列经济业务，要求根据下述经济业务计算材料成本差异率并作应有的会计处理。

（1）1 日，用银行存款向长江公司购入原材料一批，取得的增值税专用发票上注明的原材料价款 32 000 元，增值税额 5 440 元，材料已验收入库，该批材料的计划成本为 34 000 元。

（2）8 日，向亿林利达公司购入原材料一批，取得的增值税专用发票上注明的原材料价款为 22 400 元，增值税额 3 808 元，开出并承兑的商业汇票，材料已验收入库，该批材料的计划成本为 20 000 元。

（3）25 日，向苏州新世纪工厂购入原材料一批，取得的增值税专用发票上注明的原材料价款为 10 000 元，增值税额 1 700 元，开出转账支票支付，该批材料的计划成本为 12 000 元，材料尚未验收入库。

（4）31 日，企业采用托收承付结算方式向郑州某企业购入原材料一批，材料已验收入库，发票账单未到，月末按计划成本 20 000 元估价入账。

（5）31 日，结转入库材料的计划成本及材料成本差异。

（6）31 日，汇总本月领用原材料的计划成本为 60 000 元，其中基本生产车间生产产品领用原材料的计划成本为 50 000 元，车间管理部门领用原材料的计划成本为 6 000 元，销售部门领用原材料的计划成本为 1 000 元，企业行政管理部门领用原材料的计划成本为 3 000 元，结转领用原材料的计划成本及材料成本差异。应作会计分录如下：

（1）向长江公司购进材料，根据相关发票账单：

借：材料采购　　　　　　　　　　　　　　32 000

　　应交税费——应交增值税（进项税额）　　5 440

　　贷：银行存款　　　　　　　　　　　　　　　37 440

（2）向亿林利达公司购入原材料，开出商业承兑汇票时：

借：材料采购 22 400

　　应交税费——应交增值税（进项税额）3 808

　　贷：应付票据 26 208

（3）向苏州新世纪工厂购入原材料，开出转账支票支付时：

借：材料采购 10 000

　　应交税费——应交增值税（进项税额）1 700

　　贷：银行存款 11 700

（4）采用托收承付结算方式向郑州某企业购入原材料，材料已验收入库，而月末发票账单未到时：

借：原材料 20 000

　　贷：应付账款——暂估应付账款 20 000

下月初红字冲回。

（5）月末，结转入库材料的计划成本及材料成本差异：

借：原材料 54 000

　　贷：材料采购 54 000

借：材料成本差异 400

　　贷：材料采购 400

（6）月末，结转领用原材料的计划成本及材料成本差异：

材料成本差异=（-1 800+400）÷（26 000+54 000）=-1.75%

借：生产成本——基本生产成本 50 000

　　制造费用 6 000

　　销售费用 1 000

　　管理费用 3 000

　　贷：原材料 60 000

借：生产成本——基本生产成本 875

　　制造费用 105

　　销售费用 17.5

　　管理费用 52.5

　　贷：材料成本差异 1 050

任务 4　周转材料的核算

一、账户设置

周转材料

购入、自制、委托外单位加工完成验收入库的周转材料成本	企业领用、摊销，以及盘亏周转材料的成本
反映小企业在库、出租、出借周转材料的实际成本或计划成本，以及在用周转材料的摊余价值	

各种包装材料，如纸、绳、铁丝、铁皮等，应在"原材料"账户内核算；用于储存和保管产品、材料而不对外出售的包装物，应按照价值大小和使用年限长短，分别在"固定资产"账户或本账户核算。小企业的包装物、低值易耗品，也可以单独设置"包装物""低值易耗品"账户进行核算。包装物数量不多的小企业，也可以将包装物并入"原材料"账户核算。

周转材料的核算与原材料核算一样吗？

小企业取得周转材料核算可以比照原材料核算的相关规定进行账务处理。下面主要介绍领用周转材料的核算。

二、领用周转材料的账务处理

1. 一次转销法

采用一次转销法是将生产、销售领用周转材料的成本一次全部计入相关成本费用账户。

[例2-4-29] 新宏公司生产车间领用专用工具一批，实际成本2 000元；厂部领用办公用具一批，实际成本1 500元。公司应作如下账务处理：

借：制造费用　　　　　　　　　　　　　　2 000
　　管理费用　　　　　　　　　　　　　　1 500
　　贷：周转材料——专用工具　　　　　　　　　3 500

[例2-4-30] 新宏公司生产车间为包装商品领用包装物一批，实际成本3 000元。公司应作如下账务处理：

借：生产成本——基本生产成本　　　　　　3 000
　　贷：周转材料——包装物　　　　　　　　　　3 000

[例2-4-31] 新宏公司在商品销售过程中领用不单独计价的包装物一批，实际成本2 000元；随同商品出售但不单独计价的包装物，主要是为了确保销售商品的质量或提供较为良好的销售服务。因此，应将这部分包装物成本作为企业的销售费用处理。

借：销售费用　　　　　　　　　　　　　　2 000
　　贷：周转材料——包装物　　　　　　　　　　2 000

[例2-4-32] 新宏公司在商品销售过程中领用包装物一批，实际成本2 600元，该批包装物随同商品出售，单独计算售价为3 000元，应收取增值税额510元，款项已收到。

取得出售包装物收入时：

借：银行存款　　　　　　　　　　　　　　3 510
　　贷：其他业务收入　　　　　　　　　　　　　3 000
　　　　应交税费——应交增值税（销项税额）　　510

结转出售包装物成本时：

借：其他业务成本　　　　　　　　　　　　2 600
　　贷：周转材料——包装物　　　　　　　　　　2 600

2.分次摊销法

分次摊销法又称分期摊销法,它是将领用周转材料的价值按使用期限,分月摊入成本、费用的方法。

[例 2-4-33] 新宏公司生产车间专用工具一批,实际成本 24 000 元,预计使用 6 个月。使用期满工具报废,残料计价 200 元作为辅助材料入库。公司应作如下账务处理:

领用时:

借:周转材料——在用周转材料   24 000
　　贷:周转材料——在库周转材料   24 000

当月及以后各月摊销时:

借:制造费用   4 000
　　贷:周转材料——周转材料摊销   4 000

报废时:

借:周转材料——周转材料摊销   24 000
　　贷:周转材料——在用周转材料   24 000
借:原材料   200
　　贷:制造费用   200

> **提示**　一次转销法简便易行。一次结转价值较大时影响各期费用成本的均衡性,不利于实物管理,适用于一次领用数量不多、价值较低、使用期限较短或者容易破损的低值易耗品的摊销。分期摊销法主要适用于使用期限较长、单位价值较高或一次领用数量较大的周转材料的摊销。

三、出租、出借包装物的账务处理

1.出租包装物的账务处理

[例 2-4-34] 新宏公司出租给新华工厂库存未用铁桶 100 个,每个成本 10 元,采用一次摊销法进行摊销,每个包装物收取押金 12 元存入银行,并收取租金每个铁桶 8 元存入银行,增值税率为 17%。租赁期满,收回出租铁桶 80 个,经查已不能再使用,残值 80 元验收入库,尚有 20 个铁桶未能收回,按合同规定没收其押金。应作如下会计分录:

> 出借与出租在核算上有什么不同呢?

(1)出租包装物时:

借:其他业务成本   1 000
　　贷:周转材料——包装物   1 000

(2)收取押金时:

借:银行存款   1 200
　　贷:其他应付款   1 200

（3）收取租金时：

借：银行存款   936

  贷：其他业务收入   800

    应交税费——应交增值税（销项税额）   136

（4）没收未收回包装物的押金，归还其余押金：

借：其他应付款   1 200

  贷：银行存款   960

    其他业务收入   205.13［12×20÷（1+17%）］

    应交税费——应交增值税（销项税额）   34.87（205.13×17%）

（5）报废包装物残料入库

借：原材料   80

  贷：其他业务成本   80

2. 出借包装物的账务处理

包装物出借是指企业因销售产品，以出借的形式无偿提供给购货单位的包装物。出借不会取得收入，出借包装物成本及相关费用应直接列为营业费用。

[例2-4-35]　新宏公司发出包装物一批，出借给A公司，包装物的实际成本2 000元，收取押金2 200元存入银行，包装物采用分期摊销法，摊销期为10个月。公司应作如下会计分录：

（1）领用包装物时：

借：周转材料——在用周转材料   2 000

  贷：周转材料——在库周转材料   2 000

（2）收取押金时：

借：银行存款   2 200

  贷：其他应付款——存入保证金   2 200

（3）按月摊销时：

借：销售费用   200

  贷：周转材料——周转材料摊销   200

（4）期满收回包装物，退还押金时：

借：其他应付款——存入保证金   2 200

  贷：银行存款   2 200

任务5　库存商品的核算

一、账户设置

设置"库存商品"账户核算小企业库存的各种商品的实际成本或售价。包括：库存产成品、外购商品、存放在门市部准备出售的商品、发出展览的商品，以及寄存在外的商品等。应按照库存商品的种类、品种和规格等进行明细核算。

库存商品	
库存的各种商品实际成本或售价	发出库存商品的实际成本，以及盘亏和毁损库存商品的实际成本
库存商品的实际成本或售价	

二、工业企业库存商品的核算

工业企业的产成品一般按实际成本计价，在这种计价方法下，产成品的收入、发出平时可以只记数量不记金额；月末，根据相关凭证汇总计算收入、发出产成品的实际成本。

1．产成品完工入库

[例 2-4-36]　新宏公司月末根据产成品入库汇总表：甲产品共入库 50 台，单位成本 3 000 元；乙产品 50 台，单位成本 3 300 元。应作账务处理如下：

```
借：库存商品——甲产品          150 000
          ——乙产品          165 000
    贷：生产成本——甲产品          150 000
              ——乙产品          165 000
```

2．对外销售产成品

[例 2-4-37]　新宏公司本月销售甲产品 20 台，每台单位成本 3 000 元；乙产品 10 台，单位成本 3 300 元。应作账务处理如下：

```
借：主营业务成本——甲产品          60 000
            ——乙产品          33 000
    贷：库存商品——甲产品          60 000
            ——乙产品          33 000
```

任务6　委托加工物资的核算

委托加工物资是指小企业自己提供材料委托外单位加工成新的材料、商品等物资。具体核算内容为：

一、账户设置

设置"委托加工物资"账户核算小企业委托外单位加工的各种材料、商品等物资的实际成本。应按照加工合同、受托加工单位，以及加工物资的品种等进行明细核算。

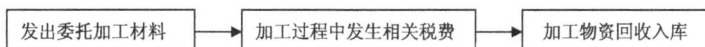

委托加工物资有哪些核算内容呢？

发出委托加工材料 → 加工过程中发生相关税费 → 加工物资回收入库

委托加工物资

发出材料的实际成本、支付的加工费和发生的运杂费及相关税金等	已加工完成并验收入库的委托加工物资和退回剩余材料的实际成本
未加工完成的委托加工材料的实际成本和已支付的加工费等	

二、委托加工物资的核算

[例 2-4-38]　新宏公司将一批原材料委托外单位代加工为 A 材料（属于应税消费品），发出原材料计划成本为 100 000 元，本月成本差异率为 1%。新宏公司用银行存款支付加工费用 10 000 元，支付应缴纳的消费税 5 842 元和取得增值税发票上注明的增值税额 1 700 元。加工完毕，验收入库。该材料计划成本为 115 000 元（A 材料收回后用于连续生产）。

发出加工物资的会计分录：

借：委托加工物资　　　　　　　　　　　101 000（实际成本）
　　贷：原材料　　　　　　　　　　　　　100 000（计划成本）
　　　　材料成本差异　　　　　　　　　　　1 000

支付加工费的会计分录（委托加工应税消费品加工收回后用于连续生产）：

借：委托加工物资　　　　　　　　　　　　10 000
　　应交税费——应交增值税（进项税额）　　1 700
　　应交税费——应交消费税　　　　　　　　5 842
　　贷：银行存款或应付账款　　　　　　　17 542

加工完成后验收入库的会计分录：

借：原材料——A 材料　　　　　　　　　115 000
　　贷：委托加工物资　　　　　　　　　　111 000
　　　　材料成本差异　　　　　　　　　　　4 000

[例 2-4-39]　新宏公司将一批原材料委托外单位代加工 A 产品（属于应税消费品），发出原材料计划成本为 100 000 元，本月成本差异率为 1%。B 企业用银行存款支付加工费用 10 000 元，支付应缴纳的消费税 5 842 元和取得增值税发票上注明的增值税额 1 700 元。加工完毕，验收入库。A 产品采用实际成本计价（A 产品收回后直接用于销售）。

领用加工物资的会计分录：

借：委托加工物资　　　　　　　　　　　101 000（实际成本）
　　贷：原材料　　　　　　　　　　　　　100 000（计划成本）
　　　　材料成本差异　　　　　　　　　　　1 000

支付加工费的会计分录：（委托加工应税消费品加工收回后用于对外销售。）

借：委托加工物资　　　　　　　　　　　　15 842
　　应交税费——应交增值税（进项税额）　　1 700
　　贷：银行存款　　　　　　　　　　　　17 542

加工完成后验收入库的会计分录：

借：库存商品——A 产品　　　　　　　　116 842
　　贷：委托加工物资　　　　　　　　　　116 842

受托单位则是代扣代缴：

借：银行存款　　　　　　　　　　17 542

　　贷：主营业务收入　　　　　　　　　　10 000

　　　　应交税费——应交消费税　　　　　5 842

　　　　应交税费——应交增值税（进项税额）　1 700

> **提示**
>
> 　　税法规定，如果委托加工物资属于应税消费品，应由受托方向委托方交货时代扣代缴消费税。比较上面两个例题可以发现，在不同情况下所发生的消费税委托方在账务处理上不同，即：
>
> 　　（1）凡属于加工物资收回后直接用于销售的，其所负担的消费税计入加工物资成本。
>
> 　　（2）凡属于加工物资收回后用于连续生产的，其所付的消费税先记入"应交税费——应交消费税"科目的借方，按规定用于抵扣加工的消费品销售环节所负担的消费税。

动手做账

资料：新宏有限责任公司 2016 年 12 月发生以下有关存货业务：

【业务 1】　（见表 2-4-11、表 2-4-12）

表 2-4-11

江苏省增值税专用发票

11665839　　　　　　　　　　发票联　　　　　　　　　　№0015635

开票日期：2016 年 12 月 4 日

购货单位	名　　　　称：新宏有限责任公司 纳税人识别号：280602002234678 地址、电话：南京市东湖路 118 号 025-81336665 开户行及账号：工行南京东湖支行 1801001122001008888					密码区		
货物及应税劳务名称	规格型号	单位	数量	单价	金额	税率	税额
专用塑料		千克	1 000	33.00	33 000.00	17%	5 610.00
价税合计（大写）	叁万捌仟陆佰壹拾元整				￥38 610.00		
销货单位	名　　　　称：常州旺盛有限责任公司 纳税人识别号：28061005234557 地址、电话：常州市太湖路 1 号 0519-3869574 开户行及账号：工行常州分行新北支行 321232356522178					备注		

收款：季山　　　复核：章立　　　开票：徐佳楠　　　　　　销货单位（章）

表 2-4-12

江苏省增值税专用发票

11665839　　　　　　　　　　抵扣联　　　　　　　　　　№0015635

开票日期：2016 年 12 月 4 日

购货单位	名　称：新宏有限责任公司						密码区	
	纳税人识别号：280602002234678							
	地址、电话：南京市东湖路 118 号 025-81336665							
	开户行及账号：工行南京东湖支行 1801001122001 00888							

货物及应税劳务名称	规格型号	单位	数量	单价	金额	税率	税额
专用塑料		千克	1 000	33.00	33 000.00	17%	5 610.00
价税合计（大写）	叁万捌仟陆佰壹拾元整				￥38 610.00		

销货单位	名　称：常州旺盛有限责任公司		备注	常州旺盛有限责任公司 28061005234557 销货单位（章） 发票专用章
	纳税人识别号：28061005234557			
	地址、电话：常州市太湖路 1 号 0519-3869574			
	开户行及账号：工行常州分行新北支行 321232356522178			

收款：季山　　复核：章立　　开票：徐佳楠　　销货单位（章）

【业务 2】 （见表 2-4-13）

表 2-4-13

收 料 单

材料科目：材料
材料类别：原料及主要材料
供应单位：苏州兴旺公司

发票号码：0015635

2016 年 12 月 5 日

收 字第 1 号

材料名称	规格	计量单位	数量	实际成本			
				买价		运杂费	合计
				单价	金额		
专用塑料		千克	2 200	30.8	67 760	440	68 200
合计					67 760	440	68 200

供应部负责人：王志一　　记账：孙峰　　检验：郑敏明　　保管：陈东

注：11 月 29 日收到相关发票账单，款项已承付。

【业务 3】 （见表 2-4-14～表 2-4-17）

表 2-4-14

中国工商银行
转账支票存根

D H 00001391

科　　目：＿＿＿＿＿＿＿＿＿

对方科目：＿＿＿＿＿＿＿＿＿

出票日期：2016 年 12 月 9 日

收款人：南京新利有限责任公司
金　额：11 700 元
用　途：包装箱加工费

单位主管：　　　会计：

表 2-4-15

江苏省增值税专用发票

31258966	发票联	№0855882

开票日期：2016 年 12 月 9 日

第三联：发票联　购货方记账凭证

购货单位	名　　　　称：新宏有限责任公司					密码区	
	纳税人识别号：280602002234678						
	地 址、电 话：南京市东湖路 118 号 025-81336665						
	开户行及账号：工行南京东湖支行 180100112200100888						

货物及应税劳务名称	规格型号	单位	数量	单价	金额	税率	税额
包装箱加工费		只	1 000		10 000.00	17%	1 700.00

价税合计（大写）	壹万壹仟柒佰元整	￥11 700.00

销货单位	名　　　　称：南京新利有限责任公司	备
	纳税人识别号：26161235234668	
	地 址、电 话：南京市雨花路 51 号 025-78668972	
	开户行及账号：工行常州分行新北支行 321232356522178	

收款：林立华　　　复核：李双　　　开票：张小红　　　销货单位（章）

表 2-4-16

江苏省增值税专用发票

31258966　　　　　　　　　　　　抵扣联　　　　　　　　　　　　№0855882

开票日期：2016 年 12 月 9 日

购货单位	名　　称：新宏有限责任公司					密码区		
	纳税人识别号：280602002234678							
	地　址、电　话：南京市东湖路 118 号 025-81336665							
	开户行及账号：工行南京东湖支行 1801001122001 00888							
货物及应税劳务名称	规格型号	单位	数量	单价	金额	税率	税额
包装箱加工费		只	1 000		10 000.00	17%	1 700.00
价税合计（大写）	壹万壹仟柒佰元整				￥11 700.00		
销货单位	名　　称：南京新利有限责任公司					备注		
	纳税人识别号：26161235234668							
	地　址、电　话：南京市雨花路 51 号 025-78668972							
	开户行及账号：工行常州分行新北支行 321232356522178							

收款：林立华　　　　　复核：李双　　　　　开票：张小红　　　　　销货单位（章）

第二联：抵扣联　购货方扣税凭证

表 2-4-17

委托加工收料单

材料科目：材料

材料类别：包装物

供应单位：新利包装公司　　　　　　　　　　　　　　　　　　　发票号码：0855882

2016 年 12 月 9 日　　　　　　　　　　　　　收 字第 2 号

材料名称	规　格	计量单位	数　量	实际成本			
				材料成本	加 工 费	运 杂 费	合　计
包装箱		只	1 000	20 000 元	10 000 元		30 000 元

备注：包装箱已加工完毕，验收入库

供应部负责人：王志一　　　记账：孙峰　　　检验：郑敏明　　　保管：陈东

【业务 4】　（见表 2-4-18～表 2-4-20）

表 2-4-18

江苏省增值税专用发票

68556933　　　　　　　　　　发票联　　　　　　　　　　№1255863

开票日期：　2016 年 12 月 10 日

第三联：发票联　购货方记账凭证

购货单位	名　　　　称：新宏有限责任公司					密码区		
	纳税人识别号：280602002234678							
	地 址、电 话：南京市东湖路 118 号 025-81336665							
	开户行及账号：工行南京东湖支行 180100112200100888							
货物及应税劳务名称	规格型号	单位	数量	单价	金额	税率	税额
专用电机		个	200	710.00	142 000.00	17%	24 140.00
价税合计（大写）	壹拾陆万陆仟壹佰肆拾元整				￥166 140.00		
销货单位	名　　　　称：南京新元机电公司					备注		
	纳税人识别号：123465785031234							
	地 址、电 话：南京市环城路 5 号 025-85823665							
	开户行及账号：南京农行城南支行 616163255002247							

收款：李成　　　复核：杨新玲　　　开票：徐开红　　　　　　销货单位（章）

表 2-4-19

江苏省增值税专用发票

68556933　　　　　　　　　　抵扣联　　　　　　　　　　№1255863

开票日期：　2016 年 12 月 10 日

第二联：抵扣联　购货方扣税凭证

购货单位	名　　　　称：新宏有限责任公司					密码区		
	纳税人识别号：280602002234678							
	地 址、电 话：南京市东湖路 118 号 025-81336665							
	开户行及账号：工行南京东湖支行 180100112200100888							
货物及应税劳务名称	规格型号	单位	数量	单价	金额	税率	税额
专用电机		个	200	710.00	142 000.00	17%	24 140.00
价税合计（大写）	壹拾陆万陆仟壹佰肆拾元整				￥166 140.00		
销货单位	名　　　　称：南京新元机电公司					备注		
	纳税人识别号：123465785031234							
	地 址、电 话：南京市环城路 5 号 025-85823665							
	开户行及账号：南京农行城南支行 616163255002247							

收款：李成　　　复核：杨新玲　　　开票：徐开红　　　　　　销货单位（章）

表 2-4-20

收 料 单

材料科目：材料

材料类别：原料及主要材料

供应单位：南京新元机电公司   发票号码：1255863

2016 年 12 月 11 日   收 字第 3 号

材料名称	规 格	计量单位	数 量	实际成本			
				买 价		摊运杂费	合 计
				单 价	金 额		
专用电机		个	200	710	142 000		142 000
合计					142 000		142 000

供应部负责人：王志一   记账：孙峰   检验：郑敏明   保管：陈东

【业务 5】 （见表 2-4-21）

表 2-4-21

收 料 单

材料科目：材料

材料类别：原料及主要材料

供应单位：常州旺盛公司   发票号码：0015635

2016 年 12 月 11 日   收 字第 3 号

材料名称	规 格	计量单位	数 量	实际成本			
				买 价		摊运杂费	合 计
				单 价	金 额		
专用塑料		千克	1 000	33	33 000		33 000
合计					33 000		33 000

供应部负责人：王志一   记账：孙峰   检验：郑敏明   保管：陈东

【业务 6】　（见表 2-4-22～表 2-4-24）

表 2-4-22

江苏省增值税专用发票

31247687　　　　　　　　　　　发票联　　　　　　　　　　　№0853128

开票日期：　2016 年 12 月 12 日

购货单位	名　　称：新宏有限责任公司					密码区		
	纳税人识别号：280602002234678							
	地　址、电　话：南京市东湖路 118 号 025-81336665							
	开户行及账号：工行南京东湖支行 1801001122001008888							
货物及应税劳务名称	规格型号	单位	数量	单价	金额	税率	税额
机物料		千克	200	310.00	62 000.00	17%	10 540.00
价税合计（大写）	柒万贰仟伍佰肆拾元整				￥72 540.00		
销货单位	名　　称：苏州万事顺有限责任公司					备注		
	纳税人识别号：26256235232531							
	地　址、电　话：苏州市高新区金鸡路 21 号 0512-6879521							
	开户行及账号：工行苏州分行新区支行 325468356525689332							

收款：邹家华　　　复核：严华玲　　　开票：韩杰元　　　销货单位（章）

表 2-4-23

江苏省增值税专用发票

31247687　　　　　　　　　　　抵扣联　　　　　　　　　　　№0853128

开票日期：2016 年 12 月 12 日

购货单位	名　　称：新宏有限责任公司					密码区		
	纳税人识别号：280602002234678							
	地　址、电　话：南京市东湖路 118 号 025-81336665							
	开户行及账号：工行南京东湖支行 1801001122001008888							
货物及应税劳务名称	规格型号	单位	数量	单价	金额	税率	税额
机物料		千克	200	310.00	62 000.00	17%	10 540.00
价税合计（大写）	柒万贰仟伍佰肆拾元整				￥72 540.00		
销货单位	名　　称：苏州万事顺有限责任公司					备注		
	纳税人识别号：26256235232531							
	地　址、电　话：苏州市高新区金鸡路 21 号 0512-6879521							
	开户行及账号：工行苏州分行新区支行 325468356525689332							

收款：邹家华　　　复核：严华玲　　　开票：韩杰元　　　销货单位（章）

表 2-4-24

收 料 单

材料科目：材料

材料类别：原料及主要材料

供应单位：苏州万事顺有限责任公司   发票号码：0853128

2016 年 12 月 12 日   收 字第 4 号

材料名称	规 格	计量单位	数 量	实际成本				
				买 价		摊运杂费	合 计	
				单 价	金 额			
机物料		千克	200	310 元	62 000 元		62 000 元	
合计					62 000 元		62 000 元	

供应部负责人：王志一   记账：孙峰   检验：郑敏明   保管：陈东

【业务 7】 （见表 2-4-25～表 2-4-29）

表 2-4-25

山西省增值税专用发票

58226956   发票联   №2355867

开票日期： 2016 年 12 月 15 日

购货单位	名 称：新宏有限责任公司 纳税人识别号：280602002234678 地 址、电 话：南京市东湖路 118 号 025-81336665 开户行及账号：工行南京东湖支行 1801001122001 00888	密码区					
货物及应税劳务名称	规格型号	单位	数量	单价	金额	税率	税额
专用钢材		吨	35	3 010.00	105 350.00	17%	17 909.50
价税合计（大写）	壹拾贰万叁仟贰佰伍拾玖元伍角整				￥123 259.50		
销货单位	名 称：太原德鑫钢铁厂 纳税人识别号：648811661617816 地 址、电 话：太原市大河西路 15 号 0351-5823665 开户行及账号：太原工行中山分理处 086300088602335	备注	648811661617816				

收款：齐心珊   复核：刘中信   开票：邵江   销货单位（章）

表 2-4-26

山西省增值税专用发票

58226956　　　　　　　　　　抵扣联　　　　　　　　№　2355867

开票日期：2016 年 12 月 15 日

购货单位	名　　　称：新宏有限责任公司					密码区		第二联：抵扣联　购货方扣税凭证
	纳税人识别号：280602002234678							
	地　址、电　话：南京市东湖路 118 号 025-81336665							
	开户行及账号：工行南京东湖支行 180100112200100888							
货物及应税劳务名称	规格型号	单位	数量	单价	金额	税率	税额	
专用钢材		吨	35	3 010.00	105 350.00	17%	17 909.50	
价税合计（大写）	壹拾贰万叁仟贰佰伍拾玖元伍角整				￥123 259.50			
销货单位	名　　　称：太原德鑫钢铁厂					备注		
	纳税人识别号：648811661617816							
	地　址、电　话：太原市大河西路 15 号 0351-5823665							
	开户行及账号：太原工行中山分理处 086300088602335							

收款：齐心珊　　　　　复核：刘中信　　　　　开票：邵江　　　　　销货单位（章）

表 2-4-27

山西省增值税专用发票

32006957　　　　　　　　　　发票联　　　　　　　　№5235876

开票日期：2016 年 12 月 15 日

购货单位	名　　　称：新宏有限责任公司					密码区		第三联：发票联　购货方记账凭证
	纳税人识别号：280602002234678							
	地　址、电　话：南京市东湖路 118 号 025-81336665							
	开户行及账号：工行南京东湖支行 180100112200100888							
货物及应税劳务名称	规格型号	单位	数量	单价	金额	税率	税额	
陆路货物运输服务					2 566.00	11%	282.26	
价税合计（大写）	贰仟捌佰肆拾捌元贰角陆分				￥2 848.26			
销货单位	名　　　称：佳顺速递有限公司					备注		
	纳税人识别号：648822775317814							
	地　址、电　话：太原市大河西路 15 号 0351-6759665							
	开户行及账号：太原工行林山路分理处 086322518602157							

收款：张李　　　　　复核：刘行　　　　　开票：江一森　　　　　销货单位（章）

表 2-4-28

山西省增值税专用发票

32006957　　　　　　　　　　抵扣联　　　　　　　　　　№5235876

开票日期：2016 年 12 月 15 日

购货单位	名　称：新宏有限责任公司 纳税人识别号：280602002234678 地址、电话：南京市东湖路 118 号 025-81336665 开户行及账号：工行南京东湖支行 180100112200100888				密码区		
货物及应税劳务名称	规格型号	单位	数量	单价	金额	税率	税额
陆路货物运输服务					2 566.00	11%	282.26
价税合计（大写）	贰仟捌佰肆拾捌元贰角陆分					￥2 848.26	
销货单位	名　称：佳顺速递有限公司 纳税人识别号：648822775317814 地址、电话：太原市大河西路 15 号 0351-6759665 开户行及账号：太原工行林山路分理处 086322518602157				备注		

收款：张李　　　复核：刘行　　　开票：江一森　　　销货单位（章）

（印章：佳顺速递有限公司　648822775317814　发票专用章）

第二联：抵扣联　购货方记账凭证

注：对方代垫运费，货款与运费共交付银行汇票一张 120 000 元，余款未付清。

表 2-4-29

收 料 单

材料科目：材料

材料类别：原料及主要材料

供应单位：太原德鑫钢铁厂　　　　　　　　　　　　　发票号码：2355867

2016 年 12 月 17 日　　　　　　　　　　收 字第 4 号

材料名称	规格	计量单位	数量	实际成本			
				买价		摊运杂费	合计
				单价	金额		
专用钢材		吨	35	3 010	105 350	2 566	107 916
合计					105 350	2 566	107 916

供应部负责人：王志一　　　记账：孙峰　　　检验：郑敏明　　　保管：陈东

【业务8】　（见表 2-4-30～表 2-4-34）

表 2-4-30

浙江省增值税专用发票

68556933　　　　　　　　　　发票联　　　　　　　　　　№1255863

开票日期：2016 年 12 月 20 日

购货单位	名　称：新宏有限责任公司 纳税人识别号：280602002234678 地址、电话：南京市东湖路 118 号 025-81336665 开户行及账号：工行南京东湖支行 180100112200100888				密码区		
货物及应税劳务名称	规格型号	单位	数量	单价	金额	税率	税额
专用电机		个	100	710.00	71 000.00	17%	12 070.00
价税合计（大写）	捌万叁仟零柒拾元整				￥83 070.00		
销货单位	名　称：杭州万胜商贸公司 纳税人识别号：123465785031234 地址、电话：杭州市环城路 5 号 0571-5823665 开户行及账号：杭州农行西子支行 616163255002247				备注		

收款：包立成　　　复核：杨玲　　　　开票：　　　　销货单位（章）

第三联：发票联　购货方记账凭证

表 2-4-31

浙江省增值税专用发票

68556933　　　　　　　　　　抵扣联　　　　　　　　　　№1255863

开票日期：2016 年 12 月 20 日

购货单位	名　称：新宏有限责任公司 纳税人识别号：280602002234678 地址、电话：南京市东湖路 118 号 025-81336665 开户行及账号：工行南京东湖支行 180100112200100888				密码区		
货物及应税劳务名称	规格型号	单位	数量	单价	金额	税率	税额
专用电机		个	100	710.00	71 000.00	17%	12 070.00
价税合计（大写）	捌万叁仟零柒拾元整				￥83 070.00		
销货单位	名　称：杭州万胜商贸公司 纳税人识别号：123465785031234 地址、电话：杭州环城路 5 号 0571-5823665 开户行及账号：杭州农行西子支行 616163255002247				备注		

收款：包立成　　　复核：杨玲　　　　开票：徐红　　　　销货单位（章）

第二联：抵扣联　购货方扣税凭证

表 2-4-32

浙江省增值税专用发票

| 58336102 | 发票联 | №2809863 |

开票日期：2016 年 12 月 20 日

| 购货单位 | 名　　称：新宏有限责任公司
纳税人识别号：280602002234678
地址、电话：南京市东湖路 118 号 025-81336665
开户行及账号：工行南京东湖支行 180100112200100888 | 密
码
区 | | |

货物及应税劳务名称	规格型号	单位	数量	单价	金额	税率	税额
陆路货物运输服务					3 000.00	11%	330.00

| 价税合计（大写） | 叁仟叁佰叁拾元整 | ￥3 330.00 |

| 销货单位 | 名　　称：杭州加佳运输公司
纳税人识别号：123423515030682
地址、电话：杭州市环城路 23 号 0571-5864761
开户行及账号：杭州农行西子支行 615216855002321 | 备
注 | 杭州加佳运输公司
123423515030682
发票专用章
销货单位（章） |

收款：成刘　　　　复核：李子玲　　　　开票：邹雨

第三联：发票联　购货方记账凭证

表 2-4-33

浙江省增值税专用发票

| 58336102 | 抵扣联 | №2809863 |

开票日期：2016 年 12 月 20 日

| 购货单位 | 名　　称：新宏有限责任公司
纳税人识别号：280602002234678
地址、电话：南京市东湖路 118 号 025-81336665
开户行及账号：工行南京东湖支行 180100112200100888 | 密
码
区 | | |

货物及应税劳务名称	规格型号	单位	数量	单价	金额	税率	税额
陆路货物运输服务					3 000.00	11%	330.00

| 价税合计（大写） | 叁仟叁佰叁拾元整 | ￥3 330.00 |

| 销货单位 | 名　　称：杭州加佳运输公司
纳税人识别号：123423515030682
地址、电话：杭州市环城路 23 号 0571-5864761
开户行及账号：杭州农行西子支行 615216855002321 | 备
注 | 杭州加佳运输公司
123423515030682
发票专用章
销货单位（章） |

收款：成刘　　　　复核：李子玲　　　　开票 邹雨

第二联：抵扣联　购货方抵扣凭证

表 2-4-34

收 料 单

材料科目：材料

材料类别：原料及主要材料

供应单位：杭州万胜商贸公司　　　　　　　　　　　　　　　　　　　发票号码：1255863

2016 年 12 月 21 日　　　　　　　　　　　收 字第 5 号

材料名称	规　格	计量单位	数　量	实际成本			
				买价		推运杂费	合　计
				单　价	金　额		
专用电机		个	100	710	71 000	3 000	74 000
合计					71 000	3 000	74 000

供应部负责人：王志一　　　　记账：孙峰　　　检验：郑敏明　　　保管：陈东

注：已经预付 26 560 元。

【业务 9】　（见表 2-4-35）

表 2-4-35

中国工商银行电汇凭证（回单）1

委托日期 2016 年 12 月 21 日　　　　　　　　　　　　第 86870 号

收款人	全　称	杭州万胜商贸公司	汇款人	全　称	新宏有限责任公司											
	账号或住址	杭州农行西子支行 616163255002247		账号或住址	南京东湖路 118 号											
	汇入地点	浙江省 杭州市	汇入行名称	农行西子支行		汇出地点	江苏省 南京市		汇出行名称	工行南京东湖支行						
金额	人民币（大写）	伍万玖仟捌佰肆拾元整					千	百	十	万	千	百	十	元	角	分
									¥	5	9	8	4	0	0	0
汇款用途：　　　　补付采购电机款				中国工商银行 南京东湖支行 （汇出行盖章） 2016.12.21 业务清讫 （6）											

注：电汇预付电机采购款见模块 4。

【业务10】 （见表2-4-36～表2-4-39）

表2-4-36

江苏省增值税专用发票

45257428 　　　　　　　　发票联 　　　　　　　　№0566982

开票日期：2016 年 12 月 26 日

<table>
<tr><td rowspan="4">购货单位</td><td>名　　　称：新宏有限责任公司</td><td rowspan="4">密码区</td><td rowspan="13">第三联：发票联　购货方记账凭证</td></tr>
<tr><td>纳税人识别号：280602002234678</td></tr>
<tr><td>地　址、电话：南京市东湖路 118 号 025-81336665</td></tr>
<tr><td>开户行及账号：工行南京东湖支行 180100112200100888</td></tr>
<tr><td>货物及应税劳务名称</td><td>规格型号</td><td>单位</td><td>数量</td><td>单价</td><td>金额</td><td>税率</td><td>税额</td></tr>
<tr><td>专用工具</td><td></td><td>件</td><td>50</td><td>200.00</td><td>10 000.00</td><td>17%</td><td>1 700.00</td></tr>
<tr><td>价税合计（大写）</td><td colspan="5">壹万壹仟柒佰元整　　　　　　　　¥ 11 700.00</td></tr>
<tr><td rowspan="4">销货单位</td><td>名　　　称：南京友谊五金公司</td><td rowspan="4">备注</td></tr>
<tr><td>纳税人识别号：37561235235281</td></tr>
<tr><td>地　址、电话：南京市东风路 3 号 025-85268972</td></tr>
<tr><td>开户行及账号：中行南京分行东风分理处 3215673565 23568925</td></tr>
</table>

收款：周丽　　　　复核：张小玲　　　　开票：包林玲　　　　销货单位（章）

表2-4-37

江苏省增值税专用发票

45257428 　　　　　　　　抵扣联 　　　　　　　　№0566982

开票日期：2016 年 12 月 26 日

<table>
<tr><td rowspan="4">购货单位</td><td>名　　　称：新宏有限责任公司</td><td rowspan="4">密码区</td><td rowspan="13">第二联：抵扣联　购货方扣税凭证</td></tr>
<tr><td>纳税人识别号：280602002234678</td></tr>
<tr><td>地　址、电话：南京市东湖路 118 号 025-81336665</td></tr>
<tr><td>开户行及账号：工行南京东湖支行 180100112200100888</td></tr>
<tr><td>货物及应税劳务名称</td><td>规格型号</td><td>单位</td><td>数量</td><td>单价</td><td>金额</td><td>税率</td><td>税额</td></tr>
<tr><td>专用工具</td><td></td><td>件</td><td>50</td><td>200.00</td><td>10 000.00</td><td>17%</td><td>1 700.00</td></tr>
<tr><td>价税合计（大写）</td><td colspan="5">壹万壹仟柒佰元整　　　　　　　　¥ 11 700.00</td></tr>
<tr><td rowspan="4">销货单位</td><td>名　　　称：南京友谊五金公司</td><td rowspan="4">备注</td></tr>
<tr><td>纳税人识别号：37561235235281</td></tr>
<tr><td>地　址、电话：南京市东风路 3 号 025-85268972</td></tr>
<tr><td>开户行及账号：中行南京分行东风分理处 3215673565 23568925</td></tr>
</table>

收款：周丽　　　　复核：张小玲　　　　开票：包林玲　　　　销货单位（章）

表2-4-38

收 料 单

材料科目：材料

材料类别：周转材料

供应单位：南京友谊五金公司　　　　　　　　　　　　　　　　　发票号码：0566982

2016 年 12 月 26 日　　　　　　　　　　　　　收 字第 6 号

材料名称	规　格	计量单位	数　量	实 际 成 本			
				买　价		摊运杂费	合　计
				单　价	金　额		
专用工具		件	50	200	10 000		10 000
合计					10 000		10 000

供应部负责人：王志一　　　　记账：孙峰　　　　检验：郑敏明　　　　保管：陈东

表2-4-39

中国工商银行
转账支票存根

D H 00001393

科　　目：＿＿＿＿＿＿＿＿

对方科目：＿＿＿＿＿＿＿＿

出票日期：2016 年 12 月 26 日

收款人：南京友谊五金公司
金　额：11 700 元
用　途：支付专用工具款

单位主管：　　　会计：

【业务 11】 （见表 2-4-40、表 2-4-41）

表 2-4-40

江苏省增值税专用发票

11672251   发票联   №0016824

开票日期：2016 年 12 月 29 日

购货单位	名 称：新宏有限责任公司					密码区		
	纳税人识别号：280602002234678							
	地址、电话：南京市东湖路 118 号 025-81336665							
	开户行及账号：工行南京东湖支行 180100112200100888							
货物及应税劳务名称	规格型号	单位	数量	单价	金额	税率	税额	
专用塑料		千克	2 000	33.00	66 000.00	17%	11 220.00	
价税合计（大写）	柒万柒仟贰佰贰拾元整				¥ 77 220.00			
销货单位	名 称：常州旺盛有限责任公司							
	纳税人识别号：28061005234557							
	地址、电话：常州市太湖路 1 号 0519-3869574							
	开户行及账号：工行常州分行新北支行 321232356522178							

收款：季山   复核：章立   开票：徐佳楠   销货单位（章）

表 2-4-41

江苏省增值税专用发票

11672251   抵扣联   №0016824

开票日期：2016 年 12 月 29 日

购货单位	名 称：新宏有限责任公司					密码区		
	纳税人识别号：280602002234678							
	地址、电话：南京市东湖路 118 号 025-81336665							
	开户行及账号：工行南京东湖支行 180100112200100888							
货物及应税劳务名称	规格型号	单位	数量	单价	金额	税率	税额	
专用塑料		千克	2 000	33.00	66 000.00	17%	11 220.00	
价税合计（大写）	柒万柒仟贰佰贰拾元整				¥ 77 220.00			
销货单位	名 称：常州旺盛有限责任公司							
	纳税人识别号：28061005234557							
	地址、电话：常州市太湖路 1 号 0519-3869574							
	开户行及账号：工行常州分行新北支行 321232356522178							

收款：季山   复核：章立   开票：徐佳楠   销货单位（章）

【业务 12】　新宏公司仓库保管送来本月全部领料单（见表 2-4-42～表 2-4-53）

表 2-4-42

领　料　单

领料部门：生产车间　　　　　　　　2016 年 12 月 2 日　　　　　　　编号：22701

名　称	规　格	单　位	数量		单　价	金　额	用　途
			请　领	实　领			
专用电机		个	300	300			生产 810 产品

领料部门负责人：严林山　　　　　领料人：张美华　　　　　发料人：陈东

表 2-4-43

领　料　单

领料部门：生产车间　　　　　　　　2016 年 12 月 2 日　　　　　　　编号：22702

名　称	规　格	单　位	数量		单　价	金　额	用　途
			请　领	实　领			
专用钢材		吨	100	100			生产 810 产品
专用塑料		千克	1 500	1 500			生产 810 产品
机物料		千克	50	50			生产 810 产品
包装箱		个	300	300			生产 810 产品

领料部门负责人：严林山　　　　　领料人：张美华　　　　　发料人：陈东

表 2-4-44

领　料　单

领料部门：生产车间　　　　　　　　2016 年 12 月 2 日　　　　　　　编号：22707

名　称	规　格	单　位	数量		单　价	金　额	用　途
			请　领	实　领			
机物料		千克	10	10			一般耗用

领料部门负责人：严林山　　　　　领料人：张美华　　　　　发料人：陈东

表 2-4-45

领　料　单

领料部门：厂部管理　　　　　　　　2016 年 12 月 2 日　　　　　　　编号：22708

名　称	规　格	单　位	数量		单　价	金　额	用　途
			请　领	实　领			
机物料		千克	10	10			一般耗用

领料部门负责人：陈子清　　　　　领料人：吴萍　　　　　发料人：陈东

表 2-4-46

领 料 单

领料部门：生产车间　　　　　　2016 年 12 月 2 日　　　　　　　编号：22705

名　称	规　格	单　位	数　量		单　价	金　额	用　途
			请　领	实　领			
专用钢材		吨	50	50			生产 8810 产品
专用塑料		千克	1 000	1 000			生产 8810 产品
机物料		千克	30	30			生产 8810 产品
包装箱		个	200	200			生产 8810 产品

领料部门负责人：严林山　　　　领料人：张美华　　　　发料人：陈东

表 2-4-47

领 料 单

领料部门：生产车间　　　　　　2016 年 12 月 2 日　　　　　　　编号：22706

名　称	规　格	单　位	数　量		单　价	金　额	用　途
			请　领	实　领			
专用电机		个	200	200			生产 8810 产品

领料部门负责人：严林山　　　　领料人：张美华　　　　发料人：陈东

表 2-4-48

领 料 单

领料部门：生产车间　　　　　　2016 年 12 月 15 日　　　　　　编号：22707

名　称	规　格	单　位	数　量		单　价	金　额	用　途
			请　领	实　领			
机物料		千克	10	10			一般耗用

领料部门负责人：严林山　　　　领料人：张美华　　　　发料人：陈东

表 2-4-49

领 料 单

领料部门：厂部管理　　　　　　2016 年 12 月 15 日　　　　　　编号：22708

名　称	规　格	单　位	数　量		单　价	金　额	用　途
			请　领	实　领			
机物料		千克	10	10			一般耗用

领料部门负责人：陈子清　　　　领料人：吴萍　　　　发料人：陈东

表 2-4-50

领 料 单

领料部门：生产车间   2016 年 12 月 15 日   编号：22709

名 称	规 格	单 位	数 量		单 价	金 额	用 途
			请 领	实 领			
专用电机		个	100	100			生产 8810 产品

领料部门负责人：严林山   领料人：张美华   发料人：陈东

表 2-4-51

领 料 单

领料部门：生产车间   2016 年 12 月 15 日   编号：227010

名 称	规 格	单 位	数 量		单 价	金 额	用 途
			请 领	实 领			
专用钢材		吨	60	60			生产 8810 产品
专用塑料		千克	1 000	1 000			生产 8810 产品
机物料		千克	30	30			生产 8810 产品
包装箱		个	100	100			生产 8810 产品

领料部门负责人：严林山   领料人：张美华   发料人：陈东

表 2-4-52

领 料 单

领料部门：生产车间   2016 年 12 月 25 日   编号：227011

名 称	规 格	单 位	数 量		单 价	金 额	用 途
			请 领	实 领			
专用工具		件	378	378			一般耗用

领料部门负责人：严林山   领料人：张美华   发料人：陈东

注：该企业对领用金额较大的周转材料采用分期摊销，该专用工具一般使用 8 个月。

表 2-4-53

领料凭证汇总表

2016 年 12 月 31 日

领料部门或用途		专用电机		专用钢材		专用塑料		机物料		包装箱		合 计
		数 量	金 额	数 量	金 额	数 量	金 额	数 量	金 额	数 量	金 额	
生产 车间	810 产品											
	8810 产品											
车间一般耗用												
厂部管理使用												
合计												

仓库负责人：成平   制单：凌丽丽

注：包装箱采用一次摊销法。

> **提示** 该企业采用的是月末汇总发料的方法，平时只需要在存货明细账上做好登记，月末根据存货明细账编制发料凭证汇总表即可。

知识检测

一、单项选择题

1. 下列各项支出中，不计入存货成本的是（　　）。
   A. 可以抵扣的增值税进项税额　　　　B. 入库前的挑选整理费
   C. 购买存货而发生的运输费　　　　　D. 购买存货而缴纳的消费税

2. 购进存货运输途中发生的合理损耗应（　　）。
   A. 计入存货采购成本　　　　　　　　B. 由运输单位赔偿
   C. 计入管理费用　　　　　　　　　　D. 由保险公司赔偿

3. 某企业月初库存 A 产品 180 件，每件 2 520 元。月中又购进两批 A 产品，其中一批是 540 件，每件 2 880 元；另一批是 180 件，每件 2 700 元。则月末 A 产品的加权平均单价为（　　）元。
   A. 2 772　　　　B. 2 952　　　　C. 2 775　　　　D. 3 211

4. 某小企业委托其他单位加工材料，收回后用于继续生产。加工中共发生下列支出：发出材料的实际成本 5 000 元，支付的加工费 2 000 元，增值税 340 元，往返运杂费 200 元，受托方代收消费税 500 元。材料加工完毕，收回剩余残料价值 200 元，则委托加工物资入账价格为（　　）元。
   A. 7 540　　　　B. 7 700　　　　C. 7 000　　　　D. 7 200

5. 在包装物采用一次摊销的情况下，因销售商品而出借包装物报废时收回的残料价值应该冲减（　　）。

  A. 销售费用   B. 其他业务成本 C. 管理费用 D. 生产成本

二、多项选择题

1. 一般纳税企业应计入外购存货实际成本的项目有（　　）。

  A. 购入存货单独支付的进项税额 B. 购进存货应负担的运杂费
  C. 购进存货所含的消费税   D. 购进存货入库后的保管费用
  E. 购进存货入库前的挑选整理费

2. 一般纳税人企业委托外单位加工用于直接对外销售的存货，其实际成本应包括（　　）。

  A. 加工过程中实际耗用有关存货的实际成本 B. 加工费用
  C. 加工环节的消费税   D. 加工存货的往返运杂费
  E. 加工过程中支付的增值税

3. 企业购进材料一批，已验收入库，结算凭证未到，货款尚未支付，应作如下账务处理：（　　）。

  A. 材料验收入库即入账   B. 材料验收入库时暂不入账
  C. 月末按暂估价入账   D. 下月初用红字冲回
  E. 收到结算凭证并支付货款时入账

4. 下列应记入"销售费用"账户的业务有（　　）。

  A. 领用随产品出售单独计价的包装物 B. 领用随产品出售不单独计价的包装物
  C. 摊销出租包装物的成本   D. 摊销出借包装物的成本
  E. 生产车间生产产品领用的包装物

5. 存货采用实际成本计价核算时，需要使用的账户有（　　）。

  A. 物资采购   B. 原材料   C. 材料成本差异
  D. 在途物资   E. 工程物资

三、判断题

1. 购入材料在运输途中发生的合理损耗不需单独进行账务处理。 （　　）
2. 存货计价方法的选择不仅影响资产总额的多少，而且也影响净利润。 （　　）
3. 存货的购货价格是指已扣除现金折扣以后的金额。 （　　）
5. 非常损失造成的存货毁损，应按该存货的实际成本计入营业外支出。 （　　）
6. 自制存货的实际成本由制造过程中发生的直接材料费、人工费和制造费用组成。
                    （　　）

项目5　小企业固定资产业务核算

基本要求：	① 熟悉固定资产的概念和基本特征； ② 了解影响固定资产折旧的因素； ③ 掌握固定资产取得的核算； ④ 掌握固定资产折旧的范围、折旧的计算及其账务处理； ⑤ 掌握固定资产后续支出的账务处理。
重　点：	固定资产的确认、计价、增加、减少及折旧的核算。
难　点：	固定资产折旧范围的确定、折旧方法及固定资产清理的账务处理。

案例导入

假设你有一家食品厂，除了土地使用权，企业最值钱的是什么？肯定是厂房、机器设备等固定资产。与存货等流动资产相比，固定资产的购置或取得，通常要花费较大代价。在大多数企业中，固定资产是企业资产最重要的组成部分，是企业家底的"大头"，准确核算固定资产价值，加强固定资产管理意义重大。

知识链接

固定资产，是指小企业为生产产品、提供劳务、出租或经营管理而持有的，使用寿命超过1年的有形资产。小企业的固定资产包括房屋、建筑物、机器、机械、运输工具、设备、器具、工具等。

固定资产应当按照成本进行计量。

（1）外购固定资产的成本包括：购买价款、相关税费、运输费、装卸费、保险费、安装费等，但不含按照税法规定可以抵扣的增值税进项税额。

（2）自行建造固定资产的成本，由建造该项资产在竣工决算前发生的支出（含相关的借款费用）构成。小企业在建工程在试运转过程中形成的产品、副产品或试车收入冲减在建工程成本。

（3）投资者投入固定资产的成本，应当按照评估价值和相关税费确定。

（4）融资租入的固定资产的成本，应当按照租赁合同约定的付款总额和在签订租赁合同过程中发生的相关税费等确定。

（5）盘盈固定资产的成本，应当按照同类或者类似固定资产的市场价格或评估价值，扣除按照该项固定资产新旧程度估计的折旧后的余额确定。

任务 1　固定资产取得业务的核算

一、账户设置

（1）固定资产账户核算小企业固定资产的原价（成本），应按照固定资产类别和项目进行明细核算。小企业应当根据小企业会计准则规定的固定资产标准，结合本企业的具体情况，制定固定资产目录，作为核算依据。

固定资产

增加的固定资产原始价值	减少的固定资产原始价值
企业现有全部固定资产的原始价值	

（2）"工程物资"账户核算小企业为在建工程准备的各种物资的成本，包括工程用材料、尚未安装的设备，以及为生产准备的工器具等，应按照"专用材料""专用设备""工器具"等进行明细核算。

工程物资

购入工程物资的实际成本	领出工程物资的实际成本
库存工程物资的实际成本	

（3）"在建工程"账户核算小企业需要安装的固定资产、固定资产新建工程、改扩建等所发生的成本。应按照在建工程项目进行明细核算。

在建工程

工程发生的各项实际支出	结转完工工程的实际成本
反映小企业尚未完工或虽已完工，但尚未办理竣工决算的工程成本	

二、固定资产取得的核算

1. 外购固定资产

外购固定资产分为不需要安装的固定资产和需要安装的固定资产两类。

（1）购入不需要安装的固定资产，指企业购入的固定资产不需要安装就可以直接交付使用。

[例 2-5-1]　2016 年 3 月 12 日，新宏公司购入一台不需要安装就可投入使用的设备，取得的增值税专用发票上注明的设备价款为 800 000 元，增值税为 136 000 元，取得

增值税专用发票显示运费为 5 000 元，增值税为 550 元，以银行存款转账支付。假定不考虑其他相关税费。账务处理如下：

借：固定资产　　　　　　　　　　　　　　　　　804 650
　　应交税费——应交增值税（进项税额）　　　136 550（136 000+550）
　　贷：银行存款　　　　　　　　　　　　　　　　941 200

（2）购入需要安装的固定资产，指企业购入的固定资产需要经过安装才能交付使用。企业购入固定资产时实际支付的买价、运输费和其他相关税费等均应先通过"在建工程"科目，待安装完毕达到预定可使用状态时，再由"在建工程"科目转入"固定资产"科目。

[例 2-5-2] 2016 年 8 月 15 日，新宏公司购入一台需要安装才可投入使用的设备，取得的增值税专用发票上注明的设备价款为 260 000 元，增值税为 44 200 元，取得增值税专用发票显示运费为 3 000 元，增值税为 330 元，款项已通过银行支付；安装设备时，领用原材料一批，价值 24 200 元，支付安装工人的工资为 4 800 元。假定不考虑其他相关税费。账务处理如下：

① 购入时：

借：在建工程　　　　　　　　　　　　　　　　　262 790
　　应交税费——应交增值税（进项税额）　　　　44 530（44 200+330）
　　贷：银行存款　　　　　　　　　　　　　　　　307 320

② 领用本公司生产用原材料 24 200 元，支付安装工人工资等费用 4 800 元：

借：在建工程　　　　　　　　　　　　　　　　　29 000
　　贷：原材料　　　　　　　　　　　　　　　　　24 200
　　　　应付职工薪酬　　　　　　　　　　　　　　4 800

③ 设备安装完毕达到预定可以使用状态：

借：固定资产　　　　　　　　　　　　　　　　　291 790
　　贷：在建工程　　　　　　　　　　　　　　　　291 790

（3）一笔款项购入多项没有单独标价的固定资产。一笔款项购入多项没有单独标价的固定资产，应按各项固定资产公允价值的比例对总成本进行分配，分别确定各项固定资产的入账价值。如果以一笔款项购入的多项资产中还包括固定资产以外的其他资产，也应按类似的方法予以处理。

[例 2-5-3] 2016 年 4 月 1 日，为降低采购成本，新宏公司向乙公司一次性购入三套不同型号且具有不同生产能力的设备 A、B 和 C。公司为该批设备共付货款 7 800 000 元，增值税为 1 326 000 元，包装费 42 000 元（假定未取得增值税专用发票），全部以银行存款支付；假定设备 A、B 和 C 均满足固定资产的定义及其确认条件，公允价值分别为 2 926 000 元、3 594 800 元、1 839 200 元假定不考虑其他相关税费。账务处理如下：

① 确定应计入固定资产成本的金额，包括买价、包装费及增值税额等，即：

$$7\ 800\ 000+42\ 000=7\ 842\ 000（元）$$

② 确定设备 A、B 和 C 的价值分配比例为：

A 设备应分配的固定资产价值比例为：

$$2\ 926\ 000÷（2\ 926\ 000+3\ 594\ 800+1\ 839\ 200）=35\%$$

B 设备应分配的固定资产价值比例为：

$$3\ 594\ 800÷（2\ 926\ 00+3\ 594\ 800+1\ 839\ 200）=43\%$$

C 设备应分配的固定资产价值比例为：

$$1\,839\,200 \div (2\,926\,000 + 3\,594\,800 + 1\,839\,200) = 22\%$$

③ 确定 A、B 和 C 设备各自的入账价值。

A 设备入账价值为：$7\,842\,000 \times 35\% = 2\,744\,700$（元）

B 设备入账价值为：$7\,842\,000 \times 43\% = 3\,372\,060$（元）

C 设备入账价值为：$7\,842\,000 \times 22\% = 1\,725\,240$（元）

应作会计分录如下：

借：固定资产——A 设备　　　　　　　　　　　　2 744 700

　　　　　　——B 设备　　　　　　　　　　　　3 372 060

　　　　　　——C 设备　　　　　　　　　　　　1 725 240

　　应交税费——应交增值税（进项税额）　　　　1 326 000

　贷：银行存款　　　　　　　　　　　　　　　　　　9 168 000

（4）购入不动产。按照国家税务总局 15 号公告《关于发布〈不动产进项税额分期抵扣暂行办法〉的公告》的规定，增值税一般纳税人 2016 年 5 月 1 日后取得并在会计制度上按固定资产核算的不动产，以及 2016 年 5 月 1 日后发生的不动产在建工程，其进项税额应按照本办法有关规定分 2 年从销项税额中抵扣，第一年抵扣比例为 60%，第二年抵扣比例为 40%。其中，纳税人新建、改建、扩建、修缮、装饰不动产，属于不动产在建工程。

[例 2-5-4]　2016 年 6 月 10 日，新宏公司购进办公大楼一座，作为固定资产入账，并于次月开始计提折旧。6 月 20 日，该纳税人取得该大楼的增值税专用发票并认证相符，专用发票注明的金额为 5 000 000 元，增值税为 550 000 元。（销售不动产税率 11%）款项已支付。

借：固定资产——办公楼　　　　　　　　　　　　5 000 000

　　应交税费——应交增值税（进项税额）　　　　　330 000

　　应交税费——待抵扣进项税额　　　　　　　　　220 000

　贷：银行存款　　　　　　　　　　　　　　　　　　5 550 000

取得各税凭证的当月起第 13 个月抵扣时：

借：应交税费——应交增值税（进项税额）　　　　220 000

　贷：应交税费——待抵扣进项税额　　　　　　　　　220 000

2. 自行建造固定资产

自行建造固定资产，按建造该项资产到竣工决算前所发生的必要支出，作为入账价值，包括工程用物资成本、人工成本、应予以资本化的固定资产借款费用、缴纳的相关税金，以及分摊的其他间接费用等。企业自行建造固定资产包括自营建造和出包建造两种方式。

（1）自营方式建造固定资产。企业以自营方式建造固定资产，意味着企业自行组织工程物资采购、自行组织施工人员从事工程施工。

自行建造的固定资产如何确定入账价值呢？

[例2-5-5]　2016年8月，新宏公司准备自行搭造一座简易厂房，为此购入工程物资一批，价款为250 000元，增值税进项税为42 500元，款项已支付。领用工程物资230 000元，剩余工程物资转为该公司的存货；领用生产用原材料一批，价值为32 000元（原增值税进项税额5 440元已抵扣）；辅助生产车间为工程提供有关劳务支出为35 000元；计提工程人员工资为65 800元；工程达到预定可使用状态并交付使用。假定不考虑其他相关税费。公司的账务处理如下：

① 购入为工程准备的物资：

借：工程物资　　　　　　　　　　　　　　　　250 000

　　应交税费——应交增值税（进项税额）　　　25 500（250 000×17%×60%）

　　应交税费——待抵扣进项税额　　　　　　　17 000（250 000×17%×40%）

　　　贷：银行存款　　　　　　　　　　　　　　　　　292 500

② 工程领用物资：

借：在建工程——建筑工程——厂房　　　　　　230 000

　　　贷：工程物资　　　　　　　　　　　　　　　　　230 000

③ 工程领用原材料：

借：在建工程——建筑工程——厂房　　　　　　32 000

　　应交税费——待抵扣进项税额　　　　　　　2 176（32 000×17%×40%）

　　　贷：原材料　　　　　　　　　　　　　　　　　　32 000

　　　　　应交税费——应交增值税（进项税额转出）　　2 176

④ 辅助生产车间为工程提供劳务支出：

借：在建工程——建筑工程——厂房　　　　　　35 000

　　　贷：生产成本——辅助生产成本　　　　　　　　　35 000

⑤ 计提工程人员工资：

借：在建工程——建筑工程——厂房　　　　　　65 800

　　　贷：应付职工薪酬　　　　　　　　　　　　　　　65 800

⑥ 6月底，工程达到预定可使用状态并交付使用：

借：固定资产——厂房　　　　　　　　　　　　362 800

　　　贷：在建工程——建筑工程——厂房　　　　　　　362 800

⑦ 剩余工程物资转作存货：

借：原材料　　　　　　　　　　　　　　　　　20 000

　　　贷：工程物资　　　　　　　　　　　　　　　　　20 000

（2）出包方式建造固定资产。企业通过出包工程方式建造的固定资产，其工程的具体支出在承包单位核算，企业将与承包单位结算的工程价款作为工程成本，通过"在建工程"账户核算。

[例2-5-6]　2016年3月12日，新宏公司将一幢新建厂房工程出包给丙公司承建，按规定承包单位预付工程价款收到对方开来的增值税专用发票显示工程价款500 000元，增值税为55 000元，以银行存款转账支付；2017年7月8日，工程达到预定可使用状态后，收到承包单位的有关工程结算单据，补付工程款300 000元，增值税33 000元，以银行存款转账支付；2017年7月23日，工程达到预定可使用状态，经验收后交付使用。账务处理如下：

① 2016 年 3 月 12 日，新宏公司预付工程款 500 000 元，取得专用发票。

借：在建工程——建筑工程——厂房　　　　　500 000

　　应交税费——应交增值税（进项税额）　　 33 000

　　应交税费——待抵扣进项税额　　　　　　 22 000

　　贷：银行存款　　　　　　　　　　　　　　　　 555 000

2017 年 4 月

借：应交税费——应交增值税（进项税额）　　22 000

　　贷：应交税费——待抵扣进项税额　　　　　　　 22 000

② 2017 年 7 月 8 日，新宏公司补付工程款 300 000 元，取得专用发票。

借：在建工程——建筑工程——厂房　　　　　300 000

　　应交税费——应交增值税（进项税额）　　 19 800

　　应交税费——待抵扣进项税额　　　　　　 13 200

　　贷：银行存款　　　　　　　　　　　　　　　　 333 000

③ 2017 年 7 月 23 日，工程达到预定可使用状态，经验收交付使用。

借：固定资产　　　　　　　　　　　　　　　888 000

　　贷：在建工程——建筑工程——厂房　　　　　　 888 000

> **提示**　　纳税人于 2016 年 5 月 1 日后购进货物和设计服务、建筑服务，用于新建不动产，上述进项税额中，60% 的部分于取得扣税凭证的当期从销项税额中抵扣；40% 的部分为待抵扣进项税额，因此需要新增一个会计科目记录待抵扣进项税额，待抵扣进项税额于取得扣税凭证的当月起第 13 个月从销项税额中抵扣。

3. 投资者投入固定资产

[例 2-5-7]　2016 年 6 月 15 日，新宏公司接受乙公司一台设备进行投资。该台设备的原价为 560 000 元，已计提折旧 166 200 元，双方经协商同意以评估机构评估确认的价值 443 800 元为投资额。假定不考虑其他相关税费。财务处理如下：

借：固定资产　　　　　　　　　　　　　　　443 800

　　贷：实收资本——乙公司　　　　　　　　　　　 443 800

三、固定资产取得的明细分类核算

为了加强固定资产管理，反映和监督各类不同性能和用途的固定资产的增减变化情况，小企业应根据实际情况设置"固定资产卡片"和"固定资产登记簿"。一张固定资产卡片与一项独立的固定资产相对应，在卡片中应记载该固定资产的编号、名称、规格、技术特征、使用单位、开始使用日期、原价、预计使用年限、折旧率、停止使用及

固定资产价值大，使用时间长，如何加强管理呢？

大修理等详细资料。凡是有关固定资产折旧、改扩建、大修理、内部转移、停用，以及清事出售等经济业务，都应根据有关凭证在卡片内进行登记，格式如表 2-5-1 所示。

表 2-5-1　固定资产卡片

资产类别		制造厂名				资金来源	
编　　号		出厂编号				购置日期	
名　　称		出厂日期				安装日期	
型　　号		使用部门				开始使用日期	
技术特征		存放地点				建卡日期	
项目	金额	折旧			折旧		
		年份	摊提额	累计额	年份	摊提额	累计额
重置完全价值							
改装或添置价值							
清理残值							
清理费用							
使用年限							
已使用年限							
尚可使用年限							
		原价变动记录					
		日期	增加	减少	变动后记录		变动原因
年：基本折旧率	％						
年：基本折旧率	％						

固定资产登记簿是按固定资产类别开设的、用于记录各类固定资产增减变化和结余情况的账簿。它相当于固定资产二级账，其一般格式如表 2-5-2 所示。

表 2-5-2　固定资产登记簿

日　　期	记账凭证		固定资产编号	摘　　要	增　加　额	减　少　额	余　　额
	种　类	编　号					

固定资产卡片、固定资产登记簿和固定资产总分类账户的记录，应定期进行核对，固定资产登记簿上各类固定资产余额的合计数，必须同固定资产分类账上的余额核对相符；固定资产卡片上的分类合计数，必须同固定资产登记簿上各类固定资产余额核对相符。

任务 2　固定资产折旧的核算

一、概念

固定资产折旧是指固定资产在使用过程中，由于损耗而逐渐转移到成本、费用中去的那部分价值。固定资产损耗一般分为有形损耗和无形损耗两种。有形损耗是指固定资产在使用过程中，由于使用和自然力的影响而引起的使用价值和价值的损失；无形损耗

折旧就是损耗，如何计算损耗的具体数据呢？

是指由于科学技术的进步和劳动生产率的提高而带来的固定资产价值上的损失。

小企业应当对所有固定资产计提折旧，但已提足折旧仍继续使用的固定资产和单独计价入账的土地不得计提折旧。

二、计算方法

所谓计提折旧，是指在固定资产使用寿命内，按照确定的方法对应计折旧额进行系统分摊。小企业应当按照平均年限法（即直线法，下同）计提折旧。小企业的固定资产由于技术进步等原因，确需加速折旧的，可以采用双倍余额递减法和年数总和法。小企业应当根据固定资产的性质和使用情况，并考虑税法的规定，合理确定固定资产的使用寿命和预计净残值。

固定资产的折旧方法、使用寿命、预计净残值一经确定，不得随意变更。

> **提示**　两个重要概念：①应计折旧额，是指应当计提折旧的固定资产的原价（成本）扣除其预计净残值后的金额；②预计净残值，是指固定资产预计使用寿命已满，小企业从该项固定资产处置中获得的扣除预计处置费用后的金额。

1. 平均年限法

平均年限法又称使用年限法，是根据固定资产的原始价值、预计使用年限和预计净残值，按照其预计使用年限平均计算折旧的一种方法。

平均年限法的固定资产折旧率和折旧额的计算公式如下：

年折旧额=应计折旧额÷预计使用年限=（固定资产原值−预计净残值）÷预计使用年限

或=（固定资产原值−固定资产原值×预计净残值率）÷预计使用年限

年折旧率=年折旧额÷固定资产原值=（1−预计净残值率）÷预计使用年限

月折旧率=年折旧率÷12

月折旧额=固定资产原值×月折旧率

[例 2-5-8]　新宏公司有某设备一台，每台原值 35 000 元，预计使用年限为 5 年，报废时预计残值 1 500 元，预计清理费用 100 元。计算该项固定资产年折旧率、月折旧率、月折旧额。

年折旧额=（35 000−1500+100）÷5=6 720（元）

年折旧率=6 720/35 000×100%=19.2%

月折旧额=35 000×19.2%÷12=560（元）

2. 工作量法

工作量法是以固定资产在使用年限内预计可完成的工作量（如总行驶里程、总工作时数、总工作台班数等）为分摊标准，根据各期实际完成的工作量计算折旧的一种方法。

计算公式为：

单位工作量提取折旧额=固定资产原值×（1−预计净残值率）÷预计总工作量

年（月）折旧额=全年（全月）实际完成的工作量×单位工作量折旧额

[例 2-5-9] 新宏公司有运输卡车一辆，原值为 120 000 元，预计净残值率为 5%，预计总行驶里程为 500 000 千米，当月行驶里程为 3 000 千米，计算每千米折旧额和该月折旧额。

单位里程折旧额=120 000×(1-5%)÷500 000=0.228（元/千米）

本月折旧额=3 000×0.228=684（元）

3．双倍余额递减法

双倍余额递减法是以不考虑固定资产净残值的直线折旧率的双倍作为加速折旧率，乘以每期期初固定资产账面余额求得每期折旧额的一种方法。计算公式如下：

年折旧率=2÷预计使用年限×100%

月折旧率=年折旧率÷12

年折旧额=固定资产账面净值×年折旧率

月折旧额=固定资产账面净值×月折旧率

> **提示**
>
> 注意，由于双倍余额递减法在计算折旧率时，没有考虑预计净残值，这样会导致在固定资产预计使用期满时已计提折旧总额不等于应提折旧总额，即固定资产处置时其账面净值不等于预计净残值。为解决这一问题，实行双倍余额递减法计提折旧的固定资产，应当在其固定资产折旧年限前两年内，将固定资产净值扣除预计净残值后的余额予以平均摊销。

[例 2-5-10] 新宏公司有先进设备一台，原值 120 000 元，预计使用年限 5 年，预计净残值率为 4%，该设备按双倍余额递减法计算各年的折旧额如表 2-5-3 所示。

双倍直线折旧率=2÷5×100%=40%

净残值=120 000×4%=4 800（元）

表 2-5-3　折旧计算表（双倍余额递减法） （金额单位：元）

年　份	年折旧率	每年折旧额	累计折旧	期末固定资产账面余额
1	40%	120 000×40%=48 000	48 000	72 000
2	40%	72 000×40%=28 800	76 800	43 200
3	40%	43 200×40%=17 280	94 080	25 920
4		(25 920-4 800)×1÷2 =10 560	104 460	15 360
5		(25 920-4 800)×1÷2 =10 560	115 200	4 800

4．年数总和法

年数总和法又称变率递减法，是以计提折旧的数额作为每年计提折旧的基数乘以一个逐年递减的分数来计算年折旧率的一种方法。逐年递减的分数的分子代表固定资产尚可使用的年限，分母代表使用年数的逐年数字之和。计算公式为：

$$年折旧率=\frac{预计使用年限-已使用年限}{预计使用年限逐年年数之和}$$

月折旧率=年折旧率÷12

年折旧额=（固定资产原值-预计净残值）×年折旧率

月折旧额=（固定资产原值-预计净残值）×月折旧率

[例 2-5-11]　新宏公司有台仪器，原值为 50 000 元，预计使用年限为 5 年，残值为 2 700 元，清理费为 700 元。计算过程如表 2-5-4 所示。

表 2-5-4　折旧计算表（年数总和法）　　　　　　　　　　（金额单位：元）

年　份	（原值-净残值）应提折旧总额	年 折 旧 率	每年折旧额	累 计 折 旧
1	48 000	5÷15	48 000×5÷15=16 000	16 000
2	48 000	4÷15	48 000×4÷15=12 800	28 800
3	48 000	3÷15	48 000×3÷15=9 600	38 400
4	48 000	2÷15	48 000×2÷15=6 400	44 800
5	48 000	1÷15	48 000×1÷15=3 200	48 000

提示　　与直线法比较一下，加速折旧法并没有改变应计折旧总额及使用年限，只是改变了折旧在各年的情况，即在使用初期多计提折旧，后期少计提折旧，使固定资产磨损的大部分价值能在较前的几个使用期间内收回，及早得到补偿。

三、总分类核算

小企业应当按月计提折旧，当月增加的固定资产，当月不计提折旧，从下月起计提折旧；当月减少的固定资产，当月仍计提折旧，从下月起不计提折旧。固定资产折旧的计算，是通过编制固定资产折旧计算表进行的。

当月固定资产应计提的折旧额=上月固定资产计提的折旧额+上月增加固定资产应计提的折旧额-上月减少固定资产应计提的折旧额

[例 2-5-12]　新宏公司在 2016 年 8 月计提固定资产折旧，有关资料如表 2-5-5 所示。

表 2-5-5　固定资产折旧计算表

2016 年 8 月　　　　　　　　　　（金额单位：元）

使 用 部 门	固定资产类别	上月折旧额	上月增加的固定资产		上月减少的固定资产		本月折旧额
			原　价	折 旧 额	原　价	折 旧 额	
甲车间	厂房	8 000					8 000
	机器设备	28 000	100 000	500			28 500
	小计	36 000	100 000	500			36 500
乙车间	厂房	5 000					5 000
	机器设备	15 000			50 000	1 000	14 000
	小计	20 000			50 000	1 000	19 000
行政管理部门	房屋建筑	3 000					3 000
	运输工具	2 600					2 600
	小计	5 600					5 600

续表

使用部门	固定资产类别	上月折旧额	上月增加的固定资产		上月减少的固定资产		本月折旧额
			原 价	折旧额	原 价	折 旧 额	
销售部门	房屋建筑	2 500					2 500
	运输工具	1 500	80 000	300			1 800
	小计	4 000	80 000	300			4 300
出租	运输工具	1 200					1 200
	小计	1 200					1 200
合计		66 800	180 000	800	50 000	1 000	66 600

根据固定资产折旧计算汇总表，企业计提折旧会计分录为：

借：制造费用——甲车间　　　　　　　　 36 500

　　　　　　 ——乙车间　　　　　　　　 19 000

　　管理费用　　　　　　　　　　　　　　 5 600

　　销售费用　　　　　　　　　　　　　　 4 300

　　其他业务成本　　　　　　　　　　　　 1 200

　贷：累计折旧　　　　　　　　　　　　　 66 600

> **提示**
>
> 　　固定资产的折旧费应当根据固定资产的受益对象计入相关资产成本或当期损益，如企业基本生产车间所使用的固定资产，其计提的折旧应计入"制造费用"，并最终计入所生产的产品成本；企业管理部门所使用的固定资产，其计提折旧应计入"管理费用"；企业销售部门所使用的固定资产，其计提的折旧应计入"销售费用"；企业未使用、不需用的固定资产，其计提的折旧应计入"管理费用"；出租固定资产计提的折旧应计入"其他业务成本"。

任务3　固定资产后续支出的核算

固定资产后续支出是指因固定资产而发生的维修保养、改扩建等支出。

一、固定资产修理费用的核算

在固定资产使用过程中发生的一般修理费，应当按照固定资产的受益对象，分别记入"制造费用""管理费用"等账户。

[例2-5-13]　2016年1月23日，新宏公司对现有的一台生产用机器设备进行修理，修理过程中领用原材料一批，价值为120 000元，应支付维修人员工资为40 000元。假定不考虑其他相关税费。应作会计分录如下：

房屋、设备使用中都得维修改造，这些支出该怎么核算呢？

借：制造费用 160 000
　贷：原材料 120 000
　　　应付职工薪酬 40 000

固定资产的大修理支出应先记入"长期待摊费用"账户，然后在受益期内进行分摊。固定资产大修理支出，必须同时符合：①修理支出达到取得固定资产时的计税基础 50% 以上；②修理后固定资产的使用年限延长 2 年以上。

[例 2-5-14]　2016 年 5 月 12～28 日，新宏公司对一条生产线进行了一次停工修理，以银行存款支付专业维护公司费用 129 870 元，其中维修费 111 000 元，增值税 18 870元。该生产线取得时的入账价值为 200 000 元，经过此次大规模维修，该生产线估计可使用 5～6 年。

借：长期待摊费用——大修理费用 111 000
　　应交税费——应交增值税（进项税额） 18 870
　贷：银行存款 129 870

二、固定资产改扩建支出的核算

小企业固定资产的改建支出，是指改变房屋或者建筑物结构、延长使用年限等发生的支出。应当计入固定资产的成本，通过"在建工程"账户核算，但已提足折旧的固定资产和经营租入的固定资产发生的改建支出应当计入长期待摊费用。

[例 2-5-15]　新宏公司有关固定资产改扩建业务资料如下：

2016 年 9 月 1 日，企业所拥有的一条生产线，其账面原价为 860 000 元，累计已提折旧为 500 000 元，账面价值为 360 000 元；由于生产的产品适销对路，现有生产线的生产能力已经难以满足企业生产发展的要求，经过可行性研究，企业决定对现有生产线进行扩建，以提高其生产能力；扩建工程从 2016 年 9 月 1 日起至 11 月 30 日止，历时 3 个月，承建方开来增值税专用发票显示，共发生建设支出 400 000 元，增值税 44 000 元，全部以银行存款支付；该生产线扩建工程达到预定使用状态后，预计其使用寿命延长 5 年，该生产线已经交付使用。为了简化计算，不考虑其他相关税费。

（1）转销固定资产的账面原值、已提累计折旧：

借：在建工程 360 000
　　累计折旧 500 000
　贷：固定资产 860 000

（2）发生后续支出（实际工作中应按费用发生的月份分别作会计分录）：

借：在建工程 400 000
　　应交税费——应交增值税（进项税额） 26 400
　　应交税费——待抵扣进项税额 17 600
　贷：银行存款 444 000

（3）达到预定使用状态交付使用：

借：固定资产 760 000
　贷：在建工程 760 000

任务4 固定资产处置业务的核算

一、账户设置

固定资产处置一般通过"固定资产清理"账户进行核算。

固定资产清理

转入清理的固定资产的净值和发生的清理费用及税金等 尚未清理完毕的固定资产的价值	清理固定资产的变价收入和应由保险公司或过失人承担的损失等 清理净收入（清理收入−清理费用）

二、出售、报废或毁损的固定资产

一般来说，企业出售、报废或毁损的固定资产，其会计核算一般经过以下几个步骤：

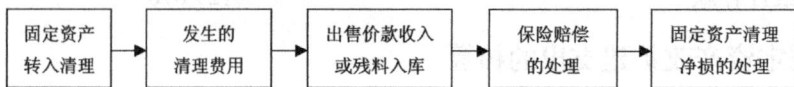

固定资产转入清理 → 发生的清理费用 → 出售价款收入或残料入库 → 保险赔偿的处理 → 固定资产清理净损的处理

[例 2-5-16] 新宏公司有一台设备，因使用期满经批准报废。该设备原价为 187 700 元，累计已计提折旧 177 000 元。清理过程中，以银行存款支付清理费用 5 000 元（未取得增值税专用发票），残料变卖收入为 6 000 元，销项税额为 1 020 元。

已经损坏或者企业不需要的固定资产该怎么处理呢？

（1）固定资产转入清理：

借：固定资产清理　　　　　　　　　　　10 000
　　累计折旧　　　　　　　　　　　　　177 000
　　贷：固定资产　　　　　　　　　　　　　187 000

（2）发生清理费用：

借：固定资产清理　　　　　　　　　　　5 000
　　贷：银行存款　　　　　　　　　　　　　5 000

（3）收到残料变价收入：

借：银行存款　　　　　　　　　　　　　7 020
　　贷：固定资产清理　　　　　　　　　　　6 000
　　　　应交税费——应交增值税（销项税额）　1 020

（4）结转固定资产净损益：

借：营业外支出——处置固定资产净损失　　9 000
　　贷：固定资产清理　　　　　　　　　　　9 000

[例 2-5-17] 新宏公司的仓库一间，原始价值 180 000 元，已提折旧 80 000 元，在一次意外事故中烧毁，保险公司赔偿 80 000 元，残值变价收入 3 000 元，应交增值税 510 元，支付清理费用 3 000 元。

（1）转销待清理的仓库价值：

借：固定资产清理   100 000

    累计折旧   80 000

  贷：固定资产   180 000

（2）收到保险赔款，存入银行：

借：银行存款   80 000

  贷：固定资产清理   80 000

（3）残值变价收入 3 000 元，存入银行时：

借：银行存款   3 510

  贷：固定资产清理   3 000

    应交税费——应交增值税（销项税额）   510

（4）以银行存款支付清理费用 3000 元：

借：固定资产清理   3 000

  贷：银行存款   3 000

（5）结转固定资产清理净损失时：

借：营业外支出——非常损失   20 000

  贷：固定资产清理   20 000

> **提示**　处置固定资产，处置收入扣除其账面价值（固定资产原价扣减累计折旧后的金额）、相关清理费用后的净额，应当计入营业外收入或营业外支出。

三、对外投资转出的固定资产

小企业投资转出固定资产，应按转出固定资产的账面价值加上应支付的相关费用，作为投资成本，同时要转销投出固定资产已提的折旧和原始价值。

[例 2-5-18]　新宏公司将一台设备对外投资，该设备的账面原价 250 000 元，已提折旧 50 000 元，同时用银行存款支付相关费用 2 500 元（未取得专用发票）。账务处理如下：

借：固定资产清理   200 000

    累计折旧   50 000

  贷：固定资产   250 000

借：长期股权投资   202 500

  贷：固定资产清理   200 000

    银行存款   2 500

动手做账

资料：新宏有限责任公司 2016 年 12 月发生以下经济业务。

【业务1】 （见表2-5-6～表2-5-11）

表2-5-6

中国工商银行　汇票申请书（存根）1　　第 2005 号

申请日期：2016 年 12 月 1 日

申请人	新宏有限责任公司	收款人	常林机械有限责任公司										
账　号或住址	180100112200100888	账　号或住址	321232356522178										
用　途	设备款	代理付款行											
汇票金额	人民币（大写）：贰拾叁万伍仟壹佰壹拾元整			百	十	万	千	百	十	元	角	分
					￥ 2	3	5	1	1	0	0	0
备注		科　目：＿＿＿＿＿＿对方科目：＿＿＿＿＿＿财务主管：　复核：　经办：											

中国工商银行南京东湖支行
2016.12.1
业务清讫（6）

此联申请人留存

表2-5-7

江苏省增值税专用发票

21756525　　　　　　　　　　　发票联　　　　　　　　　　　№0023698

开票日期：2016 年 12 月 4 日

购货单位	名　　称：新宏有限责任公司纳税人识别号：280602002234678地址、电话：南京市东湖路 118 号 025-81336665开户行及账号：工行南京东湖支行 180100112200100888				密码区	
货物及应税劳务名称	规格型号	单位	数量	单价	金额	税率	税额
塑材成型设备		台	1	200 000.00	200 000.00	17%	34 000.00
价税合计（大写）	贰拾叁万肆仟元整				￥234 000.00		
销货单位	名　　称：常林机械有限责任公司纳税人识别号：28061005234557地址、电话：常州市五星路 11 号 0519-3632557开户行及账号：工行常州分行五星分理处 321232356522178				备注	

收款：汤利　　复核：孙小平　　开票：余娟　　　销货单位（章）

常林机械有限责任公司
28061005234557
发票专用章

第三联：发票联　购货方记账凭证

表2-5-8

江苏省增值税专用发票

21756525　　　　　　　　　　　抵扣联　　　　　　　　　　　№0023698

开票日期：2016 年 12 月 4 日

购货单位	名　　称：新宏有限责任公司纳税人识别号：280602002234678地址、电话：南京市东湖路 118 号 025-81336665开户行及账号：工行南京东湖支行 180100112200100888				密码区	
货物及应税劳务名称	规格型号	单位	数量	单价	金额	税率	税额
塑材成型设备		台	1	200 000.00	200 000.00	17%	34 000.00
价税合计（大写）	贰拾叁万肆仟元整				￥234 000.00		
销货单位	名　　称：常林机械有限责任公司纳税人识别号：28061005234557地址、电话：常州市五星路 11 号 0519-3632557开户行及账号：工行常州分行五星分理处 321232356522178				备注	

收款：汤利　　复核：孙小平　　开票：余娟　　　销货单位（章）发

常林机械有限责任公司
28061005234557
发票专用章

第二联：抵扣联　购货方扣税凭证

表 2-5-9

江苏省增值税专用发票

324506525　　　　　　　　　　发票联　　　　　　　　　　№0005692374

开票日期：2016 年 12 月 4 日

购货单位	名　　　称：新宏有限责任公司					密码区		第三联：发票联　购货方记账凭证
	纳税人识别号：280602002234678							
	地址、电话：南京市东湖路 118 号 025-81336665							
	开户行及账号：工行南京东湖支行 180100112200100888							

货物及应税劳务名称	规格型号	单位	数量	单价	金额	税率	税额
陆路货物运输服务					1 000.00	11%	110.00

价税合计（大写）	壹仟壹佰壹拾元整	￥1 110.00

销货单位	名　　　称：常州佳吉运输有限公司	备注
	纳税人识别号：170506001375264	
	地址、电话：常州市运河路 23 号 0519-5786576	
	开户行及账号：农行常州分行运河分理处 3212345268522169	

收款：严山山　　　　复核：王环　　　　开票：俞萍路　　　　销货单位（章）

表 2-5-10

江苏省增值税专用发票

324506525　　　　　　　　　　抵扣联　　　　　　　　　　№0005692374

开票日期：2016 年 12 月 4 日

购货单位	名　　　称：新宏有限责任公司					密码区		第二联：抵扣联　购货方扣税凭证
	纳税人识别号：280602002234678							
	地址、电话：南京市东湖路 118 号 025-81336665							
	开户行及账号：工行南京东湖支行 180100112200100888							

货物及应税劳务名称	规格型号	单位	数量	单价	金额	税率	税额
陆路货物运输服务					1 000.00	11%	110.00

价税合计（大写）	壹仟壹佰壹拾元整	￥1 110.00

销货单位	名　　　称：常林佳吉运输有限公司	备注
	纳税人识别号：170506001375264	
	地址、电话：常州市运河路 23 号 0519-5786576	
	开户行及账号：农行常州分行运河分理处 3212345268522169	

收款：严山山　　　　复核：王环　　　　开票：俞萍路　　　　销货单位（章）

表 2-5-11

固定资产验收入库单

资产编号	资产名称	规格型号	供应商	单位	数量	单价	金额	使用地点
SCCJK256	塑材成型设备		常林机械	台	1	200 000	201 000	一车间

资产验收情况说明：与合同一致　2016.12.5

采购员：顾行山　　　采购主管：李江　　　验收：包相成　　　资产管理：吴林凡

【业务 2】 （见表 2-5-12～表 2-5-14）

表 2-5-12

中国工商银行
转账支票存根

D H 00001405

科　　目：_____

对方科目：_____

出票日期：2016 年 12 月 9 日

收款人：南京欧罗迪汽车贸易公司
金　额：72 891 元
用　途：购车款

单位主管：　　会计：

表 2-5-13

江苏省增值税专用发票

21756525　　　　　　　　　　发票联　　　　　　　　　　№0520056

开票日期：2016 年 12 月 8 日

购货单位	名　　　称：新宏有限责任公司				密码区			
	纳税人识别号：280602002234678							
	地址、电话：南京市东湖路 118 号 025-81336665							
	开户行及账号：工行南京东湖支行 1801001122200100888							
货物及应税劳务名称	规格型号	单位	数量	单价	金额		税率	税额
五菱运输卡车	5T	辆	1	62 300.00	62 300.00		17%	10 591.00
价税合计（大写）		柒万贰仟捌佰玖拾壹元整			￥72 891.00			
销货单位	名　　　称：南京欧罗迪汽车贸易公司				备注			
	纳税人识别号：28063005234336							
	地址、电话：南京市中山路 2 号 025-853233312							
	开户行及账号：工行南京分行中山分理处 325032356529965							

收款：叶晓星　　复核：沈杨　　开票：林志　　　　销货单位（章）发票专用章

南京欧罗迪汽车贸易公司
28063005234336
发票专用章

第三联：发票联　购货方记账凭证

表 2-5-14

江苏省增值税专用发票

21756525　　　　　　　　　　　抵扣联　　　　　　　　　　　№0520056

开票日期：2016 年 12 月 8 日

购货单位	名　　称：新宏有限责任公司					密码区			
	纳税人识别号：280602002234678								
	地　址、电　话：南京市东湖路 118 号 025-81336665								
	开户行及账号：工行南京东湖支行 1801001122200100888								
货物及应税劳务名称	规格型号	单位	数量	单价	金额		税率	税额
五菱运输卡车	5T	辆	1	62 300.00	62 300.00		17%	10 591.00
价税合计（大写）	柴万贰仟捌佰玖拾壹元整				￥72 891.00			
销货单位	名　　称：南京欧罗迪汽车贸易公司					备注			
	纳税人识别号：28063005234336								
	地　址、电　话：南京市中山路 2 号 025-853233312								
	开户行及账号：工行南京分行中山分理处 325032356529965								

第三联：抵扣联　购货方扣税凭证

收款：叶晓星　　　复核：沈杨　　　开票：林志　　　销货单位（章）

【业务 3】　（见表 2-5-15～表 2-5-17）

表 2-5-15

中国工商银行
转账支票存根

D H 00025681

科　　目：_____

对方科目：_____

出票日期：2016 年 12 月 9 日

收款人：南京东方建筑工程公司
金　额：111 000.00 元
用　途：预付工程款

单位主管：　　　会计：

表 2-5-16

江苏省增值税专用发票

32456587 发票联 №12520241

开票日期： 2016 年 12 月 9 日

购货单位	名　　　称：新宏有限责任公司 纳税人识别号：280602002234678 地址、电话：南京市东湖路 118 号 025-81336665 开户行及账号：工行南京东湖支行 180100112200100888	密码区	
货物及应税劳务名称	规格型号	单位	数量	单价	金额	税率	税额
工程服务					100 000.00	11%	11 000.00
价税合计（大写）	壹拾壹万壹仟元整				￥111 000.00		
销货单位	名　　　称：南京东方建筑工程公司 纳税人识别号：320430052352287 地址、电话：南京市中山路 455 号 025-85323859 开户行及账号：工行南京分行中山分理处 320732356525568	备注	

收款：谢晓星　　　复核：沈开得　　　开票：李刘山　　　销货单位（章）

第三联：发票联　购货方记账凭证

表 2-5-17

江苏省增值税专用发票

32456587 抵扣联 №12520241

开票日期： 2016 年 12 月 9 日

购货单位	名　　　称：新宏有限责任公司 纳税人识别号：280602002234678 地址、电话：南京市东湖路 118 号 025-81336665 开户行及账号：工行南京东湖支行 180100112200100888	密码区	
货物及应税劳务名称	规格型号	单位	数量	单价	金额	税率	税额
工程服务					100 000.00	11%	11 000.00
价税合计（大写）	壹拾壹万壹仟元整				￥111 000.00		
销货单位	名　　　称：南京东方建筑工程公司 纳税人识别号：320430052352287 地址、电话：南京市中山路 455 号 025-85323859 开户行及账号：工行南京分行中山分理处 320732356525568	备注	

收款：谢晓星　　　复核：沈开得　　　开票：李刘山　　　销货单位（章）

第二联：抵扣联　购货方扣税凭证

【业务 4】　（见表 2-5-18～表 2-5-22）

表 2-5-18

固定资产报废申请单

报废固定资产的名称　钢材成型设备　　　规格　　　　　　用途	
报废固定资产的存放地点　一车间　　　　保管或使用部门　一车间	
开始使用日期　1997 年 12 月 25 日　　　原值 52 万元　　已提折旧 49 万元　　已进行大修理次数 3 次	
现在技术状况和报废原因　严重损坏、无法继续使用	
申请报废部门　一车间　　　　负责人　陈小海	
技术鉴定结论　经鉴定已无法继续使用，建议给予报废处理。	
鉴定部门　生产科　　　负责人　廖静生　　　鉴定人	
最后结论 同意报废	
	企业负责人　张方军

表 2-5-19

江苏省增值税专用发票

5689828225　　　　　　　　　　　　记账联　　　　　　　　　　　№00875223

开票日期：　2016 年 12 月 15 日

购货单位	名　　　称：南京市废旧物资回收公司					密码区		
	纳税人识别号：320411523465782							
	地址、电话：南京市京西路 22 号 025-53002258							
	开户行及账号：南京建行汉阳分理处 12232220001456							
货物及应税劳务名称	规格型号	单位	数量	单价	金额	税率	税额
废旧设备		台	1	8 000.00	8 000.00	3%	240.00
价税合计（大写）	捌仟贰佰肆拾元整				￥8 240.00		
销货单位	名　　　称：新宏有限责任公司					备注		
	纳税人识别号：280602002234678							
	地址、电话：南京市东湖路 118 号 025-81336665							
	开户行及账号：工行南京东湖支行 180100112200100888							

收款：王燕　　　　　复核：俞开平　　　开票：林珊　　　　　　销货单位（章）

根据《国家税务总局关于一般纳税人销售自己使用过的固定资产增值税有关问题的公告》（国家税务总局公告〔2012〕年第 1 号）规定："一般纳税人销售自己使用过的固定资产可按简易办法依 3%征收率减按 2%征收增值税"。

根据《财政部国家税务总局关于全面推开营业税改征增值税试点的通知》（财税〔2016〕36 号）附件 2《营业税改征增值税试点有关事项的规定》第 1 条第 14 款规定："一般纳税人销售自己使用过的、纳入营改增试点之日前取得的固定资产，按照现行旧货相关增值税政策执行"。

根据《国家税务总局关于营业税改征增值税试点期间有关增值税问题的公告》（国家税务总局公告〔2015〕第 90 号）规定："第二条　纳税人销售自己使用过的固定资产，适用简易办法依照 3%征收率减按 2%征收增值税政策的，**可以放弃减税，按照简易办法依照 3%征收率缴纳增值税**，并可以开具增值税专用发票。本公告自 2016 年 2 月 1 日起施行"。

表 2-5-20

中国工商银行　进账单　（收款通知）　**3**

2016 年 12 月 16 日　　　　　第 52685 号

付款人	全称	南京市废旧物资回收公司	收款人	全称	新宏有限责任公司
	账号	12233220001456		账号	18010011220010088
	开户银行	南京建行汉阳分理处		开户银行	工行南京东湖支行

人民币（大写）	捌仟贰佰肆拾元整	千	百	十	万	千	百	十	元	角	分
					¥	8	2	4	0	0	0

票据种类	转账支票
票据号码	
票据张数	

中国工商银行
南京东湖支行
2016.12.16
（受理银行盖章）
业务清讫
（6）

单位主管：　会计：　复核：　记账：

此联是收款人开户行交给持票人的收款通知

表 2-5-21

领款凭据

2016 年 12 月 17 日

领款人	丁洪元	单位或部门									
领款金额（大写）	捌佰元整	百	十	万	千	百	十	元	角	分	
						¥	8	0	0	0	0
用途	拆除设备款				现金付讫						
审批意见	同意										
	张方军 2016.12.17										

主管：　　　　　会计：　　　　　制表：

表 2-5-22

固定资产清理核销单

2016 年 12 月 17 日　　　　　　　　　　　单位：元

固定资产名称	借方发生额	贷方发生额	应结转差额	
			借方	贷方
钢材成型设备	30 800	8 000	22 800	

制单：林珊

【业务 5】　（见表 2-5-23）

表 2-5-23

领　料　单

领料部门：在建工程　　　　　　　　2016 年 12 月 26 日　　　　　　　　　　编号：22708

名　称	规　格	单　位	数　量		单　价	金　额	用　途
			请　领	实　领			
专用钢材		吨	10	10			车间改造工程

领料部门负责人：严林山　　　　　领料人：李东远　　　　　发料人：陈东

注：金额计算依据"原材料——专用钢材"计算出来的加权平均单价，可在月末领料汇总分录时一并处理，也可以单独作分录；
假定需要转入待认证的进项税额为 5 093.69 元。

【业务 6】　（见表 2-5-24）

表 2-5-24

固定资产折旧计算表

2016 年 12 月 31 日

使 用 部 门	固定资产类别	月初固定资产原价	月 折 旧 率	本月应提折旧额
生产车间	厂房	3 472 000.00	0.70%	24 304.00
	机器设备	1 041 000.00	1.00%	10 410.00
	工器具	50 000.00	1.20%	600.00
	小计	4 563 000.00		35 314.00
管理部门	办公用房	360 000.00	0.70%	2 520.00
	办公设备	180 663.34	0.80%	1 445.31
	小计	540 663.34		3 965.31
销售部门	运输设备	100 000.00	1.50%	1 500.00
	小计	100 000.00		1 500.00
	合计	5 203 663.34		40 779.31

主管：俞开来　　　　　复核：　　　　　记账：　　　　　制单：林珊

知识检测

一、单项选择题

1. 购入需要安装的固定资产，在安装完毕交付使用前记入的账户是（　　　）。

　　A. "固定资产"　　　　　　　　B. "在建工程"

　　C. "物资采购"　　　　　　　　D. "实收资本"

2. 企业生产车间使用的固定资产发生的下列支出中，直接计入当期损益的是（　　　）。

　　A. 购入时发生的安装费用　　　　B. 发生的装修费用

　　C. 购入时发生的运杂费　　　　　D. 发生的日常修理费

3. 某项固定资产原值为 900 000 元，预计净残值为 30 000 元，预计使用为 5 年，采用年数总和法计提折旧，第一年应提折旧额为（　　）元。

  A. 348 000   B. 1 740 000   C. 290 000   D. 87 000

  4. 某企业2016年6月期初固定资产原值为10 500万元，同月增加了一项固定资产入账价值为750万元，同时减少了固定资产原值150万元。则6月该企业应提折旧的固定资产原值为（　　）万元。

  A. 11 100   B. 10 650   C. 10 500   D. 10 350

  5. 某固定资产使用年限为10年，采用双倍余额递减法计提折旧的情况下，第一年的年折旧率为（　　）。

  A. 20%   B. 33.3%   C. 40%   D. 50%

二、多项选择题

  1. 下列固定资产中，应计提折旧的有（　　）。

  A. 房屋建筑物   B. 经营性租入固定资产

  C. 季节性生产停用的固定资产 D. 已提足折旧继续使用的固定资产

  E. 融资租入的固定资产

  2. 下列项目中，属于影响固定资产计提折旧的因素有（　　）。

  A. 原始价值   B. 预计使用年限 C. 预计残值收入

  D. 预计清理费用   E. 物价的变动

  3. 购入的固定资产，其入账价值包括（　　）。

  A. 买价   B. 运杂费   C. 途中保险费

  D. 进口关税   E. 增值税进项税额

  4. 固定资产报废会计处理中，最终的净损益应作为（　　）处理。

  A. 资本公积   B. 营业外收入

  C. 其他业务收入   D. 营业外支出

  5. 采用自营方式建造固定资产的情况下，下列项目中应计入固定资产取得成本的有（　　）。

  A. 工程人员的应付职工薪酬

  B. 工程耗用原材料时发生的增值税

  C. 工程领用本企业产品的实际成本

  D. 生产车间为工程提供水电等费用

  E. 工程在达到预定可使用状态前进行试运转时发生的支出

三、判断题

  1. 建造某项固定资产而取得的长期借款利息，应计入固定资产价值。 （　　）

  2. 企业对固定资产进行大修理所发生的支出，由于修理费用大应该予以资本化。

  （　　）

  3. 计提固定资产折旧时应以月初应计折旧的固定资产账面原值为依据，当月增加的固定资产，当月不提折旧；当月减少的固定资产，当月照提折旧。 （　　）

  4. 企业因大修理停用的固定资产也要计提折旧。 （　　）

  5. 企业购置的环保设备和安全设备等资产，由于它们的使用不能直接为企业带来经济利益，所以企业不应将其确认为固定资产。 （　　）

项目6　小企业无形资产业务核算

基本要求：	① 熟悉无形资产的概念、无形资产入账价值的确定方法； ② 掌握无形资产取得、摊销及处置的账务处理。
重　点：	无形资产的确认和计量，无形资产取得、摊销及其处置的账务处理。
难　点：	无形资产取得及摊销的账务处理。

案例导入

如果有人问你世界上最具价值的品牌有哪些？你可能随口就会提到苹果、微软、可口可乐……在今天这样的时代，品牌、技术、管理等无形资产不仅仅是知名企业获取核心竞争力、谋求企业最大价值的主要手段。对于资金普遍紧张的中小企业而言，更加需要注重对无形资产的投入和研究，确保无形资产取得高效益，以增强企业自身发展能力，在激烈的市场竞争中赢得持久竞争优势。

知识链接

1. 无形资产的概念

无形资产，是指企业为生产产品、提供劳务、出租或经营管理而持有的、没有实物形态的可辨认非货币性资产。依据财税〔2016〕36号后附的《销售服务、无形资产、不动产注释》，无形资产包括技术、商标、著作权、商誉、自然资源使用权和其他权益性无形资产。

技术，包括专利技术和非专利技术。

技术自然资源使用权，包括土地使用权、海域使用权、探矿权、采矿权、取水权和其他自然资源使用权。

其他权益性无形资产，包括基础设施资产经营权、公共事业特许权、配额、经营权（包括特许经营权、连锁经营权、其他经营权）、经销权、分销权、代理权、会员权、席位权、网络游戏虚拟道具、域名、名称权、肖像权、冠名权、转会费等。

2. 无形资产的计量

无形资产应当按照成本进行计量。

（1）外购无形资产的成本包括：购买价款、相关税费和相关的其他支出（含相关的借款费用）。

（2）投资者投入的无形资产的成本，应当按照评估价值和相关费用确定。

（3）自行开发的无形资产的成本，由符合资本化条件后至达到预定用途前发生的支出（含相关的借款费用）构成。

一、账户设置

（1）设置"无形资产"账户核算小企业持有的无形资产成本。应按照无形资产项目进行明细核算。

无形资产	
取得的无形资产价值	转出无形资产的价值和无形资产的摊销价值
尚未摊销的无形资产价值	

（2）设置"研发支出"账户核算小企业进行研究与开发无形资产过程中发生的各项支出。应按照研究开发项目，分别按"费用化支出""资本化支出"进行明细核算。月末，应将本账户归集的费用化支出金额转入"管理费用"账户。

研发支出	
自行研究开发无形资产发生的研发支出	核算研究开发项目达到预定用途转入无形资产的资本化支出余额
	月末转入管理费用的费用化支出金额
反映小企业正在进行的无形资产开发项目满足资本化条件的支出	

二、无形资产取得的核算

1. 购入的无形资产

[例2-6-1] 2016年10月4日，新宏公司购入一项商标权，增值税发票上注明的价值为250 000元，税款15 000元，款项已通过银行转账支付。账务处理如下：

借：无形资产——专利技术　　　　　　　　　　250 000
　　应交税费——应交增值税（进项税额）　　　15 000
　　贷：银行存款　　　　　　　　　　　　　　　　265 000

2. 接受投资者投入的无形资产

投资者投入的无形资产按投资合同或协议约定的价值作为实际成本入账，投资合同或协议约定价值不公允的，以公允价值作为无形资产的价值。投资方能够提供增值税抵扣的证明，应进行抵扣。

[例2-6-2] 新宏公司与天祥公司达成协议，接受该公司以一项非专利技术作为投资。经某资产评估机构评估确认其该技术价值为690 000元。双方同意以评估价值作为该项无形资产的入账价值，对方未开具增值税专用发票。

借：无形资产——非专利技术　　　　　　　　690 000
　　贷：实收资本——天祥公司　　　　　　　　　690 000

3. 自行开发并按法律程序申请取得的无形资产

企业自行研发无形资产时，按照无形资产准则划分研究和开发两个阶段。研究阶段的支出应全部费用化，开发阶段的支出符合资本化条件的进行资本化，构成无形资产的开发成本，不符合资本化条件的也计入当期损益（先在"研发支出"账户归集，期末结转到"管理费用"账户）。

小企业自行开发无形资产发生的支出，同时满足下列条件的，才能确认为无形资产：

（1）完成该无形资产以使其能够使用或出售在技术上具有可行性；

（2）具有完成该无形资产并使用或出售的意图；

（3）能够证明运用该无形资产生产的产品存在市场或无形资产自身存在市场，无形资产将在内部使用的，应当证明其有用性；

（4）有足够的技术、财务资源和其他资源支持，以完成该无形资产的开发，并有能力使用或出售该无形资产；

（5）归属于该无形资产开发阶段的支出能够可靠地计量。

[例 2-6-3] 新宏公司于 2016 年 6 月开始研究某项产品生产新技术，6 月发生材料费用 15 000 元，职工薪酬 20 000 元，以及用银行存款支付其他费用 8 000 元。2016 年 11 月该技术进入开发阶段，假定已经达到了资本化的相关条件，当月发生材料费用 10 000 元（进项税额 1 700 元），职工薪酬 22 000 元，用银行存款支付其他费用 5 000 元。2017 年 3 月试运行成功，确认为无形资产。

（1）2016 年 6 月：

借：研发支出——费用化支出 43 000
　贷：原材料 15 000
　　　应付职工薪酬 20 000
　　　银行存款 8 000
借：管理费用 43 000
　贷：研发支出——费用化支出 43 000

（2）以后发生的相关支出均应作以上会计分录。

（3）2016 年 11 月：

借：研发支出——资本化支出 38 700
　贷：原材料 10 000
　　　应交税费——应交增值税（进项税额转出） 1 700
　　　应付职工薪酬 22 000
　　　银行存款 5 000

（4）2017 年 3 月该项技术确认为无形资产。

借：无形资产 38 700
　贷：研发支出——资本化支出 38 700

研究阶段领用原材料和自产的产成品，计入"研发支出——费用化支出"，无形资产研发领用的原材料和自产的产成品此时都未离开企业，其领用原材料进项税额不用转出；领用自制产成品也不必再视同销售作销项税额处理，以成本金额结转库存商品。这是因为它们最终计入的是管理费用，并未超出增值税范围，符合条件的增值税进项税额是准予抵扣的。

开发阶段的支出符合资本化条件的要进行资本化，最终形成无形资产。如果企业研发专利、非专利技术成功，将来转让研发的专利或者非专利技术的所有权或者使用权，由于"营改增"试点过渡政策的规定，技术转让属于免征增值税的范围。而根据《中华人民共和国增值税暂行条例》第10条规定的用于免征增值税项目的购进货物，增值税的进项税额是不可以抵扣的，应作进项税额转出处理。因此，开发阶段领用生产用原材料，其已经计入进项税额的增值税也应作进项税额转出处理。

思考一下：对于开发阶段领用自己生产的产品又应该如何处理呢？与自行建造固定资产时的领用外购原材料或自制产品在税务处理上有何不同？

三、无形资产摊销的核算

无形资产应当在其使用寿命内采用年限平均法进行摊销，根据其受益对象计入相关资产成本或者当期损益。无形资产的摊销期自其可供使用时开始至停止使用或出售时止。有关法律规定或合同约定了使用年限的，可以按照规定或约定的使用年限分期摊销。小企业不能可靠估计无形资产使用寿命的，摊销期不得低于10年。设置"累计摊销"账户核算小企业对无形资产计提的累计摊销。应按照无形资产项目进行明细核算。

累计摊销

处置或者报废无形资产结转的累计摊销	对无形资产计提的累计摊销
	反映小企业无形资产的累计摊销额

[例2-6-4] 新宏公司2016年5月无形资产摊销情况如表2-6-1所示。

根据表2-6-1，公司应作如下账务处理：

借：管理费用——无形资产摊销   5 300

 贷：累计摊销——土地使用权   5 000

        ——专利权   300

表 2-6-1

无形资产摊销表

2016年5月   单位：元

项　　目	入账价值	摊销期限	每月摊销
土地使用权	1 200 000	20	5 000
专利权	36 000	10	300
合计	1 236 000		5 300

四、转让无形资产使用权的核算

企业在持有无形资产期间，可以让渡无形资产的使用权，其出租收入属于收入要素中的"让渡资产使用权收入"。账务上需要确认收入，结转成本。取得转让收入时借记"银行存款"等账户，贷记"其他业务收入"；摊销无形资产成本时借记"其他业务成本"，贷记"累计摊销"。

（1）转让专利权、非专利技术使用权。"营改增"后专利技术和非专利技术的使用权转让及其相关服务根据"营改增"试点过渡政策的规定免征增值税。

（2）转让著作权、商标权使用权。"营改增"后著作权与商标权的使用权转让一般纳税人按 6% 的税率缴纳增值税，小规模纳税人按 3%的税率缴纳增值税。

（3）转让土地使用权、特许权使用权。一般纳税人转让土地使用权按 11%、转让特许权使用权按 6%计算增值税，小规模纳税人按 3%的税率缴纳增值税。

[例 2-6-5]　2016 年 12 月 1 日，新宏公司将一项商标权出租给某公司，租期 5 年，对方交来半年的租金 30 000 元，应交增值税 1 800 元，该商标权当月应摊销 2 000 元。

确认收入：

借：银行存款　　　　　　　　　　　　　　　　　31 800
　　贷：其他业务收入　　　　　　　　　　　　　　5 000
　　　　预收账款——某公司　　　　　　　　　　25 000
　　　　应交税费——应交增值税（销项税额）　　　1 800

结转成本：

借：其他业务成本　　　　　　　　　　　　　　　2 000
　　贷：累计摊销　　　　　　　　　　　　　　　　2 000

五、转让无形资产所有权的核算

转让无形资产的所有权主要包括无形资产出售、对外投资等。小企业销售转让了无形资产所有权，应从账面上记录该项资产的减少，一般的账务处理是按转让收到款项借记"银行存款"，按转让时无形资产已提摊销，借记"累计摊销"，按无形资产账面余额贷记"无形资产"，按增值税贷记"应交税费——应交增值税（销项税额）"或"应交税费——应交增值税"（小规模纳税人）；借差计入"营业外支出——处置非流动资产损失"，贷差计入"营业外收入——处置非流动资产利得"。但是"营改增"后不同的无形资产所有权转让在税务处理上有所不同。

（1）转让专利权、非专利技术所有权。"营改增"后专利技术和非专利技术的所有权转让及其相关服务根据"营改增"试点过渡政策的规定免征增值税。

[例 2-6-6]　2016 年 12 月 6 日，新宏公司将一项专利技术出售，取得收入 150 000 元，该项专利权账面价值 123 000 元，已累计摊销 41 000 元。新宏公司的账务处理如下：

借：银行存款　　　　　　　　　　　　　　　　150 000
　　累计摊销——专利权　　　　　　　　　　　　41 000
　　贷：无形资产——专利权　　　　　　　　　123 000
　　　　营业外收入——非流动资产处置净收益　　68 000

（2）转让著作权、商标权所有权。"营改增"后著作权与商标权的所有权转让一般纳税人按 6% 的税率缴纳增值税，小规模纳税人按 3%的税率缴纳增值税。

[例 2-6-7]　2016 年 10 月 6 日，新宏公司将一项商标权出售，取得收入 60 000 元，开具专用发票，应交增值税 3 600 元；该项商标权账面价值 95 000 元，已累计摊销 32 000 元。新宏公司的账务处理如下：

借：银行存款   60 000

    累计摊销——商标权   32 000

    营业外支出——非流动资产处置净损失   6 600

    贷：无形资产——商标权   95 000

      应交税费——应交增值税（销项税额）   3 600

（3）转让土地使用权、特许权所有权。一般纳税人转让土地使用权按 11%、转让特许权所有权按 6%计算增值税，小规模纳税人按 3%的税率缴纳增值税。

动手做账

资料：新宏有限责任公司 2016 年 12 月发生以下经济业务。

【业务 1】 （见表 2-6-2）

表 2-6-2

领款凭据

2016 年 12 月 12 日

领款人	王三林	单位或部门		科技研究所							
领款金额 （大写）	叁仟元整		百	十	万	千	百	十	元	角	分
						￥3	0	0	0	0	0
用途	新技术研究开发专家指导费										
审批意见	同意						现金付讫				
			张方军 2016.12.10								

主管：俞开平   会计：   制表：林立恒

【业务 2】 （见表 2-6-3、表 2-6-4）

表 2-6-3

江苏省增值税普通发票

32065849   发票联   №0038652

开票日期：2016 年 12 月 31 日

购货单位	名 称：新宏有限责任公司 纳税人识别号：280602002234678 地址、电话：南京市东湖路 118 号 025-81336665 开户行及账号：工行南京东湖支行 180100112200100888			密码区			
货物及应税劳务名称	规格型号	单位	数量	单价	金额	税率	税额
专利转让费		项	1	20 000.00	20 000.00	0%	0.00
价税合计（大写）	贰万元整				￥20 000.00		
销货单位	名 称：南京科技创新有限公司 纳税人识别号：260801024685454 地址、电话：南京市江海开发区 12 号 025-3102258 开户行及账号：工行南京分行 180177158900103478			备注			

收款：陈艳   复核：于磊   开票：刘森林   销货单位（章）

第二联：发票联 购货方记账凭证

表 2-6-4

中国工商银行
转账支票存根

D H 00221501

科　　目：＿＿＿＿＿＿＿＿＿＿＿＿

对方科目：＿＿＿＿＿＿＿＿＿＿＿＿

出票日期：2016 年 12 月 31 日

| 收款人：南京科技创新有限公司 |
| 金　额：20 000.00 元 |
| 用　途：专利转让款 |

单位主管：　　　　会计：

【业务 3】 （见表 2-6-5）

表 2-6-5

无形资产摊销计算单

2016 年 12 月 31 日　　　　　　　　　　　　　　　　单位：元

无形资产类别	原 始 价 值	使 用 年 限	月 摊 销 额
商标权	50 000	10 年	416.67
专利权	20 000	10 年	166.67
合计			583.34

会计：　　　　　　复核：　　　　　　记账：　　　　　　制单：

知识检测

一、单项选择题

1. 下列各项中，不属于无形资产的是（　　）。

A．土地使用权　　　　　　　　　B．专利技术

C．高速公路收费权　　　　　　　D．企业自创的商誉

2. 根据有关规定，企业无形资产的研究阶段发生的支出一般应计入（　　）。

A．无形资产　　　B．营业外支出　　　C．管理费用　　　　D．固定资产

3. 出售无形资产时，所收价值高于账面价值的差额应记入（　　）账户。

A．"投资收益"　　　　　　　　　B．"资本公积"

C．"其他业务收入"　　　　　　　D．"营业外收入"

4. 甲企业研制一项新技术，在研制过程中耗费材料 160 000 元，支付人工费 150 000 元，其中允许资本化的费用为 250 000 元，该项专利的入账价值为（　　）元。

A．160 000　　　B．150 000　　　C．250 000　　　　D．60 000

5. 企业让渡无形资产使用权形成的租金收入，计入（　　）。

   A. 营业外收入   B. 其他业务收入
   C. 冲减营业外支出   D. 主营业务收入

二、多项选择题

1. 企业无形资产的取得途径主要有（   ）。
   A. 购入   B. 自创
   C. 接受捐赠   D. 接受投资转入

2. 下列各项中，属于无形资产确认条件的是（   ）。
   A. 必须由企业拥有或者控制
   B. 是没有实物形态的可辨认的非货币性资产
   C. 与该无形资产有关的经济利益很可能流入企业
   D. 该无形资产的成本能够可靠计量

3. 无形资产的摊销年限可以采用（   ）。
   A. 合同年限   B. 法定年限   C. 不少于 10 年
   D. 不超过 10 年   E. 任意年限

4. 外购无形资产的成本包括（   ）。
   A. 购买价款
   B. 进口关税
   C. 其他相关税费
   D. 可直接归属于使该项无形资产达到预定用途所发生的其他支出

5. 企业按期（月）计提无形资产的摊销，借方科目有可能为（   ）。
   A. 管理费用   B. 其他业务成本   C. 销售费用   D. 制造费用

三、判断题

1. 只要是没有实物形态的资产就是无形资产。   （   ）
2. 企业接受无形资产投资时，应按评估价值或合同协议价入账。   （   ）
3. 某项无形资产被其他新技术替代而无法给企业带来任何价值时，应核销其摊余价值。
                                                                          （   ）
4. 广告的目的在于维持、提高商标的价值，广告费用应计入商标权成本。
                                                                          （   ）
5. "研发支出"的期末借方余额表示尚未转为"管理费用"的费用化支出。   （   ）

项目7　小企业费用业务核算

基本要求：	① 了解费用的分类及成本核算的基本要求；
	② 掌握各种生产费用归集与分配的核算；
	③ 完工产品成本的结转；
	④ 掌握期间费用的基本内容及其核算方法。
重　点：	生产成本的核算。
难　点：	各种费用的归集、分配及完工产品成本的计算。

案例导入

表 2-7-1 是一张库存商品的入库单，表中显示了库存产品的总成本和单位成本，这些数据是如何计算出来的呢？这就是工业企业的产品成本核算问题。生产过程的核算任务，主要是归集和分配企业各项费用，确定产品的生产成本，同时核算和监督生产资金占用情况。

表 2-7-1

库存商品入库单

2016 年 12 月 22 日

品　　名	规格型号	单　位	数　量	单位成本	总　成　本
甲产品		件	4 800	415	1 992 000
乙产品		件	6 000	280	1 680 000

负责人：陈围　　　　　　　　　经手人：王力

知识链接

1．正确划分费用界限

为了正确地计算产品成本和期间费用，必须正确划分以下五个方面的费用界限。

（1）正确划分应否计入生产费用、期间费用的界限；

（2）正确划分生产费用与期间费用的界限；

（3）正确划分各月份的生产费用和期间费用界限；

（4）正确划分各种产品的生产费用界限；

（5）正确划分完工产品与在产品的生产费用界限。

以上五个方面费用界限的划分过程，也就是产品生产成本的计算和各项期间费用的归集过程。在这一过程中，应贯彻受益原则，即何人受益何人负担费用，何时受益何时负担费用；负担费用的多少应与受益程度的大小成正比。

2．成本核算的一般程序

成本核算的一般程序是指对企业在生产经营过程中发生的各项生产费用和期间费用，按照成本核算的要求，逐步进行归集和分配，最后计算出各种产品的生产成本和各项期间费用的基本过程。成本核算的一般程序归纳如下：

（1）对企业的各项支出进行严格的审核和控制，确定其应计入生产费用还是期间费用。

（2）正确处理各项跨期支出。

（3）将应计入本月产品的各项生产费用，在各种产品之间按照成本项目进行分配和归集，计算出按成本项目反映的各种产品的成本。

（4）对于月末既有完工产品又有在产品的产品，将该种产品的生产费用（月初在产品生产费用与本月生产费用之和）在完工产品与月末在产品之间进行分配，计算出该种产品的完工产品成本和月末在产品成本。

任务 1　生产成本的核算

一、账户设置

1．生产成本

核算小企业进行工业性生产发生的各项生产成本。包括：生产各种产品（产成品、自制半成品等）、自制材料、自制工具、自制设备等。可按照基本生产成本和辅助生产成本进行明细核算。

生产成本

生产成本	
本月发生的各项直接生产费用及分配转入的制造费用	应转入"库存商品"账户的完工产品成本
月末尚未完工的在产品的实际成本	

2．制造费用

核算小企业生产车间（部门）为生产产品和提供劳务而发生的各项间接费用。小企业经过1年期以上的制造才能达到预定可销售状态的产品发生的借款费用，也在本账户核算。该账户应按不同的车间、部门设置明细账，并按费用项目设置专栏，进行明细核算。

制造费用

制造费用	
归集本期发生的制造费用	经过分配转入"生产成本"账户由各产品负担的费用数

二、费用的归集和分配

1．材料费用的核算

小企业材料费用的归集和分配一般通过月末编制发料凭证汇总表的方式进行。

[例 2-7-1]　新宏公司根据当月领料凭证，编制材料领用汇总表（见表 2-7-2）。

借：生产成本——基本生产成本（A 产品）　　　　　 336 000

　　　　　　　　　　　　　　　　　（B 产品）　　　　　 205 800

　　制造费用　　　　　　　　　　　　　　　　　　　　 5 400

　　贷：原材料——甲材料　　　　　　　　　　　　　　 500 000

　　　　　　　——乙材料　　　　　　　　　　　　　　 47 200

表 2-7-2

发料凭证汇总表

2016 年 6 月 30 日

应借账户	应贷账户	甲原料	乙材料	合计
生产成本	基本生产成本——A 产品	300 000	36 000	336 000
	基本生产成本——B 产品	200 000	5 800	205 800
	车间一般耗用		5 400	5 400
合计		500 000	47 200	547 200

会计主管：王五　　　　　　　　　复核人：李四　　　　　　　　　制表人：张三

> **提示**　　对于发料凭证汇总表的编制及发出材料应记录的账户可复习一下前面存货核算任务中的相关内容。

2. 应付职工薪酬的核算

应付职工薪酬，是指小企业为获得职工提供的服务而应付给职工的各种形式的报酬，以及其他相关支出。

小企业的职工薪酬包括：①职工工资、奖金、津贴和补贴；②职工福利费；③医疗保险费、养老保险费、失业保险费、工伤保险费和生育保险费等社会保险费；④住房公积金；⑤工会经费和职工教育经费；⑥非货币性福利；⑦因解除与职工的劳动关系给予的补偿；⑧其他与获得职工提供的服务相关的支出等。

设置"应付职工薪酬"账户核算小企业根据有关规定应付给职工的各种薪酬。应按照"职工工资""奖金、津贴和补贴""职工福利费""社会保险费""住房公积金""工会经费""职工教育经费""非货币性福利""辞退福利"等进行明细核算。

应付职工薪酬

企业实际支付的职工薪酬和各种代扣款项	企业职工薪酬分配额
	应付未付的职工薪酬

> 月末，小企业应当将本月发生的职工薪酬区分以下情况进行分配：
>
> （1）生产部门（提供劳务）人员的职工薪酬，记入"生产成本""制造费用"等账户。
>
> （2）由在建工程、无形资产开发项目负担的职工薪酬，记入"在建工程""研发支出"等账户。
>
> （3）管理部门人员的职工薪酬和因解除与职工的劳动关系给予的补偿，记入"管理费用"账户。

小企业发放职工薪酬应当区分以下情况进行处理：

（1）向职工支付工资、奖金、津贴、福利费等，从应付职工薪酬中扣还的各种款项（代垫的家属药费、个人所得税等）等借记本账户，贷记"库存现金""银行存款""其他应收款""应交税费——应交个人所得税"等账户。

（2）支付工会经费和职工教育经费借记本账户，贷记"银行存款"等账户。

（3）按照国家有关规定缴纳的社会保险费和住房公积金，借记本账户，贷记"银行存款"账户。

（4）以其自产产品发放给职工的，按照其销售价格，借记本账户，贷记"主营业务收入"账户。同时，还应结转产成品的成本。涉及增值税销项税额的，还应进行相应的账务处理。

（5）支付的因解除与职工的劳动关系给予职工的补偿，借记本账户，贷记"库存现金""银行存款"等账户。

[例 2-7-2]　新宏公司 2016 年 12 月有关工资业务如下。

（1）本月工资分配汇总表见表 2-7-3。

表 2-7-3

新宏公司职工薪酬分配汇总表

项　目	A 产品	B 产品	管理部门	车间管理人员	工程人员	专设销售机构	合　计
生产成本	60 000	50 000					110 000
制造费用				40 000			40 000
管理费用			30 000				30 000
在建工程					20 000		20 000
销售费用						20 000	20 000
合　计							220 000

借：生产成本——基本生产成本（A 产品）　　　　60 000

　　　　　　　　　　　　　　　（B 产品）　　　　50 000

　　　制造费用　　　　　　　　　　　　　　　　40 000

　　　管理费用　　　　　　　　　　　　　　　　30 000

　　　在建工程　　　　　　　　　　　　　　　　20 000

销售费用	20 000
贷：应付职工薪酬——职工工资	220 000

（2）代扣个人所得税 6 600 元、职工社会保险 24 200 元、住房公积金 23 100 元。

借：应付职工薪酬——工资	53 900
贷：应交税费——应交个人所得税	6 600
其他应付款——社会保险	24 200
——住房公积金	23 100

（3）公司分别按照工资总额的 10%、12%、2%、10.5%计提职工医疗保险、养老保险、失业保险和住房公积金，缴纳给社保管理部门和住房公积金管理中心。

借：生产成本——基本生产成本（A 产品）	20 700
（B 产品）	17 250
制造费用	13 800
管理费用	10 350
在建工程	6 900
销售费用	6 900
贷：应付职工薪酬——社会保险	52 800
——住房公积金	23 100

缴纳各项社保费用、公积金及个税时：

借：应付职工薪酬——社会保险	52 800
——住房公积金	23 100
其他应付款——社会保险	24 200
——住房公积金	23 100
应交税费——应交个人所得税	6 600
贷：银行存款	129 800

（4）以现金支付职工教育培训经费 2 000 元，其中车间管理人员 1 000 元，行政管理人员 1 000 元。

借：应付职工薪酬——职工教育经费	2 000
贷：现金	2 000
借：制造费用	1 000
管理费用	1 000
贷：应付职工薪酬——职工教育经费	2 000

（5）开出转账支票购买一批食品作为职工福利发放，该批食品价格 50 000 元（含进项税额），其中生产 A 产品职工 22 000 元，B 产品职工 16 000 元，车间管理人员 6 000 元，行政管理人员 6 000 元。

借：应付职工薪酬——职工福利费	50 000
贷：银行存款	50 000
借：生产成本——基本生产成本（A 产品）	22 000
（B 产品）	16 000
制造费用	6 000
管理费用	6 000
贷：应付职工薪酬——职工福利费	50 000

3. 折旧费的核算

有关折旧费用的计算与分配已在固定资产核算部分做了详细介绍，这里不再重复。

[例2-7-3]　假设新宏公司12月生产车间应提折旧为7 000元。应作如下账务处理：

借：制造费用　　　　　　　　　　　　　　　7 000
　　贷：累计折旧　　　　　　　　　　　　　　　　7 000

4. 其他费用的核算

其他费用，是指除了前文所述各项要素费用以外的费用，如水电费、租金、报刊订阅费等。这些费用应在发生时按照发生的车间进行分配。

[例2-7-4]　新宏公司2016年1月开出转账支票支付制造车间租入设备的租金，租期1年，增值税专用发票表明租金36 000元，增值税6 120元。

借：预付账款——预付经营租赁固定资产租金　　36 000
　　应交税费——应交增值税（进项税额）　　　　6 120
　　贷：银行存款　　　　　　　　　　　　　　　　42 120

每个月月末摊销应由本月负担的租金，应作如下账务处理：

借：制造费用　　　　　　　　　　　　　　　3 000
　　贷：预付账款——预付经营租赁固定资产租金　　3 000

[例2-7-5]　新宏公司本月应付水费20 000元，其中基本生产车间生产A产品耗用9 000元，B产品耗用5 000元，车间一般耗用3 000元，厂部耗用3 000元。新宏公司本月应付电费30 000元，其中基本生产车间生产A产品耗用13 000元，B产品耗用10 000元，车间一般耗用4 000元，厂部耗用3 000元。

借：生产成本——基本生产成本（A产品）　　22 000
　　　　　　　　　　　　　　　（B产品）　　15 000
　　制造费用　　　　　　　　　　　　　　　7 000
　　管理费用　　　　　　　　　　　　　　　6 000
　　贷：应付账款——自来水公司　　　　　　　　　20 000
　　　　　　　　——电力公司　　　　　　　　　　30 000

5. 制造费用的分配

基本生产车间分配制造费用通常采用的方法有：生产工人工时比例法、生产工人工资比例法、机器工时比例法和按年度计划分配率分配法等。

（1）生产工人工时比例法。这是按照各种产品所用生产工人实际工时的比例分配费用的方法。按照生产工时比例分配制造费用，能将劳动生产率与产品负担的费用水平联系起来，使分配结果比较合理。

（2）生产工人工资比例法。这是按照计

生产多种产品的情况下如何分配制造费用呢？

入各种产品成本的生产工人实际工资的比例分配制造费用的方法，由于工资费用分配表中记录了生产工人工资资料，因而采用这种分配方法，核算工作简单方便。但是采用这一方法，各种产品生产的机械化程度应该相差不大，否则机械化程度高的产品，由于工资费用少，负担的制造费用也少，会影响费用分配的合理性。

如果生产工人工资全部是按照生产工时比例分配计入各种产品成本的，那么，按照生产工人工资比例分配制造费用，实际上也就是按照生产工人工时比例分配制造费用。

（3）机器工时比例法。这是按照生产各种产品所用机器设备运转时间的比例分配制造费用的方法。这种方法适用于产品生产机械化程度较高的车间。因为在这种车间的制造费用中，与机器设备使用有关的费用比重比较大，而这一部分费用与机器设备运转的时间有着密切的联系。采用这种方法，必须具备各种产品所用机器工时的原始记录。

（4）按年度计划分配率分配法。这是按照年度开始前确定的全年度适用的计划分配率分配制造费用的方法。假定以定额工时作为分配标准，其分配计算的公式为：

年度计划分配率=年度制造费用计划总额÷年度各种产品计划产量的定额工时总数×100%

某月某种产品应负担的制造费用=该月该种产品实际产量的定额工时数×年度计划分配率

企业具体选用哪种分配方法，由企业自行决定。分配方法一经确定，不得随意变更。如需要变更，应当在会计报表附注中予以说明。

[例 2-7-6]　如例 2-7-1～例 2-7-5 的资料，新宏公司 12 月共发生制造费用 69 200 元，要求按生产工人工资比例进行分配。

制造费用分配率=制造费用总额÷生产工人工资总额

某种产品应负担的制造费用=该种产品生产工人工资总额×制造费用分配率

制造费用分配率=73 200÷(60 000+50 000)=0.665 5

A 产品应负担的制造费用=60 000×0.665 5=39 930（元）

B 产品应负担的制造费用=73 200-39 930=33 270（元）

借：生产成本——基本生产成本（A 产品）　　　　　　39 930
　　　　　　　　　　　　　　　（B 产品）　　　　　　33 270
　　贷：制造费用　　　　　　　　　　　　　　　　　　　　　73 200

6．辅助生产费用归集与分配

企业的辅助生产，是指为基本生产服务而进行的产品生产和劳务供应。其中，有的只生产一种产品或提供一种劳务，如供电、供水、供气、供风、运输等辅助生产；有的则生产多种产品或提供多种劳务，如从事工具、模具、修理用备件的制造，以及机器设备的修理等辅助生产的主要任务。辅助生产费用的归集是通过"生产成本——辅助生产成本"账户进行的，月末按照一定的分配标准分配给各受益对象。

三、计算结转完工产品成本

1．生产费用在完工产品与在产品之间的分配

月末，当产品成本明细账中按照成本项目归集了某种产品的本月生产费用以后，分别按以下情况确定产品成本：

（1）如果产品已经全部完工，产品成本明细账中归集的月初在产品生产成本与本月发

生的费用之和，就是该种完工产品的成本。

（2）如果产品全部没有完工，产品成本明细账中归集的月初在产品生产成本与本月发生的费用之和，就是该种产品的成本。

（3）如果既有完工产品又有在产品，产品成本明细账中归集的月初在产品生产成本与本月发生的费用之和，则应在完工产品与月末产品之间，采用适当的分配法，进行分配和归集，以计算完工产品和月末在产品的成本。一般常用的方法是先确定月末在产品的成本，然后再计算当月完工产品成本。其计算公式为：

本月完工产品成本=月初在产品成本+本月生产费用发生额+月末在产品成本

> **提示**　知道这一公式的原理吗？想一想"生产成本"账户的结构，这个公式是否可以这样表示：本期贷方发生额=期初借方余额+本期借方发生额−期末借方余额。

确定月末在产品成本的方法有以下几种：

（1）不计算在产品成本法。采用不计算在产品成本法，虽然有月末在产品，但不计算其成本。也就是说，这种产品每月发生的费用，全部由完工产品负担，其每月发生的费用之和即为每月完工产品成本。这种方法适用于月末在产品数量很小的产品。

（2）在产品按固定成本计价法。采用在产品按固定成本计价法，各月末在产品的成本固定不变。某种产品本月发生的生产费用就是本月完工产品的成本。但在年末应该根据实际盘点的在产品数量，具体计算在产品成本，据以计算12月产品成本。这种方法适用于月末在产品数量较多，但各月变化不大的产品。

（3）在产品按所耗直接材料费用计价法。采用在产品按所耗直接材料费用计价法，月末在产品只计算其所耗直接材料费用，不计算直接人工的加工费用等。也就是说，产品的直接材料费用（月初在产品的直接材料费用与本月发生的直接材料费用之和）需要在完工产品与月末在产品之间进行分配，而生产产品本月发生的加工费用等全部由完工产品成本负担。这种方法适用于各月末在产品数量较多、各月在产品数量变化也较大，且直接材料费用在成本中所占比重较大的产品。

（4）约当产量比例法。采用约当产量比例法，应将月末在产品数量按照完工程度折算为相当于完工产品的产量，即约当产量，然后按照完工产品产量与月末在产品约当产量的比例分配计算完工产品成本和月末在产品成本。这种方法适用于月末在产品数量较多，各月在产品数量变化也较大，且产品成本中直接材料费用和直接人工等加工费用的比重相差不大的产品。

（5）在产品按定额成本计价法。在产品按定额成本计价法适用于各项消耗定额或费用定额比较准确、稳定，而且各月末在产品数量变化不大的产品。

采用在产品按定额成本计价法，月末在产品成本按定额成本计算，该种产品的全部费用（如果有月初在产品，包括月初在产品成本）减去按定额成本计算的月末在产品成本，余额作为完工产品成本；每月生产费用脱离定额的节约差异或超支差异全部计入当月完工产品成本。

（6）定额比例法。定额比例法适用于各项消耗定额或费用定额比较准确、稳定，但各月在产品数量变动较大的产品。采用定额比例法，产品的生产费用在完工产品与月末在产品之间按照两者的定额消耗量或定额费用比例分配。其中直接材料费用，按直接材料的定额消耗量或定额费用比例分配。直接人工等加工费用，可按各该定额费用的比例分配，也可按定额工时比例分配。由于加工费用的定额费用一般根据定额工时乘以每小时的各该费用定额计算，因而这些费用一般按定额工时比例分配，以节省各该定额费用的计算工作。

> **提示** 企业选定了一种方法后不能随意变更。

2．完工产品成本的结转

企业完工产品经产成品仓库验收入库后，其成本应从"生产成本——基本生产成本"账户及所属产品成本明细账的贷方转出，转入"库存商品"账户的借方。"生产成本——基本生产成本"账户的月末余额，就是基本生产在产品的成本，应与所属各种产品成本明细账中月末在产品成本之和核对相符。

3．产品成本计算方法

不同的企业计算产品成本的方法相同吗？

成本计算方法的选择，首先取决于生产类型的特点，还要考虑成本管理的要求。目前常用的成本计算的基本方法有品种法、分批法和分步法三种。

（1）品种法。品种法是以产品品种为成本计算对象归集生产费用，计算产品成本的一种方法。这种方法适用于大量、大批的单步骤生产或管理上不要求分步骤计算成本的多步骤生产。

① 如果只生产一种产品，成本计算对象就是该种产品，计算成本时，只需开设一张成本计算单，发生的生产费用全部都是直接费用，直接计入这种产品的成本。

② 如果生产多种产品，就要按产品品种开设多张成本计算单，发生的直接费用计入各种产品成本计算单中，间接费用则要采用适当的分配方法，在各成本计算对象之间分配。

③ 月末计算成本时，如果没有在产品或者在产品数量很少，则不需要计算月末在产品成本。如果月末有在产品，而且数量较多，则应将成本计算单内归集的生产费用采用适当的分配方法，在完工产品和月末在产品间进行分配，以便计算产成品成本和月末在产品成本。

（2）分批法。分批法是以产品批别或订单为成本计算对象归集生产费用，计算产品成本的一种方法。这种方法适用于管理上不要求分步骤计算成本的单件、小批生产。分批法又称"订单法"，基本上是根据购货单位的订单来确定产品的批量，一般是一张订单为一批；如果一张订单中不止一种产品时，也可将这几种产品分为几批；如果一张订单中虽只有一种产品，但数量较大，则可按最优批量将其划分为数批；如果几张订单中都有同一种产品，且数量都不多，也可将其合并为一批；如果订单中只有一件产品，但较大型和复杂，生产周期长，也可按产品的组成部分将其分为数批投产。

采用分批法，仍于月终归集生产费用。当某批产品完工时，归集在成本计算单中的生产费用就是完工产品的成本；某批产品未完工时，归集于成本计算单中的生产费用就是在产品成本。各批产品的成本计算期与生产周期一致，月末一般不存在完工产品与在产品之间分配费用的问题。但是，在一批产品跨月份完工交货时，为了管理上与统计工作口径一致，并计算销售成本，月末就需要在完工产品和在产品之间分配费用，以计算产成品成本。

（3）分步法。分步法是以产品的生产步骤为成本计算对象归集生产费用，计算产品成本的一种方法。这种方法适用于管理上要求分步骤计算成本的大量、大批的多步骤生产。

在多步骤生产的企业里，从原材料投入生产到产成品制造完成要经过若干生产步骤，除最后一个步骤完工的产成品外，其余生产步骤完工的都是半成品。这些半成品可以用于以后的生产步骤继续加工或装配，也可以对外出售。为了进行各步骤的成本管理，不仅要求计算各种产成品的成本，而且要求按照生产步骤来计算成本，即要求按各种产品及其所经过的各步骤来设立产品成本计算单，于月末定期进行成本计算。分步骤设置的各产品成本计算单中所归集的费用，要采用适当方法在完工产品和在产品之间进行分配，计算出完工产品成本和在产品成本。

下面举例说明采用品种法下小企业完工产品成本的计算结转。

[例 2-7-7] 12 月 31 日，新宏公司计算并结转本月完工产品成本，A 产品 1 000 件全部完工，B 产品完工入库 500 件，月末在产品 200 件。月末在产品按单位定额成本计算确定（直接材料 200 元，直接人工 15 元，其他支出 9 元，制造费用 15 元）。

根据例 2-7-1～例 2-7-6 的经济业务登记生产成本明细账，结转完工产品成本如表 2-7-4 和表 2-7-5 所示。

表 2-7-4　生产成本明细账

产品名称：A 产品

2016 年		摘　　要	成 本 项 目				
月	日		直 接 材 料	直 接 人 工	制 造 费 用	其 他 支 出	合　　计
12	31	分配材料费用	336 000				336 000
		分配工资费用		102 700			102 700
		水电费				22 000	22 000
		分配制造费用			39 930		39 930
		费用合计	336 000	102 700	39 930	22 000	500 630
		结转完工产品成本（红字）	336 000	102 700	39 930	22 000	500 630

表 2-7-5　生产成本明细账

产品名称：B 产品

2016 年		摘　　要	成 本 项 目				
月	日		直 接 材 料	直 接 人 工	制 造 费 用	其 他 支 出	合　　计
12	1	期初在产品	40 000	3 200	3 200	2 000	48 400
12	31	分配材料费用	205 800				205 800
		分配工资费用		83 250			83 250
		水电费				15 000	15 000
		分配制造费用			33 270		33 270
		费用合计	245 800	86 450	36 470	17 000	385 720
		结转完工产品成本（红字）	205 800	83 450	33 470	15 200	337 920
		月末在产品	40 000	3 000	3 000	1 800	47 800

根据甲、乙产品的生产成本明细账，编制库存商品汇总入库单，如表 2-7-6 所示。

借：库存商品——A 产品 500 630

　　　　　　——B 产品 337 920

　　贷：生产成本——A 产品 500 630

　　　　　　——B 产品 337 920

表 2-7-6　库存商品汇总入库单

成 本 项 目	A 产品		B 产品	
	总成本	单位成本	总成本	单位成本
直接材料	336 000	336	205 800	411.60
直接人工	102 700	102.70	83 450	166.90
制造费用	39 930	39.93	33 470	66.94
其他支出	22 000	22	15 200	30.40
产品生产成本	500 630	500.63	337 920	675.84

任务 2　期间费用的核算

期间费用是指不计入产品成本，直接计入发生当期损溢的费用，包括销售费用、管理费用和财务费用。期间费用应当直接计入当期损益，并在利润表中分项目列示。

一、销售费用

销售费用，是指小企业在销售商品或提供劳务过程中发生的各种费用。包括：销售人员的职工薪酬、商品维修费、运输费、装卸费、包装费、保险费、广告费、业务宣传费、展览费等费用。

> **提示**　　小企业（批发业、零售业）在购买商品过程中发生的费用（包括运输费、装卸费、包装费、保险费、运输途中的合理损耗和入库前的挑选整理费等）也构成销售费用。

"销售费用"账户应按费用项目进行明细核算。

销售费用

企业发生的各项销售费用	期末转入"本年利润"账户的费用

[例 2-7-8]　新宏公司 8 月支付商品广告费 3 000 元，增值税 180 元，已开出转账支票支付。

借：销售费用——广告费 3 000

　　应交税费——应交增值税（进项税额） 180

　　贷：银行存款 3 180

[例 2-7-9]　新宏公司参加某项产品展销会，以银行存款支付参展费 6 000 元。

借：销售费用——展览费 6 000

应交税费——应交增值税（进项税额） 360

贷：银行存款 6 360

二、财务费用

财务费用，是指小企业为筹集生产经营所需资金发生的筹资费用。包括：利息费用（减利息收入）、汇兑损失、银行相关手续费、小企业给予的现金折扣（减享受的现金折扣）等费用。

财务费用	
企业发生的各项财务费用	期末转入"本年利润"账户的费用

[例2-7-10]　新宏公司以银行存款支付某银行商业汇票承兑手续费1 200元。

借：财务费用——手续费 1 200

贷：银行存款 1 200

[例2-7-11]　接到银行通知，本企业在银行的存款利息1 000元，已转入本公司账户。

借：银行存款 1 000

贷：财务费用 1 000

[例2-7-12]　新宏公司持有的一张商业汇票到期（没有涉及期末计息），收回票款存入银行。其中票据面值20 000元，利息500元。

借：银行存款 20 500

贷：应收票据 20 000

财务费用 500

三、管理费用

管理费用，是指小企业为组织和管理生产经营发生的其他费用。包括：小企业在筹建期间内发生的开办费、行政管理部门发生的费用（包括：固定资产折旧费、修理费、办公费、水电费、差旅费、管理人员的职工薪酬等）、业务招待费、研究费用、技术转让费、相关长期待摊费用摊销、财产保险费、聘请中介机构费、咨询费（含顾问费）、诉讼费等费用。

小企业（批发业、零售业）管理费用不多的，可不设置本账户，可并入"销售费用"账户核算。

管理费用	
企业发生的各项管理费用	期末转入"本年利润"账户的费用

[例2-7-13]　新宏公司2016年12月发生有关管理费用的业务如下。

（1）开出转账支票支付垃圾清运费2 000元：

借：管理费用——垃圾清运费 2 000

应交税费——应交增值税（进项税额） 120

贷：银行存款 2 120

（2）以现金支付业务招待费 1 500 元（含税价，不得抵扣）：

借：管理费用——业务招待费　　　　　　　　1 500

　　贷：现金　　　　　　　　　　　　　　　　　　1 500

（3）以银行存款支付购买办公用品费用 10 000 元，增值税 1 700 元：

借：管理费用——劳动保险费　　　　　　　　10 000

　　应交税费——应交增值税（进项税额）　　1 700

　　贷：银行存款　　　　　　　　　　　　　　　　11 700

动手做账

资料：新宏有限责任公司 2016 年 12 月发生以下经济业务。

【业务1】（见表 2-7-7）

表 2-7-7

领款凭据

2016 年 12 月 10 日

领款人	曹林刚	单位或部门	车间管理人员								
			百	十	万	千	百	十	元	角	分
领款金额（大写）	捌佰元整					¥	8	0	0	0	0
用途	家庭困难补助										
审批意见	同意							现金付讫			
		张方军 2016.12.10									

主管：俞开平　　　　　会计：　　　　　　　　制表：林立恒

【业务2】（见表 2-7-8、表 2-7-9）

表 2-7-8

中国工商银行
转账支票存根

D H 00221391

账　　户：＿＿＿＿＿＿＿＿＿＿

对方账户：＿＿＿＿＿＿＿＿＿＿

出票日期：2016 年 12 月 15 日

收款人：南京中油大酒店有限公司
金　额：6 000.00 元
用　途：招待费

单位主管：　　　会计：

表 2-7-9

江苏省增值税普通发票

32065849 发票联 №0038652

开票日期：2016 年 12 月 15 日

购货单位	名　　　称：新宏有限责任公司							
	纳税人识别号：280602002234678						密码区	
	地址、电话：南京市东湖路 118 号 025-81336665							
	开户行及账号：工行南京东湖支行 1801001122001000888							
货物及应税劳务名称	规格型号	单位	数量	单价	金额	税率	税额
餐费					5 660.38	6%	339.62
价税合计（大写）	陆仟元整				¥ 6 000.00		
销货单位	名　　　称：南京中油大酒店有限公司						备注	
	纳税人识别号：320602002234325							
	地址、电话：南京市东平路 256 号 025-81336612							
	开户行及账号：工行南京东湖支行							

收款：李燕　　　复核：王平　　　开票：周珊　　　销货单位（章）

第三联：发票联　购货方记账凭证

【业务3】　（见表 2-7-10～表 2-7-12）

表 2-7-10

委托收款凭证（付款通知）5　　　委托号码：6598762

委托日期：2016 年 12 月 15 日

收款人	全　称	中国电信股份有限公司南京分公司	付款人	全　称	新宏有限责任公司									
	账　号	322268655221123		账　号	1801001122001000888									
	开户银行	工行南京分行和平分理处		开户银行	工行南京东湖支行									
人民币（大写）		贰仟伍佰元整			百	十	万	千	百	十	元	角	分
							¥ 2	5	0	0	0	0
款项内容	电话费		委托收款凭据名称	话费发票	附寄单证数				1 张				
备注	付款单位注意： 根据结算方式规定，上列委托收款，在付款期限内未拒付时，即视同全部同意付款，以此联代支款通知。 如需提前付款或多付少付款时，应另写书面通知送银行办理。 如系全部或部分拒付，应在付款期限内另填拒绝付款理由书送银行处理。 收款人开户行盖章												

单位主管：杨博　　　会计：蒋华　　　复核：黄兰　　　记账：蒋华

表 2-7-11

江苏省增值税专用发票

0211665839　　　　　　　　　　　发票联　　　　　　　　　　　№0015635

开票日期：2016 年 11 月 30 日

购货单位	名　　　称：新宏有限责任公司 纳税人识别号：280602002234678 地址、电话：南京市东湖路 118 号 025-81336665 开户行及账号：工行南京东湖支行 180100112200100888					密码区		
货物及应税劳务名称	规格型号	单位	数量	单价	金额	税率	税额
市话费					765.77	11%	84.23
国内长途费					1 486.49	11%	163.51
价税合计（大写）　　　　贰仟伍佰元整					¥ 2 500.00		
销货单位	名　　　称：中国电信股份有限公司南京分公司 纳税人识别号：32041234567890 地址、电话：南京市玄武区大钟亭 6 号 0519-8718025 开户行及账号：工行南京分行和平分理处 322268655221123					备注	32041234567890	

收款：李一行　　　复核：林山山　　　开票：曹成一　　　销货单位（章）

第二联：发票联　购货方记账凭证

表 2-7-12

江苏省增值税专用发票

0211665839　　　　　　　　　　　抵扣联　　　　　　　　　　　№0015635

开票日期：2016 年 11 月 30 日

购货单位	名　　　称：新宏有限责任公司 纳税人识别号：280602002234678 地址、电话：南京市东湖路 118 号 025-81336665 开户行及账号：工行南京东湖支行 180100112200100888					密码区		
货物及应税劳务名称	规格型号	单位	数量	单价	金额	税率	税额
市话费					765.77	11%	84.23
国内长途费					1 486.49	11%	163.51
价税合计（大写）　　　　贰仟伍佰元整					¥ 2 500.00		
销货单位	名　　　称：中国电信股份有限公司南京分公司 纳税人识别号：32041234567890 地址、电话：南京市玄武区大钟亭 6 号 0519-8718025 开户行及账号：工行南京分行和平分理处 322268655221123					备注	32041234567890	

收款：李一行　　　复核：林山山　　　开票：曹成一　　　销货单位（章）

第二联：抵扣联　购货方抵扣凭证

【业务4】 （见表2-7-13、表2-7-14）

表2-7-13

差旅费报销单

报销日期：2016 年 12 月 20 日

部门	供应科		出差人	刘志平		事由		与客户洽谈				
出差日期	起止地点		飞机	火车	汽车	市内交通费	住宿费	餐费	电话费	合计	单据
12 月 7 日	南京至西安			540		50				590	4
12 月 7 日	西安至南京			540		50				590	4
合计				1 080		100				1 180	8
报销金额	人民币（大写）壹仟壹佰捌拾元整									¥ 1 180.00	
原借款	1 200.00	报销额	报销额	1 180.00		应退还	20	应找补			
财会审核意见	已审核 2016.12.19	审批人意见		同意报销 张方军 2016.12.19							

主管：俞开平　　　　会计：　　　　　　出纳：王燕　　　　　报销人：刘志平

表2-7-14

收款收据

2016 年 12 月 20 日　　　　　　　　　　　　№1158945

交款单位	刘志平	交款方式		现金							
人民币（大写）	贰拾元整		十	万	千	百	十	元	角	分
							¥ 2	0	0	0
交款事由	收回出差借支款余款		现金收讫							

收款单位：　　　主管：俞开平　　　　会计：　　　　出纳：王燕

【业务5】 （见表2-7-15）

表2-7-15

电费分配表

2016 年 12 月 31 日　　　　　　　　　　　　　金额单位：元

应借账户		实际用量（千瓦·时）	分配率	分配金额
总账账户	明细账户			
制造费用	车间	40 000		32 000
管理费用		5 000		4 000
合计		45 000	0.8	36 000

主管：俞开平　　　　会计：　　　　　复核：　　　　　　制单：林珊

【业务 6】　（见表 2-7-16～表 2-7-18）

表 2-7-16

工资结算单

2016 年 12 月 31 日

序号	姓　名	应 发 工 资					代 扣 项 目				实发工资	领款人签字
		基本工资	岗位津贴	月奖	技术津贴	小计	养老保险	医疗保险	个人所得税	小计		
1	肖大伟	2 800	300	500	300	3 900	50	25	9.8	96	3 815.2	
2	唐文	2 000	200	200	300	2 700	40	18		74	2 126	
3	李林	1 500		150	200	1 850	30	14	12	56	1 794	
	…	…	…	…	…	…	…	…	…	…	…	
	合计	185 000	32 000	33 000	30 000	280 000	2 950	4 500	2 350	9 800	270 200	

审核：俞开平　　　　　　　　　　　　　　　　制单：林珊

表 2-7-17

工资费用分配汇总表

2016 年 12 月 31 日

项　　目	801 产品	8801 产品	管 理 部 门	车间管理人员	福 利 部 门	专设销售机构	合　　计
生产成本	95 000	105 000					200 000
制造费用				31 000			31 000
管理费用			45 000				45 000
销售费用						4 000	4 000
合　　计							280 000

主管：　　　　　　会计：俞开平　　　　　　复核：　　　　　　制单：林珊

表 2-7-18

中国工商银行
转账支票存根

D H 00221391

账　　户：＿＿＿＿＿＿＿＿＿＿＿

对方账户：＿＿＿＿＿＿＿＿＿＿＿

出票日期：2016 年 12 月 29 日

收款人：代发工资过渡户
金　额：270 200.00 元
用　途：支付职工工资

单位主管：　　　会计：

【业务 7】 （见表 2-7-19、表 2-7-20）

表 2-7-19

江苏省增值税专用发票

0515665845 发票联 №001617823

开票日期：2016 年 12 月 28 日

购货单位	名 称：新宏有限责任公司					密码区			
	纳税人识别号：280602002234678								
	地 址、电 话：南京市东湖路 118 号 025-81336665								
	开户行及账号：工行南京东湖支行 180100112200100888								
货物及应税劳务名称	规格型号	单位	数量	单价		金额	税率	税额	
培训费						1 415.09	6%	84.91	
价税合计（大写）	壹仟伍佰元整					￥1 500			
销货单位	名 称：精工技术培训中心南京分公司					备注			
	纳税人识别号：32042315674890								
	地 址、电 话：南京市大钟路 8 号 0519-8716153								
	开户行及账号：农行南京分行大平分理处 256368655221123								

现金付讫 2016.12.31

收款：王一林　　　复核：包成成　　　开票：周吉　　　销货单位（章）

第三联：发票联　购货方记账凭证

表 2-7-20

江苏省增值税专用发票

0515665845 抵扣联 №001617823

开票日期：2016 年 12 月 28 日

购货单位	名 称：新宏有限责任公司					密码区			
	纳税人识别号：280602002234678								
	地 址、电 话：南京市东湖路 118 号 025-81336665								
	开户行及账号：工行南京东湖支行 180100112200100888								
货物及应税劳务名称	规格型号	单位	数量	单价		金额	税率	税额	
培训费						1 415.09	6%	84.91	
价税合计（大写）	壹仟伍佰元整					￥1 500.00			
销货单位	名 称：精工技术培训中心南京分公司					备注			
	纳税人识别号：32042315674890								
	地 址、电 话：南京市大钟路 8 号 0519-8716153								
	开户行及账号：农行南京分行大平分理处 256368655221123								

收款：王一林　　　复核：包成成　　　开票：周吉　　　销货单位（章）

第二联：抵扣联　购货方扣税凭证

【业务 8】　（见表 2-7-21）

表 2-7-21

水费分配表

2016 年 12 月 31 日　　　　　　　　　　　　　　　　　金额单位：元

应借账户		实际用量（吨）	分　配　率	分　配　金　额
总账账户	明细账户			
制造费用	车间	1 000		2 000
管理费用		300		600
合　　计		1 300	2.0	2 600

主管：俞开平　　　会计：　　　　　复核：　　　　　　　制单：林珊

【业务 9】　（见表 2-7-22）

表 2-7-22

新宏公司费用摊销计算单

2016 年 12 月 31 日

费 用 内 容	发 生 日 期	列 支 项 目	本月负担金额	备　　注
车间领用专用工具	2016 年 12 月 25 日	制造费用	9 450	
合　　计			9 450	

主管：俞开平　　　会计：　　　　　复核：　　　　　　　制单：林珊

注：低值易耗品采用分期摊销法，预计专用工具使用 8 次。

【业务 10】　（见表 2-7-23）

表 2-7-23

制造费用分配表

2016 年 12 月 31 日　　　　　　　　　　　　　　　　　金额单位：元

应 借 账 户		生产工人工资总额	分　配　率	制造费用分配金额
总账账户	明细账户			
生产成本	810 产品			
	8810 产品			
合　　计				

会计主管：俞开平　　　复核：　　　　　　　制单：林珊

【业务 11】　（见表 2-7-24）

表 2-7-24

研发支出结转表

2016 年 12 月 31 日

账 户 名 称	期 末 余 额		备　　注
	借　　方	贷　　方	
研发支出——费用化支出			

主管：　　　会计：　　　　　复核：　　　　　　　制单：林珊

【业务 12】 （见表 2-7-25～表 2-7-27）

表 2-7-25

产品入库单

2016 年 12 月 12 日

品　　名	规 格 型 号	单　　位	数　　量	单 位 成 本	总　成　本
810 产品		台	200		
8810 产品		台	200		

负责人：陈围　　　　经手人：王力

表 2-7-26

产品入库单

2016 年 12 月 25 日

品　　名	规 格 型 号	单　　位	数　　量	单 位 成 本	总　成　本
810 产品		台	100		
8810 产品		台	100		

负责人：陈围　　　　经手人：王力

表 2-7-27

产品入库汇总表

2016 年 12 月 31 日

计量单位：台

品　　名	规 格 型 号	数　　量	直 接 材 料	直 接 人 工	制 造 费 用	总　成　本	单 位 成 本
810 产品							
8810 产品							
合　　计							

会计主管：　　　　　　复核：　　　　　　　　　制单：

注：该企业采用月末汇总计算完工产品成本的方法（为简化起见，假设该企业没有月末在产品）。

知识检测

一、单项选择题

1. 某企业"生产成本"账户的期初余额为 100 000 元，本期为生产产品发生直接材料费用 800 000 元，直接人工费用 150 000 元，制造费用 200 000 元，企业行政管理费用 100 000 元，本期结转完工产品成本为 1 000 000 元。假定该企业只生产一种产品，期末"生产成本"账户的余额为（　　）元。

　　A．50 000　　　　　B．150 000　　　　　C．250 000　　　　D．350 000

2. 应计入产品成本的费用中，不能直接分清应由哪种产品负担的费用应计入（　　）。

    A. 管理费用　　　　　　　　　　　　B. 销售费用

    C. 制造费用　　　　　　　　　　　　D. 生产成本

3. 某生产车间生产 A 和 B 两种产品，该车间共发生制造费用 200 000 元，生产 A 产品生产工人工时为 4 000 小时，生产 B 产品生产工人工时为 6 000 小时。若按生产工人工时比例分配制造费用，A 产品应负担的制造费用为（　　）元。

    A. 80 000　　　　B. 120 000　　　　C. 200 000　　　　D. 100 000

4. "生产成本"账户，期末借方余额表示（　　）。

    A. 季节性生产企业尚未结转的制造费用

    B. 完工入库产品生产成本

    C. 尚未完工的在产品成本

    D. 尚未完工产品的直接材料和直接人工费用

5. 生产成本在完工产品和在产品之间分配时，如果企业月末在产品数量较多但各月之间在产品数量变动不大，适于采用（　　）。

    A. 在产品不计算成本法　　　　　　　B. 在产品按年初固定成本计算

    C. 约当产量比例法　　　　　　　　　D. 定额比例法

二、多项选择题

1. 下列各项中，最终应计入产品生产成本的有（　　）。

    A. 生产工人工资　　　　　　　　　　B. 生产产品耗用的材料费用

    C. 生产设备的折旧费　　　　　　　　D. 行政部门的折旧费

2. 分步法适用于（　　）。

    A. 大量生产　　　　B. 大批生产　　　　C. 成批生产

    D. 多步骤生产　　　E. 单步骤生产

3. 下列项目中，属于销售费用的有（　　）。

    A. 销售商品代垫运杂费　　　　　　　B. 业务招待费

    C. 广告费　　　　　　　　　　　　　D. 销售机构经费

4. 下列费用中，应计入财务费用的是（　　）。

    A. 使用结算方式发生的手续费

    B. 应付票据利息

    C. 销售商品时给予客户的商业折扣

    D. 采用现金折扣销售方式下客户在折扣期内付款而给予的现金折扣

5. 制造费用的分配，通常采用的方法有（　　）。

    A. 生产工人工时比例法　　　　　　　B. 生产工人工资比例法

    C. 机器工时比例法　　　　　　　　　D. 约当产量比例法

三、判断题

1. 生产产品发生的辅助生产成本和制造费用最终必须要转入到生产成本中。（　　）

2. 制造费用和管理费用都是本期发生的生产费用。因此，均应计入当期损益。（　　）

3. 销售费用是指企业在商品销售过程中发生的一切费用，包括为销售而发生的各种税金。 （　　）

4. 如果某产品既没有月初在产品，也没有月末在产品，那么本月发生的生产费用就是月末完工产品的成本。 （　　）

5. 企业按规定用现金支付职工困难补助时，应贷记应付职工薪酬——福利费。（　　）

项目 8　小企业收入业务核算

基本要求：	① 掌握销售商品收入的确认、计量及其账务处理； ② 掌握提供劳务收入的确认、计量及其账务处理； ③ 掌握让渡资产使用权收入的确认、计量及其账务处理。
难　　点：	收入的确认、销售商品收入的核算中特殊情况的账务处理。
重　　点：	收入的确认、计量及取得收入的核算。

案例导入

如果销售合同一签完，客户支付了预付款，收到的钱是收入吗？企业为了让客户满意，允许客户有退货权利，收到的货款是收入吗？产品已经按合同发货，但客户还未付款，这应收的货款是收入吗？收入似乎是一个人人熟悉的概念，但跟我们日常理解的还是不同的，会计上对于收入的确认和计量有什么规定呢？

知识链接

收入，是指小企业在日常生产经营活动中形成的、会导致所有者权益增加、与所有者投入资本无关的经济利益的总流入。包括：销售商品收入和提供劳务收入。

1．商品销售收入的确认和计量

通常，小企业应当在发出商品且收到货款或取得收款权利时，确认销售商品收入。

（1）销售商品采用托收承付方式的，在办妥托收手续时确认收入。

（2）销售商品采取预收款方式的，在发出商品时确认收入。

（3）销售商品采用分期收款方式的，在合同约定的收款日期确认收入。

（4）销售商品需要安装和检验的，在购买方接受商品及安装和检验完毕时确认收入；安装程序比较简单的，可在发出商品时确认收入。

（5）销售商品采用支付手续费方式委托代销的，在收到代销清单时确认收入。

（6）销售商品以旧换新的，销售的商品作为商品销售处理，回收的商品作为购进商品处理。

（7）采取产品分成方式取得的收入，在分得产品之日按照产品的市场价格或评估价值确定销售商品收入金额。

2．提供劳务收入的确认和计量

小企业提供劳务的收入，是指小企业从事建筑安装、修理修配、交通运输、仓储租赁、邮电通信、咨询经纪、文化体育、科学研究、技术服务、教育培训、餐饮住宿、中介代理、卫生保健、社区服务、旅游、娱乐、加工，以及其他劳务服务活动取得的收入。

同一会计年度内开始并完成的劳务，应当在提供劳务交易完成且收到款项或取得收款权利时，确认提供劳务收入。提供劳务收入的金额为从接受劳务方已收或应收的合同或协议价款。

小企业与其他企业签订的合同或协议包含销售商品和提供劳务时，销售商品部分和提供劳务部分能够区分且能够单独计量的，应当将销售商品的部分作为销售商品处理，将提供劳务的部分作为提供劳务处理。销售商品部分和提供劳务部分不能够区分，或虽能区分但不能够单独计量的，应当作为销售商品处理。

任务1 商品销售收入的核算

一、账户设置

1. "主营业务收入"账户

"主营业务收入"账户核算中小企业在销售商品、提供劳务等日常活动中所产生的收入。

主营业务收入

发生的销售折让和销售退回，以及期末转入"本年利润"账户的销售净收入	确认的出售商品或提供劳务等主营业务的收入

2. "主营业务成本"账户

"主营业务成本"账户核算中小企业销售商品、提供劳务等日常活动发生的实际成本。

主营业务成本

确认的销售商品或提供劳务主营业务收入应结转的成本	因销售退回等而冲减的成本，以及期末转入"本年利润"账户的净额

3. 税金及附加

"税金及附加"账户核算小企业开展日常生产经营活动应负担的消费税、营业税、城市维护建设税、资源税、土地增值税、城镇土地使用税、房产税、车船税、印花税和教育费附加、矿产资源补偿费、排污费等相关税费。

税金及附加

小企业按照规定计算确定的与其日常生产经营活动相关的税费	期末转入"本年利润"账户的净额

> **提示** 与最终确认营业外收入或营业外支出相关的税费，在"固定资产清理""无形资产"等账户核算，不在"税金及附加"账户核算。

4．其他业务收入

"其他业务收入"账户核算小企业确认的除主营业务活动以外的其他日常生产经营活动实现的收入。包括：出租固定资产、出租无形资产、销售材料等实现的收入。应按照其他业务的种类进行明细核算。

其他业务收入

期末转入"本年利润"账户的金额	取得的其他业务收入

5．其他业务成本

"其他业务成本"账户核算小企业确认的除主营业务活动以外的其他日常生产经营活动所发生的支出。包括：销售材料的成本、出租固定资产的折旧费、出租无形资产的摊销额等。应按照其他业务成本的种类进行明细核算。

其他业务成本

其他业务活动所发生的支出	期末转入"本年利润"账户的金额

二、商品销售业务的核算

1．确认销售收入的账务处理

小企业应当按照从购买方已收或应收的合同或协议价款，确定销售商品收入金额。涉及商业折扣的，应当按照扣除商业折扣后的金额确定销售商品收入金额。

（1）采用不同结算方式下，收入取得的核算。

① 符合收入确认条件并且货款已收到。

[例 2-8-1]　新宏公司销售一批产品给南京远红食品厂，开具的增值税专用发票上注明销售价格为 30 000 元，增值税额 5 100 元，远红食品厂已将产品提走，交来一张转账支票，支票已送存银行。该项销售收入符合商品销售收入确认的条件。

借：银行存款　　　　　　　　　　　　　　　　　　35 100
　　贷：主营业务收入　　　　　　　　　　　　　　　　30 000
　　　　应交税费——应交增值税（销项税额）　　　　　　5 100

② 符合收入确认条件，收到商业汇票或货款尚未收取。企业采用委托收款或托收承付方式销售商品，应在产品已发出，发票账单已开出，符合销售收入确认条件，并向银行办妥托收手续后确认收入的实现。

[例 2-8-2]　新宏公司向杭州立达箱包厂销售一批商品，增值税专用发票注明售价20 000 元，增值税 3 400 元，商品已发运并已办妥托收手续，款项尚未收到。该项销售收入符合商品销售收入确认的条件。

根据上述业务编制如下会计分录：

借：应收账款　　　　　　　　　　　　　　　　　　23 400
　　贷：主营业务收入　　　　　　　　　　　　　　　　20 000
　　　　应交税费——应交增值税（销项税额）　　　　　　3 400

③ 企业如果采用预收货款的方式销售商品，预收的货款只是形成了企业的负债，必须在发出商品时确认收入的实现。

[例 2-8-3] 2016 年 12 月 5 日，新宏公司预收上海吉胜公司货款 50 000 元，款已收到并存入银行。

借：银行存款   50 000
  贷：预收账款——吉胜公司   50 000

2016 年 12 月 15 日，新宏公司发出商品办妥相关手续，开出的增值税专用发票注明售价 50 000 元，增值税 8 500 元。

借：预收账款——吉胜公司   58 500
  贷：主营业务收入   50 000
    应交税费——应交增值税（销项税额）   8 500

吉胜公司补付款项时：

借：银行存款   8 500
  贷：预收账款——吉胜公司   8 500

（2）附有现金折扣情况下销售收入的账务处理。销售商品涉及现金折扣的，应当按照扣除现金折扣前的金额确定销售商品收入金额。现金折扣应当在实际发生时，计入当期损益。

> **提示** 现金折扣是在收入已经确认的情况下，为了让客户早日付款而给予的债务扣除，所以不能减少收入，至于折扣会不会发生，主动权在客户手里，对收款方而言，因折扣而少收的款项视为为筹集资金而发生的费用，计入财务费用。

[例 2-8-4] 新宏公司在 2016 年 12 月 1 日销售商品一批，增值税发票上注明售价 20 000 元，增值税额 3 400 元。企业为了及早收回货款而在合同中规定的现金折扣条件为 2/10、1/20、N/30。

应按总售价确认收入 20 000 元：

借：应收账款   23 400
  贷：主营业务收入   20 000
    应交税费——应交增值税（销项税额）   3 400

假设 6 月 9 日买方付清货款，收到货款时：

现金折扣=20 000×2%=400（元）

借：银行存款   23 000
  财务费用   400
  贷：应收账款   23 400

假设 6 月 18 日买方付清货款，收到货款时：

现金折扣=20 000×1%=200（元）

借：银行存款   23 200
  财务费用   200
  贷：应收账款   23 400

假设 6 月 25 日买方付清货款，收到货款时：

借：银行存款   23 400
  贷：应收账款   23 400

（3）销售退回与销售折让。销售退回，是指小企业售出的商品由于质量、品种不符合要求等原因发生的退货。销售折让，是指小企业因售出商品的质量不合格等原因而在售价上给予的减让。小企业已经确认销售商品收入的售出商品发生的销售退回（不论属于本年度还是属于以前年度的销售），应当在发生时冲减当期销售商品收入。

已经确认销售商品收入的售出商品发生的销售折让，应当在发生时冲减当期销售商品收入。如按规定允许扣减当期销项税额的，应同时用红字冲减"应交税费——应交增值税"账户的"销项税额"专栏。

[例2-8-5]　新宏公司2016年11月15日销售一批商品，增值税专用发票注明售价30 000元，增值税5 100元，成本22 000元。扣除已预收货款20 000元，余款15 100元尚未收到（该企业不设"预收账款"账户）。2016年12月20日，该批商品因质量出现严重问题被退回，并办妥有关手续，退回所收货款。

根据上述业务编制如下会计分录：

（1）预收货款时：

借：银行存款　　　　　　　　　　　　　　　20 000
　　贷：应收账款　　　　　　　　　　　　　　　20 000

（2）销售实现时：

借：应收账款　　　　　　　　　　　　　　　35 100
　　贷：主营业务收入　　　　　　　　　　　　　30 000
　　　　应交税费——应交增值税（销项税额）　　5 100

（3）销售退回时：

借：主营业务收入　　　　　　　　　　　　　30 000
　　应交税费——应交增值税（销项税额）　　　5 100
　　贷：应收账款　　　　　　　　　　　　　　　15 100
　　　　银行存款　　　　　　　　　　　　　　　20 000

借：库存商品　　　　　　　　　　　　　　　22 000
　　贷：主营业务成本　　　　　　　　　　　　　22 000

[例2-8-6]　新宏公司销售一批商品，增值税发票上的售价50 000元，增值税额8 500元。销售后，对方发现商品质量不合格，并按照原合同的约定，要求在价格上给予5%的折让。公司同意并办妥了相关手续。假定公司已确认该批商品的销售收入。

根据上述业务编制如下会计分录：

（1）销售实现时：

借：应收账款　　　　　　　　　　　　　　　58 500
　　贷：主营业务入　　　　　　　　　　　　　　50 000
　　　　应交税费——应交增值税（销项税额）　　8 500

（2）发生销售折扣时：

借：主营业务收入　　　　　　　　　　　　　　　2 500

　　应交税费——应交增值（销售税额）　　　　　　425

　　贷：应收账款　　　　　　　　　　　　　　　　　　　2 925

（3）实际收到款项时：

借：银行存款　　　　　　　　　　　　　　　　　55 575

　　贷：应收账款　　　　　　　　　　　　　　　　　　　55 575

2. 结转商品销售成本的账务处理

实际工作中一般在月份终了时，编制"商品发出汇总表"，汇总结转已销商品的实际成本。根据产品出库存单汇总销售数量，金额的确定可根据具体情况，采用先进先出法、加权平均法、个别计价法等发出存货的计价方法，确定销售商品等的实际成本。

本月发生的销售退回，可以直接从本月的销售数量中减去，得出本月销售的净数量，然后计算应结转的主营业务成本，也可单独计算本月销售退回成本。

[例 2-8-7]　新宏公司 2016 年 11 月末根据"已销商品发出汇总表"（见表 2-8-1）结转已销商品的成本。

表 2-8-1

已销商品发出汇总表

2016 年 12 月 31 日

商 品 名 称	计 量 单 位	数 量	单 位 成 本	总 成 本
A 产品	件	2 000	376.26	752 520
B 产品	件	1 500	487.44	731 160
合计				1 483 680

根据表 2-8-1 公司应作如下账务处理：

借：主营业务成本——A 产品　　　　　　　　　752 520

　　　　　　　　　——B 产品　　　　　　　　　731 160

　　贷：库存商品——A 产品　　　　　　　　　　　　752 520

　　　　　　　　　——B 产品　　　　　　　　　　　　731 160

3. 计算商品销售税金及附加

企业按照规定计算出应由日常销售业务负担的税金及附加，借记"税金及附加"，贷记"应交税费"账户。有关税金的计算缴纳及其账务处理将在后面章节专门介绍。

4. 材料销售的账务处理

[例 2-8-8]　新宏公司销售不需要的原材料一批，增值税专用发票上注明价款 4 000 元，增值税额 680 元，款项收到。该批原材料的实际成本 3 000 元。

根据上述业务编制如下会计分录：

（1）销售原材料时：

借：银行存款　　　　　　　　　　　　　　　　4 680

　　贷：其他业务收入　　　　　　　　　　　　　　　　4 000

　　　　应交税费——应交增值税（销项税额）　　　　　680

（2）月末，结转已售原材料的实际成本：

借：其他业务成本　　　　　　　　　　　　　　　　3 000
　　贷：原材料　　　　　　　　　　　　　　　　　　　　　3 000

任务 2　提供劳务收入和让渡资产使用权收入的核算

提供劳务取得的收入会计上应怎么处理呢？

一、提供劳务收入的核算

[例 2-8-9]　新宏公司 2016 年 9 月 5 日承接设备安装业务，合同收入 20 000 元（假定符合增值税税率 11% 的适用规定）。该项目于 9 月 20 日完成并收款。完成该项目实际发生成本 8 000 元，其中安装人员工资 6 000 元，以现金支付其他费用 2 000 元（未取得专用发票）。

安装过程中，发生并确认有关成本费用：

借：主营业务成本　　　　　　　　　　　　　　　　8 000
　　贷：应付工资　　　　　　　　　　　　　　　　　　　　6 000
　　　　现金　　　　　　　　　　　　　　　　　　　　　　2 000

安装完成时，确认所提供的劳务收入：

借：银行存款　　　　　　　　　　　　　　　　　　22 200
　　贷：其他业务收入　　　　　　　　　　　　　　　　　　20 000
　　　　应交税费——应交增值税（销项税额）　　　　　　　2 200

二、让渡资产使用权收入的核算

1. 出租包装物的账务处理

[例 2-8-10]　某企业出租新木箱 20 个，每个成本 30 元，租金 1 000 元，增值税 170 元。出租时，收取押金 500 元。10 天后，收回出租木箱，同时收到对方补交的扣除押金 500 元后的租金 500 元。以上款项均采用支票方式进行结算。

根据上述业务编制如下会计分录：

（1）收取押金时：

借：银行存款　　　　　　　　　　　　　　　　　　500
　　贷：其他应付款——存入保证金　　　　　　　　　　　　500

（2）收取租金时：

借：银行存款　　　　　　　　　　　　　　　　　　670
　　其他应付款——存入保证金　　　　　　　　　　　500
　　贷：其他业务收入　　　　　　　　　　　　　　　　　　1 000
　　　　应交税费——应交增值税（销项税额）　　　　　　　170

（3）包装物摊销时：

借：其他业务成本　　　　　　　　　　　　　　　　600
　　贷：周转材料　　　　　　　　　　　　　　　　　　　　600

2. 出租无形资产的账务处理

[例 2-8-11]　某企业转让一项专利权的使用权，转让期 5 年，每年收取使用费 20 000 元。该专利权的年摊销额为 12 000 元。款项已经收取。

根据上述业务编制如下会计分录：

（1）确认该项使用费收入时：

借：银行存款　　　　　　　　　　　　　　 21 200

　　贷：其他业务收入　　　　　　　　　　　　 20 000

　　　　应交税费——应交增值税（销项税额）　　 1 200

（2）摊销出租无形资产时：

借：其他业务成本　　　　　　　　　　　　 12 000

　　贷：累计摊销　　　　　　　　　　　　　　 12 000

（注：实际工作中应按月做账）

动手做账

资料：新宏有限责任公司 2016 年 12 月发生以下经济业务。

【业务1】　（表 2-8-2、表 2-8-3）

表 2-8-2

江苏省增值税专用发票

3204558248　　　　　　　　　　　记账联　　　　　　　　　　　№0055621

开票日期：　2016 年 12 月 1 日

购货单位	名　　称：沈阳金海食品厂 纳税人识别号：113356320053123 地 址、电 话：沈阳市金海开发区 52 号 024-8202258 开户行及账号：沈阳工行淮南分理处 10020568877456					密码区		
货物及应税劳务名称	规格型号	单位	数量	单价	金额	税率	税额
8810 产品		台	50	4 000.00	200 000.00	17%	34 000.00
价税合计（大写）	贰拾叁万肆仟元整				￥234 000.00		
销货单位	名　　称：新宏有限责任公司 纳税人识别号：280602002234678 地 址、电 话：南京市东湖路 118 号 025-81336665 开户行及账号：工行南京支行 1801001122001000888					备注		

收款：王燕　　　复核：俞开平　　　开票：林珊　　　销货单位（章）

表 2-8-3

中国工商银行　进账单　（收款通知）　3

2016 年 12 月 1 日　　　　　　　　　　第 35692 号

付款人	全称	沈阳金海食品厂	收款人	全称	新宏有限责任公司
	账号	10020568877456		账号	180100112200100888
	开户银行	沈阳工行淮南分理处		开户银行	工行南京东湖支行

人民币（大写）	贰拾叁万肆仟元整	千	百	十	万	千	百	十	元	角	分
			¥	2	3	4	0	0	0	0	0

票据种类	银行汇票
票据号码	
票据张数	

中国工商银行
南京东湖支行

2016.12.1

业务清讫
（6）
（受理银行盖章）

单位主管　会计　复核　记账

此联是收款人开户行交给持票人的收款通知

【业务 2】　（见表 2-8-4～表 2-8-7）

表 2-8-4

江苏省增值税专用发票

3208828225　　　　　　　　记账联　　　　　　　　№0066523

开票日期：2016 年 12 月 5 日

购货单位	名　　称：上海安顺贸易公司	密码区	
	纳税人识别号：223311523465782		
	地　址、电话：上海市京西路 22 号 021-53002258		
	开户行及账号：上海建行汉阳分理处 68542220001456		

货物及应税劳务名称	规格型号	单位	数量	单价	金额	税率	税额
810 产品		台	10	3 850.00	38 500.00	17%	6 545.00

价税合计（大写）	肆万伍仟零肆拾伍元整	¥ 45 045.00

销货单位	名　　称：新宏有限责任公司	备注	
	纳税人识别号：280602002234678		
	地　址、电话：南京市东湖路 118 号 025-81336665		
	开户行及账号：工行南京东湖支行 180100112200100888		

收款：王燕　　　复核：俞开平　　　开票：林珊　　　销货单位（章）

第一联：记账联　销货方记账凭证

表 2-8-5

代垫费用清单（存根联）

日期：2016 年 12 月 5 日

单位名称	上海安顺贸易公司	代垫费用项目：运费	
金额	壹仟元整	¥ 1 000	
内容：810 产品由南京运至上海		附单据	
		2 张	
备注：			

主管：　　　　会计：　　　　　复核：　　　　　制单：

注：运费发票单独开给上海安顺贸易公司。

表 2-8-6

中国工商银行
转账支票存根

D H 00001405

账　　户：_____

对方账户：_____

出票日期：2016 年 12 月 5 日

| 收款人：南京佳吉快运公司 |
| 金　　额：1 000 元 |
| 用　　途：代付运输费用 |

单位主管：　　　会计：

表 2-8-7

电	中国工商银行　托收承付凭证（回单）	**1** 托收号码：

委托日期：2016 年 12 月 5 日　　　　　第　号

付款人	全称	上海安顺贸易公司	收款人	全称	新宏有限责任公司		
	账号	68542220001456		账号	180100112200100888		
	开户银行	上海建行汉阳分理处		开户银行	工行南京东湖支行	行号	

托收金额	人民币（大写）肆万陆仟零肆拾伍元整	千	百	十	万	千	百	十	元	角	分
					¥	4	6	0	4	5	0	0

附件		商品发运情况	合同名称号码
附寄单证张数或份数	3 张	2016 年 12 月 1 日发运	05687
付款人开户行邮政编码		收款人开户行邮政编码	款项收妥日期
备注			

电　划

中国工商银行
南京东湖支行
（收款人开户行盖章）
2016.12.5

年　月　日

业务清讫
（6）

此联是收款人开户行给收款人的回单

主管：　　　会计：　　　复核：　　　记账：

【业务 3】　（见表 2-8-8）

表 2-8-8

江苏省增值税专用发票

3207554268　　　　　　　　　　　记账联　　　　　　　　　　　№0533323

开票日期：2016 年 12 月 14 日

购货单位	名　　　称：武汉新兴有限公司 纳税人识别号：100035894556621 地址、电话：武汉市滨江路 33 号 027-88022258 开户行及账号：武汉工行长江分理处 62233004512322	密码区	

货物及应税劳务名称	规格型号	单位	数量	单价	金额	税率	税额
8810 产品		台	100	3 900.00	390 000.00	17%	66 300.00

价税合计（大写）	肆拾伍万陆仟叁佰元整	￥456 300.00

销货单位	名　　　称：新宏有限责任公司 纳税人识别号：280602002234678 地址、电话：南京市东湖路 118 号 025-81336665 开户行及账号：工行南京东湖支行 180100112200100888	备注	新宏有限责任公司 280602002234678 （章）票专用章

收款：王燕　　　复核：俞开平　　　开票：林珊　　　销货单位（章）

第一联：记账联　销货方记账凭证

【业务 4】　（见表 2-8-9、表 2-8-10）

表 2-8-9

江苏省增值税专用发票

3207667859　　　　　　　　　　　记账联　　　　　　　　　　　№0533826

开票日期：2016 年 12 月 16 日

购货单位	名　　　称：南京立达有限公司 纳税人识别号：320435894556655 地址、电话：南京市江陵路 53 号 025-88022258 开户行及账号：南京工行江陵分理处 3223300467233896	密码区	

货物及应税劳务名称	规格型号	单位	数量	单价	金额	税率	税额
8810 产品		台	50	3 850.00	192 500.00	17%	32 725.00

价税合计（大写）	贰拾贰万伍仟贰佰贰拾伍元整	￥225 225.00

销货单位	名　　　称：新宏有限责任公司 纳税人识别号：280602002234678 地址、电话：南京市东湖路 118 号 025-81336665 开户行及账号：工行南京东湖支行 180100112200100888	备注	新宏有限责任公司 280602002234678 （章）票专用章

收款：王燕　　　复核：俞开平　　　开票：林珊　　　销货单位（章）

第一联：记账联　销货方记账凭证

表 2-8-10

中国工商银行　进账单 （收款通知）　3

2016 年 12 月 16 日　　　　第 35692 号

付款人	全称	南京立达有限公司	收款人	全称	新宏有限责任公司
	账号	3223300467233896		账号	180100112200100888
	开户银行	南京工行江陵分理处		开户银行	工行南京支湖支行

人民币（大写）	贰拾贰万伍仟贰佰贰拾伍元整	千	百	十	万	千	百	十	元	角	分
			¥	2	2	5	2	2	5	0	0

票据种类	转账支票
票据号码	
票据张数	

中国工商银行
南京东湖支行
2016.12.16
业务清讫
（受理银行盖章）

单位主管：　会计：　复核：　记账：

【业务 5】 （见表 2-8-11～表 2-8-15）

表 2-8-11

江苏省增值税专用发票

3207785601　　　　　　　　　　记账联　　　　　　　　　№0535795

开票日期：2016 年 12 月 18 日

购货单位	名　称：浙江利波有限公司	密码区	
	纳税人识别号：52035894551825		
	地址、电话：南京市江陵路 53 号 0571-6802258		
	开户行及账号：杭州工行临安分理处 6523311667233785		

货物及应税劳务名称	规格型号	单位	数量	单价	金额	税率	税额
810 产品		台	100	3 850.00	385 000.00	17%	65 450.00

价税合计（大写）	肆拾伍万零肆佰伍拾元整	¥ 450 450.00

销货单位	名　称：新宏有限责任公司	备注	
	纳税人识别号：280602002234678		
	地址、电话：南京市东湖路 118 号 025-81336665		
	开户行及账号：工行南京东湖支行 180100112200100888		

收款：王燕　　　复核：俞开平　　　开票：林珊　　　销货单位（章）

新宏有限责任公司
280602002234678
发票专用章

表 2-8-12

江苏省增值税专用发票

<table>
<tr><td>1311665231</td><td>发票联</td><td>№0056725</td></tr>
</table>

开票日期：2016 年 12 月 18 日

<table>
<tr>
<td rowspan="4">购货单位</td>
<td>名　　　称：新宏有限责任公司</td>
<td rowspan="4">密码区</td>
<td rowspan="9">第三联：发票联　购货方记账凭证</td>
</tr>
<tr><td>纳税人识别号：280602002234678</td></tr>
<tr><td>地 址、电 话：南京市东湖路 118 号 025-81336665</td></tr>
<tr><td>开户行及账号：工行南京东湖支行 180100112200100888</td></tr>
</table>

货物及应税劳务名称	规格型号	单位	数量	单价	金额	税率	税额
陆路货物运输服务					2 792.79	11%	307.21

价税合计（大写）	叁仟壹佰元整	￥3 100.00

<table>
<tr>
<td rowspan="4">销货单位</td>
<td>名　　　称：南京佳吉快递运输有限责任公司</td>
<td rowspan="4">备注</td>
</tr>
<tr><td>纳税人识别号：32046894890567</td></tr>
<tr><td>地 址、电 话：南京市栖霞区工业路 15 号 0519-8203802</td></tr>
<tr><td>开户行及账号：建行南京分行鼓楼分理处 272268655221123</td></tr>
</table>

收款：刘林　　复核：邹雨　　开票：邵一一　　　　销货单位（章）

表 2-8-13

江苏省增值税专用发票

<table>
<tr><td>1311665231</td><td>抵扣联</td><td>№0056725</td></tr>
</table>

开票日期：2016 年 12 月 18 日

<table>
<tr>
<td rowspan="4">购货单位</td>
<td>名　　　称：新宏有限责任公司</td>
<td rowspan="4">密码区</td>
<td rowspan="9">第二联：抵扣联　购货方扣税凭证</td>
</tr>
<tr><td>纳税人识别号：280602002234678</td></tr>
<tr><td>地 址、电 话：南京市东湖路 118 号 025-81336665</td></tr>
<tr><td>开户行及账号：工行南京东湖支行 180100112200100888</td></tr>
</table>

货物及应税劳务名称	规格型号	单位	数量	单价	金额	税率	税额
陆路货物运输服务					2 792.79	11%	307.21

价税合计（大写）	叁仟壹佰元整	￥3 100.00

<table>
<tr>
<td rowspan="4">销货单位</td>
<td>名　　　称：南京佳吉快递运输有限责任公司</td>
<td rowspan="4">备注</td>
</tr>
<tr><td>纳税人识别号：32046894890567</td></tr>
<tr><td>地 址、电 话：南京市栖霞区工业路 15 号 0519-8203802</td></tr>
<tr><td>开户行及账号：建行南京分行鼓楼分理处 272268655221123</td></tr>
</table>

收款：刘林　　复核：邹雨　　开票：邵一一　　　　销货单位（章）

表 2-8-14

中国工商银行
转账支票存根

D H 00001406

账 户：＿＿＿＿＿＿＿＿＿＿＿＿

对方账户：＿＿＿＿＿＿＿＿＿＿＿

出票日期：2016 年 12 月 18 日

收款人：南京佳吉快运公司
金 额：3 100 元
用 途：付产品销售运费

单位主管：　　　　　会计：

注：合同规定运费由新宏公司承担。

表 2-8-15

中国工商银行　进账单　（收款通知）　　　**3**

2016 年 12 月 19 日　　　　　　　　　　第 35693 号

付款人	全称	南京超达有限公司	收款人	全称	新宏有限责任公司	此联是收款人开户行交给持票人的收款通知
	账号	3252600467234572		账号	180100112200100888	
	开户银行	南京工行江宁分理处		开户银行	工行南京东湖支行	

人民币（大写）	肆拾伍万零肆佰伍拾元整	千	百	十	万	千	百	十	元	角	分
			¥	4	5	0	4	5	0	0	0

票据种类	转账支票
票据号码	
票据张数	1 张

中国工商银行
南京东湖支行
2016.12.19
业务清讫
（受理银行盖章）

单位主管：　　会计：　　复核：　　记账：

【业务 6】　（见表 2-8-16～表 2-8-18）

表 2-8-16

领　料　单

领料部门：销售部门　　　　　2016 年 12 月 20 日　　　　　编号：22715

名　称	规　格	单　位	数　量		单　价	金　额	用　途
			请　领	实　领			
专用塑料		千克	200	200			对外销售

领料部门负责人：严林山　　　　领料人：张美华　　　　发料人：陈东

注：依据月末加权平均单价结转成本，可在领料凭证汇总一并处理；这里可不作账务处理。

表 2-8-17

江苏省增值税专用发票

3207668203　　　　　　　　　　记账联　　　　　　　　　　№05335874

开票日期：　2016 年 12 月 21 日

购货单位	名　　　称：南京超达有限公司	密码区	
	纳税人识别号：320435896876751		
	地址、电话：南京市江宁路 3 号 025-47022258		
	开户行及账号：南京工行江宁分理处 3252600467234572		

货物及应税劳务名称	规格型号	单位	数量	单价	金额	税率	税额
专用塑料		千克	200	40.00	8 000.00	17%	1 360.00

价税合计（大写）	玖仟叁佰陆拾元整	￥9 360.00

销货单位	名　　　称：新宏有限责任公司	备注	
	纳税人识别号：280602002234678		
	地址、电话：南京市东湖路 118 号 025-81336665		
	开户行及账号：工行南京东湖支行 180100112200100888		

收款：王燕　　　复核：俞开平　　　开票：林珊　　　销货单位（章）

第一联：记账联　销货方记账凭证

表 2-8-18

中国工商银行　进账单　（收款通知）　　3

2016 年 12 月 21 日　　　　　　　　　第 35694 号

付款人	全称	南京超达有限公司	收款人	全称	新宏有限责任公司
	账号	3252600467234572		账号	180100112200100888
	开户银行	南京工行江宁分理处		开户银行	工行南京东湖支行

人民币（大写）	玖仟叁佰陆拾元整	千	百	十	万	千	百	十	元	角	分
					￥	9	3	6	0	0	0

票据种类	转账支票	
票据号码		中国工商银行 南京东湖支行 2016.12.21 业务清讫 （6）
票据张数	1 张	

单位主管：　　会计：　　复核：　　记账：　　　　（受理银行盖章）

此联是收款人开户行交给持票人的收款通知

【业务 7】 （见表 2-8-19、表 2-8-20）

表 2-8-19

江苏省增值税普通发票

3207668203	记账联	№05335874

开票日期：2016 年 12 月 21 日

购货单位	名　　　　称：南京宏风制造有限公司 纳税人识别号：320435896872362 地址、电话：南京市江宁路 236 号 025-84702258 开户行及账号：农行江宁分理处 1262600467234572		密码区		
货物及应税劳务名称	规格型号	单位	数量	单价	金额	税率	税额

货物及应税劳务名称	规格型号	单位	数量	单价	金额	税率	税额
专利技术使用费					30 000.00	0%	0.00

价税合计（大写）	叁万元整	￥30 000.00

销货单位	名　　　　称：新宏有限责任公司 纳税人识别号：280602002234678 地址、电话：南京市东湖路 118 号 025-81336665 开户行及账号：工行南京东湖支行 180100112200100888	备注

收款：王燕　　复核：俞开平　　开票：林珊

销货单位（章）

表 2-8-20

中国工商银行　进账单　（收款通知）　　**3**

2016 年 12 月 25 日　　　　第 35705 号

付款人	全称	南京超达有限公司	收款人	全称	新宏有限责任公司
	账号	3252600467234572		账号	180100112200100888
	开户银行	南京工行江宁分理处		开户银行	工行南京东湖支行

人民币（大写）	叁万元整	千	百	十	万	千	百	十	元	角	分
				￥	3	0	0	0	0	0	0

票据种类	转账支票	
票据号码		中国工商银行 南京东湖支行 2016.12.25 业务清讫 （6） （受理银行盖章）
票据张数	1 张	

单位主管：　会计：　复核：　记账：

【业务8】 （见表2-8-21～表2-8-27）

表 2-8-21

产品出库单

2016 年 12 月 1 日

品　　名	规 格 型 号	单　　位	数　　量	单 位 成 本	总　成　本
810 产品		台	30		
8810 产品		台	50		

负责人：陈围　　　　　　经手人：王力

表 2-8-22

产品出库单

2016 年 12 月 5 日

品　　名	规 格 型 号	单　　位	数　　量	单 位 成 本	总　成　本
810 产品		台	10		

负责人：陈围　　　　　　经手人：王力

表 2-8-23

产品出库单

2016 年 12 月 12 日

品　　名	规 格 型 号	单　　位	数　　量	单 位 成 本	总　成　本
8810 产品		台	20		

负责人：陈围　　　　　　经手人：王力

表 2-8-24

产品出库单

2016 年 12 月 15 日

品　　名	规 格 型 号	单　　位	数　　量	单 位 成 本	总　成　本
8810 产品		台	100		
8810 产品		台	10		

负责人：陈围　　　　　　经手人：王力

表 2-8-25

产品出库单

2016 年 12 月 18 日

品　名	规格型号	单　位	数　量	单位成本	总　成　本
810 产品		台	100		
8810 产品		台	50		

负责人：陈围　　　　　经手人：王力

表 2-8-26

产品出库单

2016 年 12 月 25 日

品　名	规格型号	单　位	数　量	单位成本	总　成　本
810 产品		台	50		

负责人：陈围　　　　　经手人：王力

表 2-8-27

产品成本销售计算单

2016 年 12 月 31 日

产品名称	单　位	销售数量	单位成本	产品销售成本
810	台			
8810	台			
合　计				

注：本表应根据库存商品明细账记录，计算加权平均单价后填列。

知识检测

一、单项选择题

1. 下列情况下，可确认销售收入的事项有（　　）。
   A. 与某公司签订了买卖合同　　　B. 收到甲公司预付的货款
   C. 按合同向甲公司发出商品　　　D. 办妥向甲公司托收货款的手续
2. 出租包装物的收入，属于（　　）收入。
   A. 主营业务　　　　　　　　　　B. 劳务
   C. 其他业务　　　　　　　　　　D. 营业外

3．某企业销售商品 6 000 件，每件售价 60 元（不含增值税），增值税税率 17%；企业为购货方提供的商业折扣为 10%，提供的现金折扣条件为 2/10、1/20、n/30，并代垫运杂费 500 元。则该企业在这项交易中应确认的收入金额为（　　）元。

    A．320 000
          B．308 200

    C．324 000
          D．320 200

4．企业收入实现后，发生的销售折让应（　　）。

    A．列为营业外支出
          B．列为营业费用

    C．冲减当期收入
          D．直接计入"本年利润"账户

5．企业于 2016 年 6 月售出的产品在 2016 年 8 月被退回时，其冲减的销售收入应在退回当期计入（　　）账户的借方。

    A．"营业外收入"
          B．"营业外支出"

    C．"利润分配"
          D．"主营业务收入"

二、多项选择题

1．按我国企业会计准则规定，下列项目中不应确认为收入的有（　　）。

    A．销售商品收取的增值税

    B．出售飞机票时代收的保险费

    C．旅行社代客户购买门票收取的票款

    D．销售商品代垫运费

    E．提供劳务收入

2．工业企业的主营业务收入包括（　　）。

    A．产品销售收入
          B．自制半成品销售收入

    C．原材料销售收入
          D．无形资产销售收入

3．对一般工业企业而言，下列应确认为其他业务收入的有（　　）。

    A．出租固定资产收入
          B．出售无形资产的净收入

    C．出售原材料收入
          D．提供运输劳务的收入

4．下列业务中，可以确认销售收入的有（　　）。

    A．收到购货单位预付的货款，但货物尚未发出

    B．货物已发出并办妥了托收承付手续

    C．采用汇兑结算方式，货物已发出，但货款尚未收到

    D．采用分期收款销售方式，货物已发出，但按合同约定的日期尚未到

5．下列各项中，对收入的描述正确的有（　　）。

    A．营业外收入也属于企业的收入

    B．收入可能表现为企业资产的增加或负债的减少

    C．所有使企业利润增加的经济利益的流入均属于企业的收入

    D．收入不包括为第三方或客户代收的款项

三、判断题

1．在采用预收货款方式销售产品的情况下，应当在收到货款时确认收入的实现。

                                      （　　）

2．如果安装费是商品销售收入的一部分，公司应于资产负债表日按完工百分比法确认收入。　　　　　　　　　　　　　　　　　　　　　　　　　　（　　）

3．按现行会计制度规定，企业发生的现金折扣应冲减主营业务收入。（　　）

4．已确认收入的销售商品退回，一般情况下直接冲减退回当月的销售收入。
　　　　　　　　　　　　　　　　　　　　　　　　　　（　　）

5．企业获得收入往往表现为货币资产的流入。因此，只要是货币资产的流入都是企业的收入。　　　　　　　　　　　　　　　　　　　　　　　　（　　）

模块3　小企业会计期末账项调整与结转

基本要求：	① 掌握期末账项调整与结转的内容及其账务处理；
	② 掌握税金计算缴纳的账务处理；
	③ 掌握财产清查结果的账务处理；
	④ 掌握利润及利润分配的内容及其核算方法。
重　点：	① 期末账项调整的内容及其账务处理；
	② 三大流转税及所得税计算缴纳的账务处理；
	③ 财产清查结果的账务处理；
	④ 损益类账户的期末结转及利润的计算；
	⑤ 利润分配的核算。
难　点：	① 应交税费计算缴纳的账务处理；
	② 利润分配的核算。

案例导入

　　人们常说会计在月末、年末的时候特别忙，可是为什么大量的工作要在会计期末完成呢？因为每个会计期末都要编制会计报表，并报告会计信息。账项调整是会计人员在登账以后，结账和编制会计报表之前必须完成的一项重要工作，每月重复且有一定的规律可循。那么会计期末要进行哪些账项调整呢？如何正确进行结账呢？

知识链接

　　所谓账项调整是指期末结账前，按照权责发生制要求，确定本期的应得收入和应负担的费用，并据以对账簿记录的有关账项做出必要调整，以便合理地反映本期应得的收入和应负担的费用，从而正确地计算盈亏的会计处理方法。

　　通常情况下，期末账项调整主要针对一些应收、预收、应付、预付及折旧等项目进行。具体内容：①有关收入的账项调整，如预收收入、应计收入的调整等；②有关费用的账项调整，如预付费用、应计费用等的调整；③有关税金的账项调整，如各种应交流转税的调整等。

> 权责发生制是以权利与义务的发生与否作为收入与费用的确认标准，并不考虑款项是否实际支付。有些经济业务的发生涉及连续几个会计期间，每个会计期末必须按照权责发生制的要求对账簿里已记录的有关账项进行必要的调整以确认本期收入和费用。

任务 1　会计期末账项调整

一、有关收入的账项调整

1. 预收收入的账项调整

[例 3-1]　新宏公司 2016 年 7 月收到某单位为期 6 个月的一台设备租金共计 30 000 元，款已存入银行。

这项出租业务的 6 个月租金虽然已悉数收到，但一般不全部作为 7 月的收入加以确认，而在出租受益期间内分期确认，7 月只确认其中的 1/6，其余部分须在以后的 5 个月内陆续确认。

> 期末账项调整实际上就是按权责发生制原则在期末确认收入和费用，对吗？具体怎么进行会计处理呢？

借：银行存款	35 100	
贷：预收账款	30 000	
应交税费——应交增值税（销项税额）	5 100	
借：预收账款	1 500	
贷：其他业务收入	1 500	

> 预收收入指本期或者前期已收款入账，而不属于或不完全属于本期收入的款项。因尚未向付款单位提供商品或劳务，或财产物资使用权，是一种负债性质的预收款项，在计算本期收入时，应该将这部分预收款项进行账项调整。但增值税纳税义务在开具发票收取款项时已经发生。

2. 应计收入的账项调整

[例 3-2]　新宏公司 2016 年 8 月应从购买单位收取出租包装物的本月租金 2 000 元，增值税税率为 17%，款项尚未收到。

借：应收账款	2 340	
贷：其他业务收入	2 000	
应交税费——应交增值税（销项税额）	340	

> 应计收入是指本期权利已经发生但尚未收到款项，应当归属于本期的收入。企业在本期已向其他单位或个人提供商品或劳务或财产物资使用权，理应获得属于本期的收入，但由于尚未完成结算过程，或延期付款等原因，致使本期款项尚未收到的，应作为本期收入调整入账。

二、有关费用的账项调整

1. 预付费用的账项调整

[例 3-3]　新宏公司于 2016 年 12 月收到保险公司开来的增值税专用发票，显示 2017 年度的财产保险费 120 000 元，增值税 7 200 元，开具转账支票支付。

借：预付账款——保险公司　　　　　　　　　　　120 000
　　应交税费——应交增值税（进项税额）　　　　7 200
　　贷：银行存款　　　　　　　　　　　　　　　　127 200

2017 年 1 月起每月末分摊财产保险费 10 000 元。

借：管理费用——保险费　　　　　　　　　　　　10 000
　　贷：预付账款——保险公司　　　　　　　　　　10 000

> 预付费用是指预先已经支付而不属于或不完全属于本期费用，应由本期和以后各期分别负担的费用。有的受益期不超过一年，如预付保险费、经营租赁的预付租金、预付报刊杂志费等；有的受益期超过一年，如租入固定资产改良支出等，应当按受益期分期摊销转为成本费用。
>
> 受益期超过一年的预付费用通过"长期待摊费用"账户核算，如小企业已提足折旧的固定资产的改建支出、经营租入固定资产的改建支出、固定资产的大修理支出和其他长期待摊费用等。

[例 3-4]　新宏公司于 2016 年 3 月 1 日对以经营租赁方式租入的销售店面（租期 10 年）进行装修，发生支出为：领用材料 55 000 元，工人工资 55 000 元，以现金支付其他零星费用 10 000 元（未取得增值税专用发票）。

借：长期待摊费用　　　　　　　　　　　　　　　120 000
　　贷：原材料　　　　　　　　　　　　　　　　　55 000
　　　　应付职工薪酬　　　　　　　　　　　　　　55 000
　　　　现金　　　　　　　　　　　　　　　　　　10 000

以后每月摊销：120 000÷10÷12=1 000（元）。

借：销售费用　　　　　　　　　　　　　　　　　1 000
　　贷：长期待摊费用　　　　　　　　　　　　　　1 000

2. 应计费用的账项调整

[例 3-5]　新宏公司于 2016 年 7 月 1 日临时向乙公司租用办公设备一台，合同规定租期半年，租金 24 000 元，到期付款。

（1）7～11 月每月预提租金时：

借：管理费用   4 000

  贷：其他应付款——乙公司   4 000

（2）12 月支付租金时：

借：其他应付款——乙公司   20 000

  管理费用   4 000

  应交税费——应交增值税（进项税额）   4 080

  贷：银行存款   28 080

[例 3-6] 新宏公司 2016 年 7 月借入半年期借款一笔，借款合同规定按季度计算收取利息，预计三季度利息 12 000 元。

（1）7 月末计算利息：

借：财务费用   4 000

  贷：应付利息   4 000

（2）8 月计算利息：

借：财务费用   4 000

  贷：应付利息   4 000

（3）9 月末支付利息：

借：财务费用   4 000

  应付利息   8 000

  贷：银行存款   12 000

有没有觉得奇怪，为什么支付利息收入没有进项税额可以抵扣呢？《营业税改征增值税试点实施办法》规定，企业接受的贷款服务支付的利息，以及与该笔贷款直接相关的投融资顾问费、手续费、咨询费等费用均不得抵扣进项。

> **提示**　应计费用是指应当归属于企业本期的责任或者本期已受益，但未实际支付款项的费用。本期义务已经形成或者已受益，款项却未实际支付，一种情形是尚未到承担债务的约定日期如应付的利息、租金等；另一种情形是前期已经支付，本期无须再支付，如购置固定资产、无形资产等，应当按受益期分期摊销或计提转化为费用。

任务 2 应交税费的核算

小企业各种税金的计提和缴纳情况，应设置"应交税费"账户进行核算。该账户核算小企业按照税法等规定计算应缴纳的各种税费。包括：增值税、消费税、城市维护建设税、企业所得税、资源税、土地增值税、城镇土地使用税、房产税、车船税和教育费附加、矿产资源补偿费、排污费等。此外，小企业代扣代缴的个人所得税等也通过本账户核算。

"应交税费"账户，一般按应交税费的种类设置明细账，进行各种税费的明细分类核算。

应交税费	
企业实际缴纳的各种税费和应抵扣的税费	企业按规定计算结转应交的各种税费
反映企业多交的或尚未抵扣的税费	企业尚未缴纳的税费

一、增值税的核算

在我国境内销售货物或者提供加工、修理修配劳务，以及进口货物的单位和个人及销售服务、无形资产或者不动产的单位和个人，为增值税纳税人，应当缴纳增值税。

〔增值税税目税率表〕

为了进一步规范增值税的会计处理，财政部专门出台了财会〔2016〕22 号文《增值税会计处理规定》。

> **提示**
>
> 目前在中国的企业不管是营改增的企业还是非营改增企业，只要涉及增值税的会计处理，都应该适用 22 号文，这次 22 号文对以往的增值税会计处理变动非常大，所以企业财务人员都应该认真学习。

1．二级科目及专栏设置

增值税一般纳税人应当在"应交税费"科目下设置"应交增值税""未交增值税""预交增值税""待抵扣进项税额""待认证进项税额""待转销项税额""增值税留抵税额""简易计税""转让金融商品应交增值税""代扣代缴增值税"等二级明细科目。每个明细科目都规定了具体的核算内容，我们就小企业常用的一些科目作比较详细的解读。

（1）应交增值税。增值税一般纳税人应在"应交增值税"明细账内设置"进项税额""销项税额抵减""已交税金""转出未交增值税""转出多交增值税""减免税款""出口抵减内销产品应纳税额""销项税额""出口退税""进项税额转出"等专栏。

各专栏具体核算内容规定如下：

① "进项税额"专栏，记录一般纳税人购进货物、加工修理修配劳务、服务、无形资产或不动产而支付或负担的、准予从当期销项税额中抵扣的增值税额。

准予抵扣的进项税额必须符合财税〔2016〕36 号文的相关规定。

② "销项税额抵减"专栏，记录一般纳税人按照现行增值税制度规定因扣减销售额而减少的销项税额。

〔进项税额准予从销项税额中抵扣的规定〕

该科目是为营改增差额征税设置的科目，如果以后差额征税的历史使命完成了，增值税进一步完善了，该科目也就没什么作用了。

③ "已交税金"专栏，记录一般纳税人当月已交纳的应交增值税额。

"已交税金"核算的内容目前不多，主要核算辅导期一般纳税预缴增值税的事项。

④ "转出未交增值税"和"转出多交增值税"专栏，分别记录一般纳税人月度终了转出当月应交未交或多交的增值税额。

⑤ "减免税款"专栏，记录一般纳税人按现行增值税制度规定准予减免的增值税额。

⑥ "出口抵减内销产品应纳税额"专栏，记录实行"免、抵、退"办法的一般纳税人按规定计算的出口货物的进项税抵减内销产品的应纳税额。

⑦ "销项税额"专栏，记录一般纳税人销售货物、加工修理修配劳务、服务、无形资产或不动产应收取的增值税额。

⑧ "出口退税"专栏，记录一般纳税人出口货物、加工修理修配劳务、服务、无形资产按规定退回的增值税额。

⑨ "进项税额转出"专栏，记录一般纳税人购进货物、加工修理修配劳务、服务、无形资产或不动产等发生非正常损失，以及其他原因而不应从销项税额中抵扣、按规定转出的进项税额。

进项税额转出的前提是必须先在进项税额科目核算过，只是因为条件变化不符合抵扣条件了才需要转出。

（2）"未交增值税"明细科目，核算一般纳税人月度终了从"应交增值税"或"预交增值税"明细科目转入当月应交未交、多交或预缴的增值税额，以及当月交纳以前期间未交的增值税额。

"未交增值税"科目是二级科目，实务中月终结转步骤，对增值税的正确核算至关重要，一定不能省略。

（3）"预交增值税"明细科目，核算一般纳税人转让不动产、提供不动产经营租赁服务、提供建筑服务、采用预收款方式销售自行开发的房地产项目等，以及其他按现行增值税制度规定应预缴的增值税额。

（4）"待抵扣进项税额"明细科目，核算一般纳税人已取得增值税扣税凭证并经税务机关认证，按照现行增值税制度规定准予以后期间从销项税额中抵扣的进项税额。包括以下两项内容：

一是一般纳税人自2016年5月1日后取得并按固定资产核算的不动产或者2016年5月1日后取得的不动产在建工程，按现行增值税制度规定准予以后期间从销项税额中抵扣的进项税额。

二是实行纳税辅导期管理的一般纳税人取得的尚未交叉稽核比对的增值税扣税凭证上注明或计算的进项税额。

（5）"待认证进项税额"明细科目，核算一般纳税人由于未经税务机关认证而不得从当期销项税额中抵扣的进项税额。包括以下两项内容：

一是一般纳税人已取得增值税扣税凭证、按照现行增值税制度规定准予从销项税额中抵扣，但尚未经税务机关认证的进项税额。

二是一般纳税人已申请稽核，但尚未取得稽核相符结果的海关缴款书进项税额。

总结起来就是没有认证或者认证未通过的进项税额都在"待认证进项税额"明细科目中核算。

（6）"待转销项税额"明细科目，核算一般纳税人销售货物、加工修理修配劳务、服务、无形资产或不动产，已确认相关收入（或利得），但尚未发生增值税纳税义务而需于以后期间确认为销项税额的增值税额。

（7）"增值税留抵税额"明细科目，核算一般纳税人兼有销售服务、无形资产或者不动产的原增值税，截止到纳入营改增试点之日前的增值税期末留抵税额按照现行增值税制度规定不得从销售服务、无形资产或不动产的销项税额中抵扣的增值税留抵税额。

国家税务总局〔2016〕75号公告规定，涉及这个科目的企业应该在12月的纳税申报期内一次性将"增值税留抵税额"的余额转到"进项税额"科目，该科目以后就用不到了。

（8）"简易计税"明细科目，核算一般纳税人采用简易计税方法发生的增值税计提、扣减、预缴、缴纳等业务。

（9）"转让金融商品应交增值税"明细科目，核算增值税纳税人转让金融商品发生的增值税额。

（10）"代扣代缴增值税"明细科目，核算纳税人购进在境内未设经营机构的境外单位或个人在境内的应税行为代扣代缴的增值税。

2．小企业增值税业务账务处理

（1）取得资产或接受劳务等业务的账务处理。在前面小企业日常经济业务核算中已经接触过，这里依据财会 22 号文进行归纳。

① 采购等业务进项税额允许抵扣的账务处理。一般纳税人购进货物、加工修理修配劳务、服务、无形资产或不动产，作如下处理：

借："在途物资""原材料""库存商品""生产成本""无形资产""固定资产""管理费用"等科目（按应计入相关成本费用或资产的金额）

　　"应交税费——应交增值税（进项税额）"科目（当月已认证的可抵扣增值税额）

　　"应交税费——待认证进项税额"科目（当月未认证的可抵扣增值税额）

　贷"应付账款""应付票据""银行存款"等科目。

发生退货的，如原增值税专用发票已做认证，应根据税务机关开具的红字增值税专用发票做相反的会计分录；如原增值税专用发票未做认证，应将发票退回并做相反的会计分录。

② 采购等业务进项税额不得抵扣的账务处理。一般纳税人购进货物、加工修理修配劳务、服务、无形资产或不动产，用于简易计税方法计税项目、免征增值税项目、集体福利或个人消费等，其进项税额按照现行增值税制度规定不得从销项税额中抵扣的，取得增值税专用发票时，作如下处理：

借：相关成本费用或资产科目

　　"应交税费——待认证进项税额"科目

　贷："银行存款""应付账款"等科目

经税务机关认证后：

借：相关成本费用或资产科目

　贷："应交税费——应交增值税（进项税额转出）"科目

③ 购进不动产或不动产在建工程按规定进项税额分年抵扣的账务处理。一般纳税人自 2016 年 5 月 1 日后取得并按固定资产核算的不动产或者 2016 年 5 月 1 日后取得的不动产在建工程，其进项税额按现行增值税制度规定自取得之日起分 2 年从销项税额中抵扣的，作如下处理：

借："固定资产"、"在建工程"等科目（取得成本）

　　"应交税费——应交增值税（进项税额）"科目（当期可抵扣的增值税额）

　　"应交税费——待抵扣进项税额"科目（按以后期间可抵扣的增值税额）

　贷："应付账款""应付票据""银行存款"等科目（按应付或实际支付的金额）

尚未抵扣的进项税额待以后期间允许抵扣时，按允许抵扣的金额：

借："应交税费——应交增值税（进项税额）"科目

　贷："应交税费——待抵扣进项税额"科目

④ 货物等已验收入库但尚未取得增值税扣税凭证的账务处理。一般纳税人购进的货物等已到达并验收入库，但尚未收到增值税扣税凭证并未付款的，应在月末按货物清单或相关合同协议上的价格暂估入账，不需要将增值税的进项税额暂估入账。下月初，用红字冲销原暂估入账金额，待取得相关增值税扣税凭证并经认证后，按平常购入的账务处理。

⑤ 购买方作为扣缴义务人的账务处理。按照现行增值税制度规定，境外单位或个人在境内发生应税行为，在境内未设有经营机构的，以购买方为增值税扣缴义务人。境内一般纳税人购进服务、无形资产或不动产：

借："生产成本""无形资产""固定资产""管理费用"等科目（按应计入相关成本费用或资产的金额）

"应交税费——进项税额"科目（按可抵扣的增值税额）

贷："应付账款"等科目（按应付或实际支付的金额）

"应交税费——代扣代缴增值税"科目（按应代扣代缴的增值税额）

实际缴纳代扣代缴增值税时，按代扣代缴的增值税额：

借："应交税费——代扣代缴增值税"科目

贷："银行存款"科目

（2）销售等业务的账务处理。

① 销售业务的账务处理。一般纳税人销售货物、加工修理修配劳务、服务、无形资产或不动产：

借："应收账款""应收票据""银行存款"等科目（按应收或已收的金额）

贷："主营业务收入""其他业务收入""固定资产清理""工程结算"等科目（按取得的收入金额）

"应交税费——应交增值税（销项税额）"或"应交税费——简易计税"科目［按现行增值税制度规定计算的销项税额（或采用简易计税方法计算的应纳增值税额）］

发生销售退回的，应根据按规定开具的红字增值税专用发票做相反的会计分录。

按照国家统一的会计制度确认收入或利得的时点早于按照增值税制度确认增值税纳税义务发生时点的，应将相关销项税额计入"应交税费——待转销项税额"科目，待实际发生纳税义务时再转入"应交税费——应交增值税（销项税额）"或"应交税费——简易计税"科目。

按照增值税制度确认增值税纳税义务发生时点早于按照国家统一的会计制度确认收入或利得的时点的，应将应纳增值税额，借记"应收账款"科目，贷记"应交税费——应交增值税（销项税额）"或"应交税费——简易计税"科目，按照国家统一的会计制度确认收入或利得时，应按扣除增值税销项税额后的金额确认收入。

② 视同销售的账务处理。企业发生税法上视同销售的行为，应当按照企业会计准则制度相关规定进行相应的会计处理，并按照现行增值税制度规定计算的销项税额（或采用简易计税方法计算的应纳增值税额）：

借："应付职工薪酬""利润分配"等科目

贷："应交税费——应交增值税（销项税额）"或"应交税费——简易计税"科目

（3）进项税额抵扣情况发生改变的账务处理。因发生非正常损失或改变用途等，原已计入进项税额、待抵扣进项税额或待认证进项税额，但按现行增值税制度规定不得从销项税额中抵扣的：

借："待处理财产损溢""应付职工薪酬""固定资产""无形资产"等科目

　　贷："应交税费——应交增值税（进项税额转出）"

　　　　"应交税费——待抵扣进项税额"或"应交税费——待认证进项税额"科目

原不得抵扣且未抵扣进项税额的固定资产、无形资产等，因改变用途等用于允许抵扣进项税额的应税项目的，应按允许抵扣的进项税额：

借："应交税费——应交增值税（进项税额）"科目

　　贷："固定资产""无形资产"等科目

固定资产、无形资产等经上述调整后，应按调整后的账面价值在剩余尚可使用寿命内计提折旧或摊销。

一般纳税人购进时已全额计提进项税额的货物或服务等转用于不动产在建工程的，对于结转以后期间的进项税额：

借："应交税费——待抵扣进项税额"科目

　　贷："应交税费——应交增值税（进项税额转出）"科目

（4）月末转出多交增值税和未交增值税的账务处理。月度终了，企业应当将当月应交未交或多交的增值税自"应交增值税"明细科目转入"未交增值税"明细科目。对于当月应交未交的增值税：

借："应交税费——应交增值税（转出未交增值税）"科目

　　贷："应交税费——未交增值税"科目

对于当月多交的增值税：

借："应交税费——未交增值税"科目

　　贷："应交税费——应交增值税（转出多交增值税）"科目

（5）交纳增值税的账务处理。

① 交纳当月应交增值税的账务处理。企业交纳当月应交的增值税：

借："应交税费——应交增值税（已交税金）"科目

　　贷："银行存款"科目

② 交纳以前期间未交增值税的账务处理。企业交纳以前期间未交的增值税：

借："应交税费——未交增值税"科目

　　贷："银行存款"科目

③ 预缴增值税的账务处理。企业预缴增值税时：

借："应交税费——预交增值税"科目

　　贷："银行存款"科目

月末，企业应将"预交增值税"明细科目余额转入"未交增值税"明细科目：

借："应交税费——未交增值税"科目

　　贷："应交税费——预交增值税"科目

房地产开发企业等在预缴增值税后，应直至纳税义务发生时方可从"应交税费——预交增值税"科目结转至"应交税费——未交增值税"科目。

④ 减免增值税的账务处理。对于当期直接减免的增值税：

借："应交税费——应交增值税（减免税款）"科目

　　贷：损益类相关科目

（6）增值税税控系统专用设备和技术维护费用抵减增值税额的账务处理。按现行增值税制度规定，企业初次购买增值税税控系统专用设备支付的费用，以及缴纳的技术维护费允许在增值税应纳税额中全额抵减的，按规定抵减的增值税应纳税额：

　　借："应交税费——应交增值税（减免税款）"科目

　　　贷："管理费用"等科目

　　（7）关于小微企业免征增值税的会计处理规定。小微企业在取得销售收入时，应当按照税法的规定计算应交增值税，并确认为应交税费，在达到增值税制度规定的免征增值税条件时，将有关应交增值税转入当期损益。

　　下面通过综合举例来说明应交增值税的核算。

　　[例3-7]　新宏公司为增值税一般纳税企业，适用的增值税税率为17%，材料采用实际成本计价进行日常核算，9月发生涉及增值税的经济业务及相应的账务处理如下：

　　（1）购进原材料，收到增值税专用发票注明价款54 000元，增值税额为9 180元，运输费2 000元，准予抵扣进项税额220元，价款已经支付，材料已经到达并验收入库。

　　借：原材料　　　　　　　　　　　　　　　　　　　56 000

　　　　应交税费——应交增值税（进项税额）　　　　　 9 400

　　　贷：银行存款　　　　　　　　　　　　　　　　　　　　65 400

　　（2）公司购进免税农产品一批（符合抵扣规定），物品已验收入库，实际支付价款为20 000元，以银行存款支付。

　　准予抵扣的进项税额=20 000×11%=2 200（元）

　　借：原材料　　　　　　　　　　　　　　　　　　　17 800

　　　　应交税费——应交增值税（进项税额）　　　　　 2 200

　　　贷：银行存款　　　　　　　　　　　　　　　　　　　　20 000

　　（3）公司在建工程职工生活设施领用生产用材料30 000元，应负担进项增值税为5 100元。

　　借：在建工程——自营工程　　　　　　　　　　　　35 100

　　　贷：原材料　　　　　　　　　　　　　　　　　　　　30 000

　　　　　应交税费——应交增值税（进项税额转出）　　　　 5 100

　　（4）公司销售产品一批，货款400 000元，增值税额68 000元；同时取得加工业务收入10 000元，增值税1 700元。提货单和专用发票等结算单已交给购货方，款项尚未收到。

　　借：应收账款　　　　　　　　　　　　　　　　　　479 700

　　　贷：主营业务收入　　　　　　　　　　　　　　　　　400 000

　　　　　其他业务收入　　　　　　　　　　　　　　　　　 10 000

　　　　　应交税费——应交增值税（销项税额）　　　　　　 69 700

　　（5）公司进行食堂改造，领用本公司生产的产品200吨，单位成本为250元，单位售价为300元，增值税税率为17%。公司应根据有关凭证，进行如下账务处理：

　　借：在建工程——自营工程　　　　　　　　　　　　60 200

　　　贷：库存商品（200×250）　　　　　　　　　　　　　50 000

　　　　　应交税费——应交增值税（销项税额）　　　　　　 10 200

　　（6）公司对灾区捐赠产成品一批，其成本50 000元，其售价为80 000元，增值税税率为17%。

借：营业外支出	63 600	
贷：库存商品		50 000
应交税费——应交增值税（销项税额）		13 600

（7）公司本月累计发生销项税额 93 500 元，进项税额转出 5 100 元，进项税额 11 600 元。

本月应交增值税额=93 500-（11 600-5 100）=87 000（元）

（8）以银行存款缴纳增值税 70 000 元。公司应作如下账务处理：

借：应交税费——应交增值税（已交税金）	70 000	
贷：银行存款		70 000

月末转出应交未交的增值税：

借：应交税费——应交增值税（转出未交增值税）	17 000	
贷：应交税费——未交增值税		17 000

以后月份交纳 9 月未交的 17 000 元时：

借：应交税费——未交增值税	17 000	
贷：银行存款		17 000

3．小规模纳税人的账务处理

小规模纳税人销售货物或者应税劳务，实行按照销售额和征收率计算应纳税额的简易办法，并不得抵扣进项税额。小规模纳税企业销售货物或提供劳务时，只能开具普通发票，普通发票不注明销项税额和进项税额。因而，小规模纳税企业的销售收入应按不含税价格计算，采用销售额和应纳税额合并方法计算的，即：

销售额=含税销售额÷（1+征收率）

小规模纳税人只需要在"应交税费"科目下设置"应交增值税""转让金融商品应交增值税""代扣代缴增值税"三个明细科目，不需要设置其他二级明细科目，"应交增值税"也不需要设置各项专栏。

[例 3-8] 某小规模纳税企业本期购入原材料，按照增值税专用发票上记载的原材料价款为 30 000 元，增值税额为 5 100 元，材料验收入库，货款已付清。该企业本期销售产品，含税价格为 61 800 元，已办妥托收手续，货款尚未收到。适用的增值税税率为 3%，有关账务处理如下：

（1）购进原材料：

借：原材料	35 100	
贷：银行存款		35 100

（2）销售产品：

不含税价格=61 800÷（1+3%）=60 000（元）

应交增值税=60 000×3%=1 800（元）

借：应收账款	61 800	
贷：主营业务收入		60 000
应交税费——应交增值税		1 800

二、消费税的核算

消费税是对生产、委托加工和进口应税消费品的单位和个人征收的一种流转税，小企业应交消费税，应通过"应交税费——应交消费税"账户核算。

消费税是价内税，应区分业务类型列支：

有借必有贷，应交消费税的对应账户会有哪些呢？

（1）以下情况在"税金及附加"账户借方列支：

① 销售需要缴纳消费税的商品应交的消费税。

② 随同商品出售但单独计价的包装物，按照税法规定应缴纳的消费税。

③ 出租、出借包装物逾期未收回没收的押金应交的消费税。

④ 有金银首饰零售业务的，以及采用以旧换新方式销售金银首饰的小企业，在营业收入实现时应交的消费税；随同金银首饰出售但单独计价的包装物，按照税法规定应缴纳的消费税；有金银首饰零售业务的小企业因受托代销金银首饰按照税法规定应缴纳的消费税；以其他方式代销金银首饰的，应缴纳的消费税；小企业因受托加工或翻新改制金银首饰按照税法规定应缴纳的消费税，向委托方交货时应交的消费税。

（2）以生产的产品用于在建工程、非生产机构等，记入"在建工程""管理费用"等账户借方。

（3）需要缴纳消费税的委托加工物资，由受托方代收代缴税款（除受托加工或翻新改制金银首饰按照税法规定由受托方缴纳消费税外）。

委托加工物资收回后，直接用于销售的，小企业（委托方）应将代收代缴的消费税计入委托加工物资的成本；委托加工物资收回后用于连续生产，按照税法规定准予抵扣的，按照代收代缴的消费税，直接记入"应交税费——应交消费税"账户借方。

（4）有金银首饰批发、零售业务的小企业将金银首饰用于馈赠、赞助、广告、职工福利、奖励等应交的消费税，于物资移送时，记入"营业外支出""销售费用""应付职工薪酬"等账户借方。

（5）需要缴纳消费税的进口物资，其缴纳的消费税应计入该项物资的成本，记入"材料采购"或"在途物资""库存商品""固定资产"等账户。

（6）小企业（生产性）直接出口或通过外贸企业出口的物资，按照税法规定直接予以免征消费税的，可不计算应交消费税。

[例3-9] 新宏公司9月销售50辆摩托车，每辆销售价格8 000元（不含增值税），货款尚未收到，摩托车每辆成本为5 000元。摩托车的增值税税率为17%，消费税税率为10%。

$$应向购买方收取的增值税=8\ 000×50×17\%=68\ 000（元）$$

$$应缴纳的消费税=8\ 000×50×10\%=40\ 000（元）$$

（1）借：应收账款   468 000

    贷：主营业务收入   400 000

        应交税费——应交增值税（销项税额）   68 000

（2）借：税金及附加   40 000

    贷：应交税费——应交消费税   40 000

（3）借：主营业务成本　　　　　　　　　　　　　　250 000
　　　　贷：库存商品　　　　　　　　　　　　　　　　250 000

[例 3-10]　新宏公司将应税消费品用于对外股权投资。该批应税消费品成本为 280 000 元，计税价格 400 000 元。该消费品的增值税税率为 17%，消费税税率为 10%。

应交的增值税=400 000×17%=68 000（元）

应交的消费税=400 000×10%=40 000（元）

借：长期股权投资　　　　　　　　　　　　　　　388 000
　　贷：应交税费——应交增值税（销项税额）　　　　68 000
　　　　　　　　——应交消费税　　　　　　　　　　40 000
　　　　库存商品　　　　　　　　　　　　　　　　280 000

企业以银行存款上交消费税时，借记"应交税费——应交消费税"账户，贷记"银行存款"账户。例如，甲公司缴纳以上两例的应交消费税共计 80 000 元：

借：应交税费——应交消费税　　　　　　　　　　80 000
　　贷：银行存款　　　　　　　　　　　　　　　　80 000

三、其他应交税费的核算

1. 应交城市维护建设税的核算

城市维护建设税是指以增值税、消费税、营业税税额为计税依据所征收的一种附加税，以缴纳增值税、消费税的单位和个人为纳税人。

城市维护建设税按照纳税人所在地的不同实行地区差别税率，具体为：市区 7%，县城、镇 5%，其他 1%。其应纳税额的计算公式为：

应纳税额=（应交增值税+应交消费税）×适用税率

企业应交城市维护建设税，应通过"应交税费——应交城建税"账户核算。同时应区分业务类型计列不同账户：主营业务的应纳税额，列入"税金及附加"账户；租赁业务、材料销售、代购代销、非工业性劳务等其他业务的应纳税额，列入"其他业务成本"账户；出售固定资产（指不动产）的应纳税额，列入"固定资产清理"账户；无形资产出售业务的应纳税额在结转时直接扣减。

[例 3-11]　新宏公司地处城市，本月主营业务应交增值税 20 000 元，消费税 10 000 元；材料销售业务应交增值税 4 000 元，运输劳务应交增值税 6 000 元。

公司计算结转应纳税额时，应作如下账务处理：

主营业务应交城市维护建设税=（20 000+10 000）×7%=2 100（元）

其他业务应交城市维护建设税=（4 000+6 000）×7%=700（元）

借：税金及附加　　　　　　　　　　　　　　　　2 100
　　其他业务成本　　　　　　　　　　　　　　　　700
　　贷：应交税费——应交城建税　　　　　　　　　　2 900

2. 其他税费的核算

《小企业会计准则》第 65 条之（二）明确规定，税金及附加，是指小企业开展日常生产经营活动应负担的消费税、营业税、城市维护建设税、资源税、土地增值税、城镇土地使用税、房产税、车船税、印花税和教育费附加、矿产资源补偿费、排污费等。因此以上税费均在税金及附加科目核算。

[例 3-12] 新宏公司本月开出转账支票，购买印花税票 2 400 元，数额较大，分 4 个月摊销。公司应作如下账务处理：

借：税金及附加——印花税   2 400

    贷：银行存款   2 400

但车辆购置税是由购置应税车辆的企业，在办理车辆注册登记前计算缴纳。所以，车辆购置税不形成应交款项，不必通过"应交税费"账户核算。应由企业在购置车辆计算缴纳税款时，直接计入固定资产价值。

[例 3-13] 新宏公司购置自用汽车一辆，买价 200 000 元，增值税税额 34 000 元，相关费用 20 000 元，共计价税款 254 000 元。企业应缴纳的车辆购置税为：

应纳车辆购置税＝（200 000+20 000）×10%=22 000（元）

企业以银行存款一次支付购置车辆价税款 254 000 元，缴纳车辆购置税 22 000 元。

借：固定资产   242 000

    应交税费——应交增值税（进项税额）   34 000

    贷：银行存款   276 000

3. 应交个人所得税的核算

按照个人所得税的征收管理办法，个人所得税采用自行申报缴纳和代扣代缴两种办法，企业一般实行代扣代缴的办法，支付工资、薪金（包括奖金、年终加薪、劳动分红、津贴、补贴等）的单位，代扣代缴的员工个人所得税时，应通过"应付职工薪酬""应交税费——应交个人所得税"账户核算。

[例 3-14] 新宏公司在 2016 年 10 月应支付职工工资总额 220 000 元，根据有关规定，结算应交个人所得税 8 250 元。则该企业代扣代缴个人所得税，应作如下账务处理：

（1）发放工资，结转代扣代缴的个人所得税时：

借：应付职工薪酬   8 250

    贷：应交税费——应交个人所得税   8 250

（2）以银行存款缴纳个人所得税时：

借：应交税费——应交个人所得税   8 250

    贷：银行存款   8 250

4. 应交教育费附加的核算

教育费附加的计税依据是以企业实际缴纳的增值税、消费税、营业税的税额为计算依据，由税务机关负责征收的一项纳税附加费。教育费附加征收率一般为 4%。

企业应交的教育费附加应区别业务类型列支：

（1）产品销售业务应交的教育费附加，列入"税金及附加"账户。

（2）材料出售、租赁业务等其他业务应交的教育费附加，列入"其他业务成本"等账户。

（3）固定资产出售应交的教育费附加，列入"固定资产清理"账户。

（4）出售无形资产应交的教育费附加，在结转时直接扣减。

[例 3-15]　续例 3-11，根据企业的应交二项流转税税额计算结转新宏公司应交的教育费附加。

主营业务应交教育费附加=（20 000+10 000）×4%=1 200（元）

其他业务应交教育费附加=（4 000+6 000）×4%=400（元）

结转应纳教育费附加时，应作如下账务处理：

借：税金及附加	1 200
其他业务成本	400
贷：应交税费——应交教育费附加	1 600

以银行存款缴纳教育费附加时，应作如下账务处理：

借：应交税费——应交教育费附加	1 600
贷：银行存款	1 600

任务 3　财产清查

一、财产清查的含义

1. 财产清查的意义

财产清查是指通过对货币资金、实物资产和往来款项的盘点或核对，确定其实存数，查明账存数和实存数是否相符的一种专门方法。

> **提示**
>
> 造成账实不符的原因是多方面的，如财产物资保管过程中发生的自然损耗；财产收发过程中由于计量或检验不准，造成多收或少收的差错；由于管理不善、制度不严造成的财产损坏、丢失、被盗；在账簿记录中发生的重记、漏记、错记；由于有关凭证未到，形成未达账项，造成结算双方账实不符；以及发生意外灾害等。造成账实不符的原因不同，其会计处理也不同。

加强财产清查工作，对于加强企业管理、充分发挥会计的监督作用具有重要意义：

（1）通过财产清查，做到账实相符，保证会计信息的真实性、可靠性，保护各项财产的安全完整。

（2）通过财产清查，可以查明财产物资盘盈盘亏的原因，落实经济责任，从而完善企业管理制度，挖掘财产物资潜力，提高资金的使用效能，加速资金周转。

（3）通过财产清查，可以发现问题，及时采取措施弥补经营管理中的漏洞，建立健全各项规章制度，提高企业的管理水平。

2. 财产清查的种类

（1）按财产清查的范围，分为全面清查和局部清查。

① 全面清查。它是指对全部财产进行盘点与核对。全面清查范围大、内容多、时间长、参加人员多，需要进行全面清查的情况通常主要包括：年终决算之前，单位撤销、合并或改变隶属关系前，中外合资、国内合资前，企业股份制改制前，开展全面的资产评估、清产核资前，单位主要领导调离工作前等。

② 局部清查。它是指根据需要对部分财产物资进行盘点与核对。主要是对货币资金存货等流动性较大的财产的清查。局部清查范围小、内容少、时间短、参与人员少，但专业性较强。局部清查一般包括下列清查内容：现金应每日清点一次，银行存款每月至少同银行核对一次，债权债务每年至少核对1～2次，各项存货应有计划、有重点地抽查，贵重物品每月清查一次等。

（2）按财产清查的时间，分为定期清查和不定期清查。

① 定期清查。它是指根据计划安排的时间对财产物资进行的清查。定期清查一般在期末进行，它可以是全面清查，也可以是局部清查。

② 不定期清查。它是指根据实际需要对财产物资所进行的临时性清查。不定期清查一般是局部清查，如改换财产物资保管人员进行的有关财产物资的清查、发生意外灾害等非常损失进行的损失情况的清查、有关部门进行的临时性检查等。

二、财产清查的方法

为了实施财产清查工作，应组成专门的清查小组，制订好清查计划，准备好计量器具和各项登记表格等。会计人员要做好账簿登记工作，做到账账相符、账证相符，财产物资保管部门要做好财产物资的入账登记工作，整理、排放好各项财产物资，准备接受清查。

> 财产物资的形态千差万别，应该各有专门的清查方法吧？

1. 货币资金的清查方法

（1）现金的清查。它是采用实地盘点的方法来确定库存现金的实存数，然后再与现金日记账的账面余额核对，以查明账实是否相符及盈亏情况。现金清查后应填写"现金盘点报告表"，并据以调整现金日记账的账面记录。

（2）银行存款的清查。它是通过开户银行转来的对账单进行核对，以查明银行存款的实有数额。

2. 实物资产的清查方法

由于实物的形态、体积、重量、码放方式等不同，采用的清查方法也不同。主要有以下两种：

（1）实地盘点法。它是指在财产物资存放现场逐一清点数量或用计量仪确定其实存数的一种方法。此方法数字准确可靠，但工作量较大。

（2）技术推算法。它是指利用技术方法推算财产物资实存数的方法。适用于煤炭、砂石等大宗物资的清查。此方法盘点数字不够准确，但工作量较小。

3．往来款项的清查方法

往来款项的清查一般采用发询征函的方法进行核对。在保证往来账户记录完整正确的基础上，编制"往来款项对账单"，寄往各有关往来单位。对方单位核对后退回，盖章表示核对相符，如不相符则由对方单位另外说明。据此编制"往来款项清查表"，注明核对相符与不相符的款项，对不符的款项按有争议、未达账项、无法收回等情况归类合并，针对具体情况及时采取措施予以解决。

三、存货的盘存制度

1．实地盘存制

实地盘存制是指通过定期对实物的清点，来确定各项财产的期末结存数量，根据实际盘点所确定的实存数，倒挤本月各项财产物资的减少数，从而计算发出数量和金额及结存金额的一种方法。

采用实地盘存制，平时只根据会计凭证在账簿中登记财产的增加数，不登记减少数，期末对各项财产进行盘点，倒挤出本期各项财产的减少数。即

本期减少数=账面期初余额+本期增加数-期末实际结存数

期末存货成本=库存数量（实地盘点数）×单位成本

本期销售（耗用）成本=期初存货成本+本期购货成本-期末存货成本

实地盘存制的优点：平时对财产发出和结存数量可以不做详细记录，从而简化财产的明细分类核算工作。

实地盘存制的缺点：平时对各项财产的收入、发出和结存没有严密的手续，不能及时提供各种财产收、发、结存的动态信息，不利于进行日常管理和监督。一般它只适用于价值低、品种杂、进出频繁的商品。

2．永续盘存制

永续盘存制又称"账面盘存制"，它是对于资产的增加和减少，根据各种有关凭证，在账簿中逐日逐笔进行登记，并随时结算出各种资产账面结存数额的一种方法。

采用这种盘存制度要按资产项目设置明细账，对各类资产收发、结存数量予以记录。采用这种盘存方法，平时增加或减少某种财产时，都要根据会计凭证逐日逐笔在该财产明细账上做连续登记，并随时结出账面余额。永续盘存制下应按下列公式计算：

本期销售（耗用）成本=本期销售（耗用）数量×单位成本

账面期末余额=账面期初余额+本期增加额-本期减少额

永续盘存制的优点：在财产明细账中，可随时掌握财产收入、发出和结存的情况，有利于加强财产管理。但永续盘存制只能提供一个账面存数，由于自然和人为的原因，可能发生账实不符的现象，而要查明是否账实相符，仍需定期进行实地盘点。

永续盘存制的缺点：财产明细分类核算工作量较大，尤其对那些品种规格繁多的产品。如果月末一次结转销售（耗用）成本，计算工作过于集中。

> 存货盘存制度的主要作用是确定发出存货和结存存货的数量，确定存货的价值，还需要确定存货的单位成本。单位成本可以采用加权平均法、先进先出法、个别计价法等方法。
>
> 提示

四、财产清查结果的账务处理

财产清查后，如实存数与账存数一致，账实相符，则不必进行账务处理；如账实不符，不论是盘盈还是盘亏、毁损，都需要进行账务处理，调整账存数，使账存数与实存数一致。财产清查结果的账务处理分两步：

> 财产清查的结果出来后该怎么处理呢？

（1）根据已查明属实的财产盘盈、盘亏或毁损的数字编制的"实存账存对比表"，填制记账凭证，据以登记有关账簿，调整账簿记录，使各项财产物资的实存数和账存数一致。

（2）待查明原因明确责任后再根据审批后的处理决定文件，填制记账凭证，分别记入有关账户。

1．账户设置

"待处理财产损溢"账户核算小企业在清查财产过程中查明的各种财产盘盈、盘亏和毁损的价值。采购物资在运输途中因自然灾害等发生的损失或尚待查明的损耗，也通过本账户核算。应按照待处理流动资产损溢和待处理非流动资产损溢进行明细核算。

小企业的财产损益，应当查明原因，在年末结账前处理完毕，处理后本账户应无余额。

待处理财产损溢

盘亏和毁损的财产净值及转销盘盈财产的价值	盘盈财产的净值及转销盘亏和毁损的价值
尚未处理的各种财产物资的净损失	尚未处理的各种财产物资的净盈余

2．货币资金清查的账务处理

（1）现金的清查。库存现金清查的主要方法是实地盘点，即以库存现金实有数与现金账的账面余额进行核对。现金的清查包括出纳人员的每日清点和清查小组定期和不定期的清查。

每日业务终了，出纳人员应清点现金，同时应结出现金日记账的收支和结存余额，并检查现金实际库存与现金日记账的余额是否相符，做到当日账当日结清。

[例3-16] 新宏公司财务部门于2016年5月31日进行库存现金清查，发现现金溢余150元，根据"现金盘点报告表"应作如下账务处理：

借：现金 150
　　贷：待处理财产损溢——待处理流动资产损溢 150

上述溢余无法查明原因，批准列作营业外收入，作如下账务处理：

借：待处理财产损溢——待处理流动资产损溢 150
　　贷：营业外收入 150

[例 3-17]　新宏公司在清查盘点现金时，发现短缺 800 元，其中 500 元系由出纳员过失造成，另 300 元系无法查明的其他原因造成。

财产清查中发现现金短缺应先调整账簿记录，做到账实相符，根据"库存现金盘点报告表"应作会计分录如下：

借：待处理财产损溢——待处理流动资产损溢　　　　800
　贷：现金　　　　　　　　　　　　　　　　　　　　　800

上述现金短缺批准后予以转销。

根据批准文件短缺现金应由出纳员赔偿 500 元，其余 300 元计入"管理费用"应作会计分录如下：

借：其他应收款——应收现金短缺款　　　　500
　　管理费用　　　　　　　　　　　　　　　300
　贷：待处理财产损溢——待处理流动资产损溢　　　　800

（2）银行存款的清查。核对清查的方法是将企业的银行存款日记账和银行送来的"银行存款对账单"进行逐笔核对，每月至少进行一次。银行存款日记账与开户银行转来的对账单不一致的原因有两个方面：一是双方或一方记账有错误；二是存在未达账项。未达账项，是指公司与银行之间由于凭证传递和记账时间差的原因所出现的一方已经入账，而另一方尚未入账的款项。未达账项，大致有以下四种情况：

① 银行已收款记账而企业尚未收款记账的款项；

② 银行已付款记账而企业尚未付款记账的款项；

③ 企业已收款记账而银行尚未收款记账的款项；

④ 企业已付款记账而银行尚未付款记账的款项。

存在未达账项的情况下如何能知道银行存款的实有数呢？

对于未达账项是通过编制"银行存款余额调节表"来调整的（见表 3-1）。

[例 3-18]　新宏公司 2016 年 7 月 31 日的银行存款余额为 59 800 元，银行对账单余额为 61 080 元，经逐笔核对有如下未达账项：

（1）企业于 7 月 30 日开出转账支票一张，计 5 000 元，用于购进水泥，持票单位尚未到银行办理结算手续，银行尚未入账。

（2）企业于 7 月 31 日收到某业主送来的特约服务费 1 950 元，已送存银行，银行尚未入账。

（3）银行于 7 月 29 日收到某单位转来的服务费 2 230 元已入账，而企业尚未收到收款通知。

（4）企业应支付的本月水电费 4 000 元，银行于 7 月 31 日已代为支付，而企业尚未收到付款通知。

编制"银行存款余额调节表"如表 3-1 所示。

表 3-1　银行存款余额调节表　　　　　　　　　　　　　　　　　　　　　　单位：元

项　　目	金　　额	项　　目	金　　额
银行存款日记账余额	59 800	银行对账单余额	61 080
加：银行已收、企业尚未收到的款项	2 230	加：企业已收、银行尚未收款记账的款项	1 950
减：银行已付、企业尚未付出的款项	4 000	减：企业已付、但银行尚未付款记账的款项	5 000
调节后余额	58 030	调节后余额	58 030

> **提示**
>
> 　　需要说明的是，调节后的银行存款余额表示企业可以动用的银行存款数额。编制"银行存款余额调节表"主要是用来检查双方记账有无差错和掌握企业银行存款的可动用金额。但不能据此作为更改账面记录的依据，例如未达账项，必须收到结算凭证后才能进行账务处理。

3．存货清查结果的账务处理

存货清查的结果出现盘盈和盘亏时，应查明原因，并按批准前和批准后分别不同情况进行处理。批准处理前企业应先将盘盈、盘亏的存货价值记入"待处理财产损溢"账户，并调整存货的账面价值，使存货账实相符；批准后按不同的原因和处理结果转销"待处理财产损溢"账户。

（1）存货盘盈的账务处理。企业发生盘盈的存货，经查明是由于收发计量或计算上的误差等原因造成的，应及时办理存货入账手续，调整存货账面实存数，经有关部门批准后，将盘盈数直接冲减管理费用。

[例 3-19]　2016 年 12 月 31 日，新宏公司对原材料进行了盘点，发现 A 材料盘盈 50 千克，实际单位成本 4.2 元。经查属于收发计量方面的差错。

① 批准处理前：

借：原材料——A 材料　　　　　　　　　　　　　　　　　　210

　　贷：待处理财产损溢——待处理流动资产损溢　　　　　　　　　　210

② 批准处理后：

借：待处理财产损溢——待处理流动资产损溢　　　　　　　　210

　　贷：管理费用　　　　　　　　　　　　　　　　　　　　　　　210

（2）存货盘亏和毁损的核算。发生盘亏和毁损的存货，应在批准前首先调整存货账面记录，经批准后再根据不同原因分别进行处理：

① 属于定额内的自然损耗，经批准转作管理费用；

② 属于计量收发差错和管理不善等原因造成的存货盘亏或毁损，应先扣除残料价值、可以收回的保险赔偿和过失人赔偿，然后将净损失计入管理费用；

③ 属于自然灾害或意外事故等非常原因造成的存货盘亏，应将扣除残料价值和保险赔偿后的净额，计入营业外支出。

[例 3-20]　新宏公司 2016 年 6 月 30 日盘点材料。发生盘亏及 7 月处理情况如下：

甲材料账面余额 1 245 千克，盘存数 1 240 千克，单位成本 20 元/千克。

乙材料账面余额 643 千克，盘存数 543 千克，单位成本 10 元/千克。

丙材料账面余额 579 千克，盘存数 529 千克，单位成本 50 元/千克。

7 月 3 日，上述材料盘亏已查明原因，分别作如下处理：

甲材料盘亏系自然损耗，按规定批准转销；乙材料盘亏均为超定额损耗，经批准全部计入当期损益；丁材料盘亏系保管员管理不当所致，应全部由保管员赔偿，款项尚未收到。

批准处理前：

借：待处理财产损溢——待处理流动资产损溢	4 212	
贷：原材料——甲材料		100
——乙材料		1 000
——丙材料		2 500
应交税费——应交增值税（进项税额转出）		612

批准处理后：

借：管理费用	1 287	
其他应收款——应收过失人赔款	2 925	
贷：待处理财产损溢——待处理流动资产损溢		4 212

[例 3-21]　新宏公司库存商品因洪水毁损一批，其实际成本 50 000 元，经确认所耗用外购材料的增值税 5 100 元。保险公司同意赔偿损失 48 000 元，产品残料估价 5 000 元入库。

批准处理前：

借：待处理财产损溢——待处理流动资产损溢	55 100	
贷：库存商品		50 000
应交税费——应交增值税（进项税额转出）		5 100

批准处理后：

借：原材料	5 000	
其他应收款	48 000	
营业外支出	2 100	
贷：待处理财产损溢——待处理流动资产损溢		55 100

4. 固定资产清查的账务处理

对于盘盈、盘亏的固定资产，应填写盘存记录。清查结束后，应根据盘点的记录编制"固定资产盘盈盘亏报告表"，详细记录盘盈盘亏固定资产的编号、名称、原价或重置价值、累计已提折旧、估计已提折旧、净值，以及盘盈盘亏的原因等资料，作为固定资产清查的账务处理依据。

（1）固定资产盘盈的核算。清查中发现盘盈的固定资产，未报经批准处理前，按照同类或类似固定资产的市场价格或评估价值扣除按照该项固定资产新旧程度估计的折旧后的余额增加固定资产价值。待查明原因报经批准后处理。

[例 3-22]　新宏公司盘盈八成新的设备 2 台，该设备存在活跃的市场，估计市场价值 20 000 元，账务处理如下：

① 盘盈固定资产入账：

借：固定资产	16 000	
贷：待处理财产损溢——待处理非流动资产损溢		16 000

② 报经批准后，按其净值转为营业外收入，编制会计分录如下：

借：待处理财产损溢——待处理非流动资产损溢　16 000
　　贷：营业外收入　　　　　　　　　　　　　　　　16 000

（2）固定资产盘亏的核算。清查中发现盘亏的固定资产，在未查明原因及未报经批准前，首先调整固定资产账面记录，经批准后再根据不同原因分别进行处理。

[例 3-23]　新宏公司财产清查后，发现盘亏空调一台，账面原价 30 000 元，已提折旧 11 000 元。账务处理如下：

① 批准处理前：

借：待处理财产损溢——待处理非流动资产损溢　19 000
　　累计折旧　　　　　　　　　　　　　　　　　11 000
　　贷：固定资产　　　　　　　　　　　　　　　　　30 000

② 报经批准后：

借：营业外支出　　　　　　　　　　　　　　　19 000
　　贷：待处理财产损溢——待处理非流动资产损溢　　19 000

> **提示**　固定资产盘盈和盘亏的账务处理可别混淆啊！盘盈是实际有账面上却没有，按净值入账，相当于新增的固定资产；而盘亏是账面上有实际却没有，所以要将账面记录的原价和折旧注销。另外固定资产盘盈和盘亏的处理还要与固定资产处置区分清楚，是通过不同的账户核算的。

5. 往来结算款项清查的账务处理

在财产清查中发现的长期不清的往来款项，应当及时清理，对于经查明确定无法支付的应付款项和无法收回的应收款项，应按规定程序报经批准后做出账务处理。无法收回的应收账款列作坏账损失直接计入当期损益，无法支付的应付账款按规定列作营业外收入。

任务 4　利润的核算

利润，是指小企业在一定会计期间的经营成果。包括：营业利润、利润总额和净利润。

（1）营业利润，是指营业收入减去营业成本、税金及附加、销售费用、管理费用、财务费用，加上投资收益（或减去投资损失）后的金额。

营业收入，是指小企业销售商品和提供劳务实现的收入总额。投资收益由小企业股权投资取得的现金股利（或利润）、债券投资取得的利息收入和处置股权投资和债券投资取得的处置价款扣除成本或账面余额、相关税费后的净额三部分构成。

（2）利润总额，是指营业利润加上营业外收入，减去营业外支出后的金额。

（3）净利润，是指利润总额减去所得税费用后的净额。

利润总额和净利润的计算可用以下公式表示：

主营业务利润=主营业务收入-主营业务成本-税金及附加

其他业务利润=其他业务收入-其他业务支出

营业利润=主营业务利润+其他业务利润-销售费用-管理费用-财务费用

投资净收益=投资收益-投资损失

利润总额（或亏损总额）=营业利润+投资净收益+营业外收入-营业外支出

净利润=利润总额-所得税费用

一、营业外收支的账务处理

1.营业外收入

营业外收入，是指小企业非日常生产经营活动形成的、应当计入当期损益的、会导致所有者权益增加的、与所有者投入资本无关的经济利益的净流入。

小企业的营业外收入包括：非流动资产处置净收益、政府补助、捐赠收益、盘盈收益、汇兑收益、出租包装物和商品的租金收入、逾期未退包装物押金收益、确实无法偿付的应付款项、已作坏账损失处理后又收回的应收款项、违约金收益等。小企业按照规定实行企业所得税、增值税、消费税、营业税等先征后返的，应当在实际收到返还的企业所得税、增值税（不含出口退税）、消费税、营业税时，也计入营业外收入。

通常，小企业的营业外收入应当在实现时按照其实现金额计入当期损益。

为了核算小企业实现的各项营业外收入，应设置"营业外收入"账户，该账户的贷方登记企业发生的各项营业外收入，期末将本账户的余额转入"本年利润"账户，结转后无余额。本账户应按收入项目设置明细账，进行明细核算。

[例3-24]　新宏公司某月有关营业外收入的业务如下：

（1）因购货单位延期承付货款，按合同规定，收到延期付款滞纳金5 260元。

借：银行存款　　　　　　　　　　　　　　　　5 260

　　贷：营业外收入　　　　　　　　　　　　　　　5 260

（2）按规定程序批准将固定资产清查中发生的盘盈设备价值6 000元转作营业外收入。

借：待处理财产损溢——待处理非流动资产损溢　　6 000

　　贷：营业外收入——固定资产盘盈　　　　　　　6 000

2.营业外支出

营业外支出，是指小企业非日常生产经营活动发生的、应当计入当期损益、会导致所有者权益减少、与向所有者分配利润无关的经济利益的净流出。

小企业的营业外支出包括：存货的盘亏、毁损、报废损失，非流动资产处置净损失，坏账损失，无法收回的长期债券投资损失，无法收回的长期股权投资损失，自然灾害等不可抗力因素造成的损失，税收滞纳金，罚金，罚款，被没收财物的损失，捐赠支出，赞助支出等。

通常，小企业的营业外支出应当在发生时按照其发生额计入当期损益。

为了核算小企业发生的与其生产经营无直接关系的各项支出，企业应设置"营业外支出"账户，该账户的借方登记企业发生的各项营业外支出，期末，将本期营业外支出数额转入"本年利润"账户，结转后无余额。本账户应按支出项目设置明细账，进行明细核算。

[例3-25]　新宏公司某月发生的有关营业外支出的业务如下：

（1）以银行存款向灾区捐助8 500元。其账务处理如下：

借：营业外支出——捐赠支出　　　　　　　　　　　　　8 500
　　贷：银行存款　　　　　　　　　　　　　　　　　　　　8 500
（2）将固定资产清理中发生的净损失6 000元转作营业外支出。其账务处理如下：
借：营业外支出——处置固定资产净损失　　　　　　　　6 000
　　贷：待处理财产损溢——待处理非流动资产损溢　　　　　6 000
（3）以银行存款支付违约罚款1 800元。
借：营业外支出　　　　　　　　　　　　　　　　　　　1 800
　　贷：银行存款　　　　　　　　　　　　　　　　　　　　1 800

二、利润结转的账务处理

本年利润的结转方法有"账结法"和"表结法"两种。账结法就是企业期末结账时，将损益类各账户的余额，通过编制会计分录，将其全部转入"本年利润"账户，通过"本年利润"账户结出本期的利润总额或亏损，以及本年累积损益的一种方法。表结法是企业期末结账时，不需要把损益类各账户的余额，通过编制会计分录，将其全部转入"本年利润"账户，而是通过结出各损益类账户的本年累积余额，就可据以逐项填制"利润表"，通过"利润表"计算出从年初到本年累积利润，然后减去上期止本表中的本年累积利润，得出本期的利润或亏损的方法。采用"表结法"的企业，年终时必须采用"账结法"将损益类各账户的全年累积余额转入"本年利润"账户，集中反映本年的全年利润及其构成情况。

为了核算小企业当期实现的净利润（或发生的净亏损）应设置"本年利润"账户，年度终了，企业应将本年收入和支出相抵后结出的本年实现的利润总额或亏损总额，全部转入"利润分配"账户，结转后本账户应无余额。

本年利润

转入的损益类账户成本、费用、税金及支出数	转入的损益类账户的收入收益数
已经发生的亏损	已经实现的利润
转入利润分配账户的已实现利润	转入利润分配账户的已发生的亏损

损益类账户结转本年利润如图3-1所示：

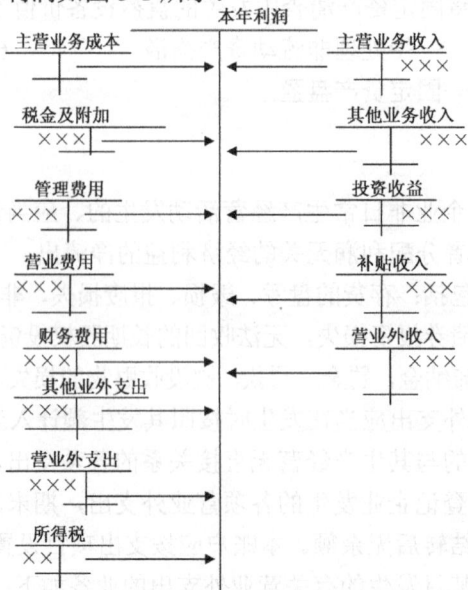

图3-1　损益类账户结转本年利润程序

[例 3-26]　新宏公司 2016 年 12 月末有关损益账户的余额（结账前）："主营业务收入"账户贷方余额 2 560 000 元；"其他业务收入"账户贷方余额 240 000 元；"投资收益"贷方余额 100 000 元；"营业外收入"贷方余额 11 260 元；"主营业务成本"账户借方余额 1 040 元；"税金及附加"账户借方余额 120 000 元；"其他业务支出"账户借方余额 160 000 元；"营业费用"账户借方余额 40 000 元；"管理费用"账户借方余额 86 000 元；"财务费用"账户借方余额 4 000 元；"营业外支出"账户借方余额 16 300 元。

根据上述有关账户的余额，采用"账结法"结转各损益账户，其账务处理如下：

借：主营业务收入　　　　　　　　　　　　　2 560 000
　　其他业务收入　　　　　　　　　　　　　　240 000
　　营业外收入　　　　　　　　　　　　　　　　11 260
　　投资收益　　　　　　　　　　　　　　　　100 000
　　贷：本年利润　　　　　　　　　　　　　2 911 260
借：本年利润　　　　　　　　　　　　　　　1 466 300
　　贷：主营业务成本　　　　　　　　　　　1 040 000
　　　　税金及附加　　　　　　　　　　　　　120 000
　　　　其他业务支出　　　　　　　　　　　　160 000
　　　　营业费用　　　　　　　　　　　　　　40 000
　　　　管理费用　　　　　　　　　　　　　　86 000
　　　　财务费用　　　　　　　　　　　　　　4 000
　　　　营业外支出　　　　　　　　　　　　　16 300

经过上述账项结转后，新宏公司的本年利润总额为 1 444 960 元（2 911 260 – 1 466 300 得出）。

> **提示**
>
> 　　财务专家钟文庆曾说过："利润永远看不见摸不着，世界上没有一样具体的东西叫利润，甚至公司保险柜里也没有任何一笔具体叫作利润的钱。"利润是财务报表的虚拟世界里一个统计后的财务数字。通过利润的计算及账务处理过程可以发现利润是在权责发生制的会计核算基础上通过对收入、费用的确认计算出来的。

三、所得税费用的核算

小企业应当按照企业所得税法规定计算的当期应纳税额，确认所得税费用。

1. 应纳税所得额的确定

税法规定的应纳税所得额为企业每一纳税年度的收入总额，减除不征税收入、免税收入、各项扣除，以及允许弥补的以前年度亏损后的余额。实际工作中一般在利润总额的基础上，按照企业所得税法规定进行纳税调整，计算出当期应纳税所得额，然后以应纳税所得额与适用所得税税率为基础计算确定当期应纳税额。

应注意区分应纳税所得额与应纳所得税额，简单理解，前者是指应交税的收入，后者是指应交多少税。两者的关系是：

应纳所得税额=应纳税所得额×所得税税率

应纳税所得额与税前利润的关系，可用下面的公式表示（即应纳税所得额的计算公式）：

应纳税所得额=利润总额（税前会计利润）±税收调整项目金额

纳税所得与税前会计利润之间的差异有两类：一是由于两者计算口径不一致而产生的差异，即永久性差异；二是由于两者计算时间不同而导致的差异，即时间性差异。

（1）永久性差异。永久性差异是指企业一定会计期间内，由于会计制度和税法在计算收益、费用或者损失时的口径不同，所产生的应纳税所得与税前会计利润之间的差异。

税收调整项目有哪些呢？

具体来讲，永久性差异有以下几种类型：

① 按会计制度规定核算时作为收益计入会计利润，在计算应纳税所得额时不确认为收益，也就是说，此类收益可以不用交所得税，如按我国税法规定，企业购买的国债产生的利息收入不计入应纳税所得额，不交所得税；但按照会计制度规定，企业购买国债产生的利息收入，应计入利润总额。

② 按会计制度规定核算时不作为收益计入当期利润，但在计算应纳税所得额时应作为收益，需要缴纳所得税，如企业以自己生产的产品用于工程项目、发放福利或对外投资时，税法上规定按该产品的售价（计税价格）与成本之间的差额计入应税所得，但会计制度规定按成本转账，不确认收入，不计入当期利润。

③ 按会计制度规定核算时确认为费用或损失从当期利润中扣除，在计算应纳税所得额时则不允许扣除。它包括项目差异和标准差异。

项目差异：违法经营的罚款和被没收的财务的损失；各项税收滞纳金、罚金、罚款；各种非公益、救济性的捐赠；各种赞助支出等。这些支出，会计制度规定可以作为企业的费用支出，但税法不允许扣减应税所得。

标准差异：利息支出、工资、工会经费、业务招待费等。企业发生的这些费用税法都规定了相应的扣除标准，如果实际发生数超过了标准，那么超过部分就不允许从应纳税所得额中扣除。

④ 按会计制度规定核算时不确认为费用或者损失，不能计入当期利润，但在计算应纳税所得额时则允许扣除。

（企业所得税税前费用扣除一览表）

（2）时间性差异。时间性差异是指企业在一定时期内税前会计利润与纳税所得之间对有些收入和支出项目因核算时间上的不一致而产生的差异。

时间性差异主要包括：

① 固定资产折旧。会计核算中，企业可以按低于国家规定的固定资产折旧年限，采用加速折旧法，但税法规定不经国家批准的企业实行加速折旧法前期多提的折旧额应作为计税利润，这种差异在固定资产的整个使用期内会因前后抵消而消失。

② 无形资产、长期待摊费用摊销。在会计核算中，企业可以按低于国家规定的期限进行摊销，但税法规定，在纳税时因缩短摊销期限而多摊的部分要作为计税利润，这种差异在无形资产、长期待摊费用整个使用期内或整个摊销期内会因抵消而消失。

时间性差异的影响，可能造成在某一特定时期内计入税前会因计利润和计入纳税所得的金额不同，最终的总金额是一致的。

2．所得税的核算

应设置"所得税费用"账户，核算小企业根据企业所得税法确定的应从当期利润总额中扣除的所得税费用。期末应将余额转入"本年利润"账户，结转后该账户无余额。

所得税费用

企业当期应从损益中扣除的所得税	转入"本年利润"账户的数额

[例 3-27]　新宏公司采用应付税款法对所得税进行核算。续例 3-26，本年实现利润总额 1 444 960 元，本年发生非广告性质的赞助 20 000 元，超过规定限额的业务招待费 50 000 元，被工商部门罚款 5 000 元。适用所得税税率 25%，1～12 月已计算缴纳所得税 150 000 元。

全年应纳税所得额=1 444 960+20 000+50 000+5 000=1 519 960（元）

全年应纳所得税额=1 519 960×25%=379 990（元）

年终应结转应交所得税=379 990-150 000=229 990（元）

借：所得税费用　　　　　　　　　　　　　　　　229 990

　贷：应交税费——应交企业所得税　　　　　　　　　　229 990

任务 5　利润分配的核算

一、利润分配的内容和程序

小企业实现的利润必须按照国家及企业的有关规定予以分配，其利润分配大致分为三大部分：①提取盈余公积；②向投资者分配利润（或股利）；③留待以后年度分配，即未分配利润。

净利润都归企业老板所有吗？

小企业的利润总额扣除所得税后的净额为净利润。净利润加上年初未分配利润和其他转入后的余额，为可供分配的利润，企业可供分配的利润，除国家另有规定者外，按照下列顺序分配：

（1）弥补以前年度亏损。企业发生的亏损，可以用以后年度实现的利润进行弥补，按现行规定弥补期限超过 5 年的用税后利润弥补。

（2）提取法定盈余公积。法定盈余公积按照净利润的 10% 提取，当企业法定盈余公积达到注册资本的 50% 时可不再提取。

（3）提取任意公积金。企业在提取法定盈余公积后，还可根据需要和可能，提取任意公积金。

（4）向投资者分配利润。企业以前年度未分配的利润，可以并入本年度向投资者分配。

二、利润分配的账务处理

为了核算企业净利润的分配（或亏损的弥补）和历年分配（或弥补）后的积存余额，应设置"利润分配"账户。分别"提取法定盈余公积""提取任意盈余公积""应付利润"、"未分配利润"等进行明细分类核算。

利润分配

年末转入的全年发生的亏损、提取的法定盈余公积和任意盈余公积、分配的股利或利润	年末转入的全年实现的利润，或用盈余公积弥补亏损
历年积存的未弥补亏损	历年积存的未分配利润

[例 3-28]　假设新宏公司 2016 年净利润为 1 180 000 元，年末分配的资料如下：

（1）按净利润的 10% 提取法定盈余公积 118 000 元。

借：利润分配——提取法定盈余公积　　　　　　　　118 000
　　贷：盈余公积——法定盈余公积　　　　　　　　　　　118 000

（2）根据法律规定，按净利润的 5% 提取任意盈余公积 59 000 元。

借：利润分配——提取任意盈余公积　　　　　　　　59 000
　　贷：盈余公积——任意盈余公积　　　　　　　　　　　59 000

（3）根据协议，向投资者分派利润 500 000 元，结转应付利润时：

借：利润分配——应付利润　　　　　　　　　　　　500 000
　　贷：应付利润　　　　　　　　　　　　　　　　　　　500 000

（4）将本年净利润 1 180 000 元，转入"利润分配"账户。

借：本年利润　　　　　　　　　　　　　　　　　1 180 000
　　贷：利润分配——未分配利润　　　　　　　　　　　1 180 000

（5）将"利润分配"有关明细账户的余额，转入"利润分配——未分配利润"明细账户。

借：利润分配——未分配利润　　　　　　　　　　677 000
　　贷：利润分配——提取法定盈余公积　　　　　　　　118 000
　　　　　　　　——提取任意盈余公积金　　　　　　　　59 000
　　　　　　　　——应付利润　　　　　　　　　　　　500 000

三、留存收益的核算

留存收益是指企业从历年实现的利润中提取或留存于企业的内部积累，留存收益包括企业的盈余公积和未分配利润。

1．盈余公积的核算

盈余公积是指小企业按照法律规定在税后利润中提取的法定公积金和任意公积金。小企业用盈余公积弥补亏损或者转增资本，应当冲减盈余公积。小企业的盈余公积还可用于扩大生产经营。

为了反映和监督企业盈余公积的提取和使用等增减变动情况，企业应设置"盈余公积"账户，应当分别"法定盈余公积""任意盈余公积"进行明细核算。

盈余公积

企业将盈余公积补亏，用于转增资本而减少盈余公积的数额等	企业按照规定提取盈余公积核算的数额
	企业提取尚未使用的盈余公积结存数

[例 3-29]　假定新宏公司本年发生的有关盈余公积的业务如下：

（1）盈余公积的提取（见例 3-28）。

（2）企业用盈余公积 30 000 元弥补亏损时，按照当期弥补亏损的数额：

借：盈余公积——法定盈余公积　　　　　　　　　　　　　　30 000

　贷：利润分配——其他转入　　　　　　　　　　　　　　　　　30 000

企业用提取的盈余公积 20 000 元转增资本时，按照批准的转增资本数额：

借：盈余公积——法定盈余公积　　　　　　　　　　　　　　20 000

　贷：实收资本　　　　　　　　　　　　　　　　　　　　　　　20 000

2．未分配利润的核算

未分配利润，是指小企业实现的净利润，经过弥补亏损、提取法定公积金和任意公积金、向投资者分配利润后，留存在本企业的、历年结存的利润。

计算公式：**未分配利润=期初未分配利润+本期净利润−本期已分配利润**

应设置"利润分配——未分配利润"账户进行未分配利润的核算。

用盈余公积弥补亏损时：

借：盈余公积——法定盈余公积

　贷：利润分配——未分配利润

小企业按批准的应转增资本的金额，在办理增资手续后：

借：利润分配——未分配利润

　贷：实收资本

年度终了，企业应将全年实现的净利润，自"本年利润"账户转入"利润分配——未分配利润"账户。将"利润分配"账户下的其他明细账户的余额，转入"未分配利润"明细账户。结转后，除"未分配利润"明细账户外，其他明细账户应无余额。

借：利润分配——未分配利润

　贷：利润分配——应付利润

　　　利润分配——提取法定盈余公积

> **提示**
>
> 结转后，"未分配利润"明细账户的贷方余额表示未分配的利润数额，如出现借方余额，则表示未弥补的亏损数额。

动手做账

资料：新宏有限责任公司 2016 年 12 月发生以下经济业务。

【业务 1】 （见表 3-2、表 3-3）

表 3-2

罚款收据

第三联：会计联

2016 年 12 月 7 日 　　　　　　　　　　　　　　　　№12589426

交款单位	新宏有限责任公司	交款方式		转账							
人民币 （大写）	壹仟陆佰元整		百	十	万	千	百	十	元	角	分
					¥	1	6	0	0	0	0
交款事由			环境污染罚款								
收款单位：		主管：		会计：			出纳：				

收费专用章

表 3-3

中国工商银行
转账支票存根

D H 00001415

账　　户：＿＿＿＿＿＿＿＿＿＿

对方账户：＿＿＿＿＿＿＿＿＿＿

出票日期：2016 年 12 月 7 日

收款人：	南京市环保局
金　额：	1 600 元
用　途：	支付罚款

单位主管：　　　　会计：

【业务2】（见表3-4）

表3-4

收款收据

2016 年 12 月 10 日 　　　　　 №11577528

交款单位	黄洪鑫	交款方式	现金								
人民币 （大写）	陆佰元整		百	十	万	千	百	十	元	角	分
						¥	6	0	0	0	0
交款事由			财物损坏赔偿				现金收讫				

收款单位：　　　　　主管：　　　　　会计：　　　　　出纳：

【业务3】（见表3-5、表3-6）

表3-5

中华人民共和国
税收转账专用完税证

填发日期：2016 年 12 月 11 日

纳税人代码	280602002234678		开户银行		工行南京东湖支行	
纳税人名称	新宏有限责任公司		账号		180100112200100888	
税种	品目名称	税款所属时期	课税数量	计税金额或销售收入	税率或单位税额	已缴或扣除额	实缴金额
个人所得税		2016.11		60 000.00	5%		3 000.00
城市维护建设税		2016.11		100 000.00	7%		7 000.00
教育费附加		2016.11		100 000.00	4%		4 000.00
金额合计	（大写）壹万肆仟元整				¥ 14 000.00		
税务机关 （盖章）	收款银行 （盖章）			填票人（章）	备 注	上列款项已收妥并划转收款 单位账户 国库（银行）盖章	

表 3-6

中华人民共和国
税收通用缴款书

（032）南京

国电缴

隶属关系：

№1055806

注册类型：　　　　　　　　填发日期：2016 年 12 月 11 日　　　　　　　征收机关：直属分局

缴款单位（人）	代码	280602002234678	预算账户	编码	
	名称	新宏有限责任公司		名称	
	开户银行	工行南京东湖支行		级次	
	账号	18010011220010888	收款国库		

| 税款所属日期：2016 年 11 月 1 日至 11 月 30 日 | | | 税款限缴日期：2016 年 12 月 11 日 | |

品目名称	课税数量	计税金额或销售收入	税率或单位税额	已缴或扣除额	实缴金额
增值税					130 000.00
企业所得税					31 697.18
金额合计	大写：壹拾陆万壹仟陆佰玖拾柒元壹角捌分			￥161 697.18	
缴款单位经办人（盖章）	税务机关（盖章）填票人（章）		上列款项已收妥并划转收款单位账户　国库（银行）盖章		备注

注：含上月末交增值税 30 000 元。

【业务4】 （见表 3-7）

表 3-7

新宏公司费用摊销计算单

2016 年 12 月 31 日

单位：元

费用内容	发生日期	列支项目	本月负担金额	备注
报刊订阅费	2016 年 1 月 1 日	管理费用	500	
广告费	2016 年 9 月 29 日	销售费用	5 000	
合计			5 500	

主管：　　　　会计：　　　　复核：　　　　制单：

【业务5】 （见表 3-8、表 3-9）

表 3-8

财产物资盘点报告表

2016 年 12 月 31 日

名称	规格型号	计量单位	单位成本	账面数	实存数	盘盈		盘亏		备注
						数量	金额	数量	金额	
专用塑料		千克	30	4 700	4 600					管理不善造成，由过失人赔偿 60%
进项税额		元								
合计										

批准人：俞开平　　　　　　　　　　　　　　　　　　　　　制单：林珊

注：依据月末加权平均单价填表

表 3-9

固定资产盘点报告表

2016 年 12 月 31 日

名称及型号	计量单位	盘盈			盘亏			备注
		数量	重置价值	估计折旧	数量	原始价值	已提折旧	
联想电脑	台				1	8 000 元	4 000 元	意外
合计								
处理意见	列入"营业外支出"							

张方军 2016.12.31 日

【业务 6】　（见表 3-10）

表 3-10

城市维护建设税及教育费附加计算

2016 年 12 月 31 日　　　　　　　　　　单位：元

计 算 基 数		城市维护建设税		教育费附加	
流转税	金额	税率	金额	提取率	金额
增值税		7%		4%	
消费税					
合计					

会计主管：　　　　　　复核：　　　　　　　制单：

【业务 7】　（见表 3-11～表 3-13）

表 3-11

利润总额计算表

2016 年 12 月 31 日

损益类账户名称	本期发生额合计		备 注
	借方	贷方	
主营业务收入			
主营业务成本			
税金及附加			
其他业务收入			
其他业务成本			
销售费用			
管理费用			
财务费用			
投资收益			
营业外收入			
营业外支出			
合计			

主管：　　　　会计：　　　　　复核：　　　　　　制单：

注：根据各损益类账户的本月发生合计数填列，作为结转利润的原始凭证，假定 1～11 月每月都做了结转。

表 3-12

所得税计算表

2016 年 12 月 31 日

应纳税所得额	适 用 税 率	应纳所得税额

主管：　　　　会计：　　　　　　复核：　　　　　　制单：林珊

注：该企业全年共发生业务招待费 56 820 元，发生广告及业务宣传费 50 645 元。

《中华人民共和国企业所得税法实施条例》第 43 条规定：企业发生的与生产经营活动有关的业务招待费支出，按照发生额的 60%扣除，但最高不得超过当年销售（营业）收入的 5‰。第 44 条规定：企业发生的符合条件的广告费和业务宣传费支出，除国务院财政、税务主管部门另有规定外，不超过当年销售（营业）收入 15%的部分，准予扣除；超过部分，准予在以后纳税年度结转扣除。

表 3-13

所得税结转利润表

2016 年 12 月 31 日

损益类账户名称	期末余额		备　注
	借方	贷方	
所得税费用			

主管：　　　　会计：　　　　复核：　　　　　　制单：

【业务 8】　（见表 3-14）

表 3-14

法定公积金、任意公积金计提表

2016 年 12 月 31 日　　　　　　　　　　　　　　　　　　金额单位：元

项　　目	税 后 利 润	提 取 比 例	提 取 金 额
法定公积金		10%	
任意公积金		5%	

主管：　　　　会计：　　　　复核：　　　　　　制单：

【业务 9】　（见表 3-15）

表 3-15

应付利润计算表

2016 年 12 月 31 日

税 后 利 润	期 末 余 额		分 配 比 例	应 付 金 额
	借方	贷方		
			20%	

主管：　　　　会计：　　　　复核：　　　　　　制单：

公司决定本年度净利润中，按 20%的比例向投资者分配利润。

【业务 10】　编制年末有关利润分配的结账分录

知识检测

一、单项选择题

1. 财产清查的内容不包括（　　　）。
   A. 货币资金
   B. 财产物资
   C. 应收、应付款项
   D. 对外投资

2. 银行对账单余额为 24 000 元，企业已收、银行未收的款项为 2 100 元，企业未收、银行已收的款项为 1 500 元，企业已付、银行未付的款项为 1 600 元。则调整后的存款余额为（　　　）元。
   A. 22 500
   B. 23 500
   C. 24 500
   D. 25 500

3. 留存收益包括（　　）和未分配利润两部分。
   A. 资本公积
   B. 盈余公积
   C. 实收资本
   D. 营业利润

4. 因管理不善造成的流动资产盘亏毁损，应在（　　　）账户列支。
   A. "制造费用"
   B. "管理费用"
   C. "营业外支出"
   D. "生产成本"

5. 下列项目中，应计入营业外收入的有（　　　）。
   A. 罚款收入
   B. 保险赔偿款
   C. 报废包装物残值收入
   D. 接受捐赠的现金收入

6. 某企业本月营业利润为 220 000 元，营业外支出为 40 000 元，营业外收入为 20 000 元。则该企业本月实现的利润总额为（　　　）元。
   A. 200 000
   B. 280 000
   C. 160 000
   D. 180 000

二、多项选择题

1. 下列税金中，属于流转税的有（　　　）。
   A. 增值税
   B. 所得税
   C. 营业税
   D. 消费税

2. 一般纳税人企业准予抵扣的增值税进项税额有（　　　）。
   A. 购进货物从销货方取得的增值税专用发票上注明的增值税
   B. 购进工程物资从销货方取得的增值税专用发票上注明的增值税
   C. 进口货物从海关取得的完税凭证上注明的增值税
   D. 购进固定资产从销货方取得的专用发票上注明的增值税
   E. 购进包装物从销货方取得的专用发票上注明的增值税

3. 清查库存现金时发现的现金溢余，经核查后属于应支付给其他单位的款项。则应（　　　）。
   A. 借记"待处理财产损溢——待处理流动资产损溢"
   B. 借记"其他应付款"
   C. 贷记"待处理财产损溢——待处理流动资产损溢"
   D. 贷记"其他应付款"

4. 下列各项中，应记入"税金及附加"账户的有（　　　）。
   A. 产品销售应交增值税
   B. 产品销售应交消费税

C．产品销售应交资源税　　　　　　D．产品销售应交城市维护建设税

E．出租固定资产应交营业税

5．下列项目中，属于营业外支出的是（　　　）。

A．转让无形资产所得的价款低于无形资产和相关支出之和

B．罚款和没收财物的支出

C．对外捐赠

D．退休人员薪金方面的支出

6．提取法定盈余公积时，应（　　　）。

A．借记"利润分配——提取法定盈余公积"

B．贷记"利润分配——提取法定盈余公积"

C．借记"盈余公积——法定盈余公积"

D．贷记"盈余公积——法定盈余公积"

三、判断题

1．在会计核算中，如果企业不能取得有关扣税凭证，则购进货物时支付的增值税只能计入所购货物的成本。　　　　　　　　　　　　　　　　　　　　　　（　　　）

2．采用永续盘存制的企业，能及时反映各项财产物资的结存额，所以不需要对财产物资进行清查盘点。　　　　　　　　　　　　　　　　　　　　　　　　（　　　）

3．营业外收支是指企业发生的与其生产经营活动无直接关系的各项收入和支出。

（　　　）

模块 4　小企业财务报表编制

基本要求：	掌握资产负债表、利润表、现金流量表的内容、结构和编制方法。
重　　点：	资产负债表、利润表的内容、结构和编制方法。
难　　点：	资产负债表、利润表、现金流量表的编制方法。

案例导入

如果你因为投资想了解一家企业的财务状况，如有多少资产，欠别人多少债务，盈利情况怎样等，那首先需要的是什么资料？当然是企业的财务报表。股神巴菲特就是财务报表分析解读的"大神"。财务报表作为会计核算工作的最终成果，就是给企业内外提供会计信息以供决策管理者使用。

找一张资产负债表先看看表中的项目，有没有发现大部分报表项目名称就是账户的名称，有些又不是，报表项目和账户是什么关系呢？报表项目上的数字如何填报呢？国家的会计准则对报表的编制方法有明确的规定。

知识链接

财务报表，是指对小企业财务状况、经营成果和现金流量的结构性表述。小企业的财务报表至少应当包括资产负债表、利润表、现金流量表及附注。

《会计基础工作规范》对于财务报告主要做了以下规定：

（1）各单位必须按照国家统一会计制度规定定期编制财务报告。财务报告可分月度、季度、半年度、年度编制。对外报送的财务报告的格式、编制要求、报送期限应当符合国家有关规定；单位内部使用的财务报告，其格式和要求由各单位自行规定。

（2）会计报表应当根据登记完整、核对无误的会计账簿记录和其他有关资料编制，做到数字真实、计算准确、内容完整、说明清楚。任何人不得篡改或者授意、指使、强令他人篡改财务报告数字。

（3）会计报表之间、会计报表各项目之间，凡有对应关系的数字，应当相互一致。

（4）单位领导人对报送的财务报告的合法性、真实性负法律责任。

（5）根据法律和国家有关规定应当对财务报告进行审计的，财务报告编制单位应当先行委托注册会计师进行审计，并将注册会计师出具的审计报告随同财务报告一并报送有关部门。

任务1 编制资产负债表

一、资产负债表的作用

资产负债表，是反映小企业在某一特定日期的财务状况的报表。该表根据"资产=负债+所有者权益"这一会计等式，按照一定的标准和顺序，将企业一定日期的资产、负债、所有者权益等项目予以适当排列。

资产负债表可以反映企业资产负债的构成及其状况，分析企业在某一日期所拥有的经济资源及其分布情况；了解企业负债的基本信息，分析企业目前与未来需要支付的债务数额；可以反映企业所有者权益的情况，了解企业现有的投资者在企业资产总额中所占的份额，以及企业的资本结构和财务实力，有助于报表使用者分析、预测企业生产经营的安全程度和抗风险的能力。

> **提示**　资产负债表反映的时点指标只是某年某月某日某一时刻的数字，意味着报表所提供的数字是企业目前所拥有的、未来可使用的资产和目前所承担的、未来要偿还的负债。

报表是根据账户编制的，是直接根据账户余额填列吗？

二、资产负债表编制方法

表中"年初余额"栏内各项数字，应根据上年末资产负债表"期末余额"栏内所列数字填列。"期末余额"各项目应根据相关账户的期末余额填列。由于报表中项目与账户并不完全一致，因此可以将各项目的填列方法归纳为以下几类。

1. 根据同类总账账户的期末余额合并计算填列

（1）"货币资金"项目，应根据"现金""银行存款""其他货币资金"账户的期末余额合计填列。

（2）"存货"项目，反映小企业期末在库、在途和在加工中的各项存货的成本。应根据"材料采购""在途物资""原材料""材料成本差异""生产成本""库存商品""商品进销差价""委托加工物资""周转材料""消耗性生物资产"等账户的期末余额分析填列。

2. 根据总账账户、明细账户的期末余额分析填列

（1）"应收账款"项目，应根据"应收账款"账户所属各明细账户的期末借方余额合计，加上"预收账款"所属明细账户的借方余额合计填列，如"应收账款"账户所属明细账户期末有贷方余额，应在"预收账款"项目填列。

（2）"预付账款"项目，应根据"预付账款"所属明细账户的期末借方余额合计，加上"应付账款"所属明细账户的借方余额合计填列。若"预付账款"所属明细账户的期末为贷方余额，应合并到"应付账款"项目填列。

（3）"应付账款"项目，应根据"应付账款"账户所属各有关明细账户的期末贷方余额合计，加上"预付账款"所属明细账户的期末贷方余额填列，如"应付账款"账户所属各明细账户期末为借方余额，应在"预付账款"项目填列。

（4）"预收账款"项目，应根据"预收账款"所属各明细账户的期末贷方余额合计，加上"应收账款"账户所属明细账户期末贷方余额合计填写，"预收账款"所属各明细账户的期末若为借方余额，则在"应收账款"项目填列。

> **提示**
>
> 以上这些账户都是往来结算账户，想一想它们的账户结构。当出现反方向余额时，它们的性质就发生了变化，如"应收账款"若为期末贷方余额就成"预收账款"了，这样填列就可以客观地反映企业的资产负债情况。

（5）"长期债券投资"项目，应根据"长期债券投资"账户的期末余额分析填列，其中于1年内（含1年）到期的长期债券投资应列入其他流动资产项目。

（6）"长期待摊费用"项目，应根据"长期待摊费用"账户的期末余额减去将于1年内（含1年）摊销的数额后的金额填列。将于1年内（含1年）摊销的数额列入"其他流动资产"项目。

（7）"其他流动资产"项目，反映小企业除以上流动资产项目外的其他流动资产（含1年内到期的非流动资产）。本项目应根据有关账户的期末余额分析填列。

（8）"生产性生物资产"项目，反映小企业生产性生物资产的账面价值。本项目应根据"生产性生物资产"账户的期末余额减去"生产性生物资产累计折旧"账户的期末余额后的金额填列。

（9）"无形资产"项目，反映小企业无形资产的账面价值。本项目应根据"无形资产"账户的期末余额减去"累计摊销"账户的期末余额后的金额填列。

（10）"未分配利润"项目，应根据"本年利润"账户和"利润分配"账户的余额计算填列。平时（1～11 月）根据"本年利润"账户贷方余额，减去"利润分配"借方余额的差额填列，年末则根据"利润分配"账户的期末贷方余额直接填列。

> **提示**
>
> 想一想为什么要分平时和年末？因为年末结账后"本年利润"都已转入了"利润分配"，"本年利润"账户年末则没有余额。

3. 根据总账账户的期末余额直接填列

除了以上需要计算填列的项目外，资产负债表中大部分项目是根据总账账户的期末余额直接填列的。资产类账户按期末借方余额填列，负债类和所有者权益类账户按期末贷方余额填列，如果出现反方向余额，则以"–"号填列。

4．根据表中数据的逻辑关系计算填列，如合计、总计等

[例4-1]　新宏公司2016年12月31日有关账户的期末余额如表4-1、表4-2所示。

表4-1

总分类账户期末余额表

2016年12月31日　　　　　　　　　　　　　　　　　　　　单位：元

账　　户	借 方 余 额	账　　户	贷 方 余 额
现金	5 000	短期借款	117 200
银行存款	175 588	应付票据	205 216
其他货币资金	60 000	应付账款	169 500
短期投资	86 000	预收账款	–210 000
应收票据	58 600	应付职工薪酬	351 350
应收账款	95 680	应交税费	324 399
预付账款	38 900	应付利润	321 654
其他应收款	61 000	长期借款	810 000
在途物资	59 000	长期应付款	69 000
原材料	545 000	实收资本	5 560 000
周转材料	120 600	资本公积	1 840 581
生产成本	234 560	盈余公积	627 756
库存商品	570 432	利润分配	429 000
长期债权投资	328 800		
固定资产	7 000 000		
累计折旧	-939 306		
在建工程	1 907 502		
无形资产	153 580		
长期待摊费用	54 720		
合计	10 615 656	合计	10 615 656

表4-2

往来明细账期末余额表

账　　户	借或贷	金　　额	账　　户	借 或 贷	金　　额
应收账款	借	95 680	应付账款	贷	169 500
——正平公司	贷	10 000	——星光厂	贷	225 700
——立达公司	借	105 680	——超胜公司	借	56 200
预付账款	借	38 900	预收账款	借	210 000
——红兴公司	借	58 900	——德益公司	贷	80 000
——远丰公司	贷	20 000	——新世纪公司	借	290 000

其他有关资料如下：

长期债权投资中一年内到期债券投资 54 000 元；

一年内到期归还的长期借款 200 000 元；

根据上述资料，编制新宏公司 2016 年年末资产负债表（见表 4-3）。

表 4-3

资产负债表

编制单位：新宏公司　　　　　　　　2016 年 12 月 31 日　　　　　　　　单元：元

资　产	行　次	期末余额	年初余额	负债及所有者权益	行　次	期末余额	年初余额
流动资产：				流动负债：			
货币资金	1	240 588	2 554 667	短期借款	31	117 200	65 200
短期投资	2	86 000	57 000	应付票据	32	205 216	186 532
应收票据	3	58 600	36 500	应付账款	33	245 700	326 597
应收账款	4	395 680	276 672	预收账款	34	90 000	50 000
预付账款	5	115 100	86 920	应付职工薪酬	35	351 350	332 687
应收股利	6			应交税费	36	324 399	286 597
应收利息	7			应付利息	37		
其他应收款	8	6 1000	3 200	应付利润	38	321 654	256 489
存货	9	1 529 592	1 354 370	其他应付款	39		
其中：原材料	10	545 000	523 415	其他流动负债	40	200 000	
在产品	11	234 560	185 621	流动负债合计	41	1 855 519	1 504 102
库存商品	12	570 432	452 891	非流动负债：			
周转材料	13	120 600	98 560	长期借款	42	610 000	810 000
其他流动资产	14	54 000		长期应付款	43	69 000	75 000
流动资产合计	15	2 540 560	4 369 329	递延收益	44		
非流动资产：				其他非流动负债	45		
长期债券投资	16	274 800	328 800	非流动负债合计	46	679 000	885 000
长期股权投资	17			负债合计	47	2 534 519	2 389 102
固定资产原价	18	7 058 263	6 158 956				
减：累计折旧	19	939 306	865 892				
固定资产账面价值	20	6 118 957	5 293 064				
在建工程	21	1 907 502	528 610				
工程物资	22						
固定资产清理	23						
生产性生物资产	24			所有者权益（股东权益）			
无形资产	25	95 317	86 215	实收资本（或股本）	48	5 560 000	5 560 000
开发支出	26			资本公积	49	1 840 581	1 791 520

续表

资　产	行　次	期末余额	年初余额	负债及所有者权益	行　次	期末余额	年初余额
长期待摊费用	27	54 720	32 100	盈余公积	50	627 756	538 896
其他非流动资产	28			未分配利润	51	429 000	358 600
非流动资产合计	29	8 451 296	6 268 789	所有者权益（或股东权益）合计	52	8 457 337	8 249 016
资产总计	30	10 991 856	10 638 118	负债和所有者权益（或股东权益）总计	53	10 991 856	10 638 118

任务2　编制利润表

一、利润表的作用

利润表，是指反映小企业在一定会计期间的经营成果的报表。利润表的主要作用是通过利润表可以反映企业在一定会计期间收入、费用、利润的数额、构成情况，全面了解企业的经营成果，分析企业的获利能力及盈利增长趋势，从而为做出经济决策提供依据。

> **提示**
> 看一下利润表结构，利润形成过程的计算步骤就可一目了然。

二、利润表的编制方法

利润表反映小企业在一定期间内实现利润（亏损）的实际情况，是一张动态报表，因而它填列的主要依据是损益类账户的本期实际发生额和累计发生额。表中"本年累计金额"栏反映各项目自年初起至报告期末止的累计实际发生额。"本月金额"栏反映各项目的本月实际发生额；在编报年度财务报表时，应将"本月金额"栏改为"上年金额"栏，填列上年全年实际发生额。

[例4-2]　新宏公司2016年9月相关资料如表4-4所示。

表4-4　新宏公司损益账户发生额汇总表（未结转利润以前）　　单位：元

账户名称	1～8月累计发生额		9月发生额	
	借方发生额	贷方发生额	借方发生额	贷方发生额
主营业务收入	20 000	3 852 000		526 500
其他业务收入		98 600		56 306
投资收益		158 600		17 622
营业外收入		133 280		22 120
主营业务成本	2 124 500		215 875	
税金及附加	497 909		51 990	
其他业务成本	63 440		32 582	

续表

账 户 名 称	1～8月累计发生额		9月发生额	
	借方发生额	贷方发生额	借方发生额	贷方发生额
销售费用	253 860		58 790	
管理费用	353 200		47 800	
财务费用	228 680	64 800	20 530	
营业外支出	63 500		5 000	
所得税费用	175 547.75		47 495.25	
合计	3 780 636.75	4 307 280	480 062.25	622 548

部分明细资料如表4-5所示。

表4-5　明细资料表 单位：元

序　号	账 户 名 称	1～8月累计发生额	9月发生额
1	税金及附加	497 909	51 990
	其中：营业税	135 687	
	城市维护建设税	86 214	36 450
	城镇土地使用税、房产税、车船税、印花税	226 743	6 500
	教育费附加、矿产资源补偿费、排污费	49 265	9 040
2	销售费用	253 860	58 790
	其中：商品维修费	78 354	25 620
	广告费和业务宣传费	86 720	14 568
3	管理费用	353 200	47 800
	其中：业务招待费	182 530	21 563
4	财务费用	163 880	20 530
	其中：利息费用	123 880	18 300

注：营业税为营改增前的。

根据以上资料编制利润表（见表4-6）。

表4-6　利润表

编制单位：新宏公司　　　　　　　　2016年9月　　　　　　　　　单位：元

项　　目	行次	本年累计金额	本 月 金 额
一、营业收入	1	3 930 600	582 806
减：营业成本	2	2 187 940	248 457
税金及附加	3	497 909	51 990
其中：消费税	4		
营业税	5	135 687	
城市维护建设税	6	86 214	36 450
资源税	7		

续表

项　目	行次	本年累计金额	本月金额
土地增值税	8		
城镇土地使用税、房产税、车船税、印花税	9	226 743	6 500
教育费附加、矿产资源补偿费、排污费	10	49 265	9 040
销售费用	11	253 860	58 790
其中：商品维修费	12	78 354	25 620
广告费和业务宣传费	13	86 720	14 568
管理费用	14	353 200	47 800
其中：开办费	15		
业务招待费	16	182 530	21 563
研究费用	17		
财务费用	18	163 880	20 530
其中：利息费用（收入以"－"号填列）	19	123 880	18 300
加：投资收益（损失以"－"号填列）	20	158 600	17 622
二、营业利润（亏损以"－"号填列）	21	632 411	172 861
加：营业外收入	22	133 280	22 120
其中：政府补助	23		
减：营业外支出	24	63 500	5 000
其中：坏账损失	25	32 100	
无法收回的长期债券投资损失	26		
无法收回的长期股权投资损失	27		
自然灾害等不可抗力因素造成的损失	28	15 200	
税收滞纳金	29		
三、利润总额（亏损总额以"－"号填列）	30	702 191	189 981
减：所得税费用	31	175 547.75	47 495.25
四、净利润（净亏损以"－"号填列）	32	526 643.25	142 485.75

任务3　编制现金流量表

一、现金流量表的作用

现金流量表，是指反映小企业在一定会计期间现金流入和流出情况的报表。应当分别按经营活动、投资活动和筹资活动列报现金流量。现金流量应当分别按照现金流入和现金流出总额列报。

这里的现金，是指小企业的库存现金，以及可以随时用于支付的存款和其他货币资金。

现金流量表将现金流量划分为经营活动、投资活动和筹资活动所产生的，并按流入现金和流出现金项目分别反映，全面反映企业财务状况变动的原因及企业现金流入、流出等现金流量变化的真实状况，便于报表使用者分析企业财务状况及其变动的原因，分析企业净利润与经营活动产生现金流量之间差异的原因，进而评价企业支付能力、周转能力，预测企业未来现金流量；分析企业未来获取现金的能力，从而有助于领导者做出相应的决策。

> **提示**
>
> 　　资产负债表是反映企业在某一特定日期财务状况的报表，它反映企业在一定日期所拥有的资产及构成、需偿还的债务金额及时间、投资者所拥有的净资产的情况，但它没有说明企业资产、负债和所有者权益为什么会从期初的总量和结构变化到期末的总量和结构；利润表是反映企业一定时期经营成果的会计报表，即利润或亏损的情况，表明企业运用所拥有的资产的获利能力，但利润表是按权责发生制原则确认收入和费用的，它无法提供现金实际流入和流出的信息。因而这两张报表无法说明企业流动性最强的现金的流入与流出的多少，还需要编制现金流量表。

二、现金流量表的编制方法

现金流量表中"本年累计金额"栏反映各项目自年初起至报告期末止的累计实际发生额。"本月金额"栏反映各项目的本月实际发生额；在编报年度财务报表时，应将"本月金额"栏改为"上年金额"栏，填列上年全年实际发生额。

现金流量表各项目的内容及填列方法如下所述。

1. 经营活动产生的现金流量

（1）"销售产成品、商品、提供劳务收到的现金"项目，反映小企业本期销售产成品、商品、提供劳务收到的现金。本项目可根据"库存现金""银行存款""主营业务收入""应收账款""应收票据""其他业务收入"等账户的本期发生额分析填列。

> **提示**
>
> 　　销售商品、提供劳务收到的现金=当期销售商品、提供劳务收到的现金+当期收到前期的应收账款和应收票据+当期预收账款-当期销售退回而支付的现金+当期收回前期核销的坏账。

（2）"收到其他与经营活动有关的现金"项目，反映小企业本期收到的其他与经营活动有关的现金。本项目可根据"库存现金"和"银行存款"等账户的本期发生额分析填列。

（3）"购买原材料、商品、接受劳务支付的现金"项目，反映小企业本期购买原材料、商品、接受劳务支付的现金。本项目可根据"库存现金""银行存款""其他货币资金""原材料""库存商品"等账户的本期发生额分析填列。

> **提示**
>
> 　　购买商品、接受劳务支付的现金=当期购买商品、接受劳务支付的现金+当期支付前期的应付账款和应付票据+当期的预付款项当期因退货回收的现金。

（4）"支付的职工薪酬"项目，反映小企业本期向职工支付的薪酬。本项目可根据"库存现金""银行存款""应付职工薪酬"账户的本期发生额填列。

（5）"支付的税费"项目，反映小企业本期支付的税费。本项目可根据"库存现金""银行存款""应交税费"等账户的本期发生额填列。

（6）"支付其他与经营活动有关的现金"项目，反映小企业本期支付的其他与经营活动有关的现金。本项目可根据"库存现金""银行存款"等账户的本期发生额分析填列。

2. 投资活动产生的现金流量

（1）"收回短期投资、长期债券投资和长期股权投资收到的现金"项目，反映小企业出售、转让或到期收回短期投资、长期股权投资而收到的现金，以及收回长期债券投资本金而收到的现金，不包括长期债券投资收回的利息。本项目可根据"库存现金""银行存款""短期投资""长期股权投资""长期债券投资"等账户的本期发生额分析填列。

（2）"取得投资收益收到的现金"项目，反映小企业因权益性投资和债权性投资取得的现金股利或利润和利息收入。本项目可根据"库存现金""银行存款""投资收益"等账户的本期发生额分析填列。

（3）"处置固定资产、无形资产和其他非流动资产收回的现金净额"项目，反映小企业处置固定资产、无形资产和其他非流动资产取得的现金，减去为处置这些资产而支付的有关税费等后的净额。本项目可根据"库存现金""银行存款""固定资产清理""无形资产""生产性生物资产"等账户的本期发生额分析填列。

（4）"短期投资、长期债券投资和长期股权投资支付的现金"项目，反映小企业进行权益性投资和债权性投资支付的现金。包括：企业取得短期股票投资、短期债券投资、短期基金投资、长期债券投资、长期股权投资支付的现金。本项目可根据"库存现金""银行存款""短期投资""长期债券投资""长期股权投资"等账户的本期发生额分析填列。

（5）"购建固定资产、无形资产和其他非流动资产支付的现金"项目，反映小企业购建固定资产、无形资产和其他非流动资产支付的现金。包括：购买机器设备、无形资产、生产性生物资产支付的现金、建造工程支付的现金等现金支出，不包括为购建固定资产、无形资产和其他非流动资产而发生的借款费用资本化部分和支付给在建工程和无形资产开发项目人员的薪酬。为购建固定资产、无形资产和其他非流动资产而发生借款费用资本化部分，在"偿还借款利息支付的现金"项目反映；支付给在建工程和无形资产开发项目人员的薪酬，在"支付的职工薪酬"项目反映。本项目可根据"库存现金""银行存款""固定资产""在建工程""无形资产""研发支出""生产性生物资产""应付职工薪酬"等账户的本期发生额分析填列。

3. 筹资活动产生的现金流量

（1）"取得借款收到的现金"项目，反映小企业举借各种短期、长期借款收到的现金。本项目可根据"库存现金""银行存款""短期借款""长期借款"等账户的本期发生额分析填列。

（2）"吸收投资者投资收到的现金"项目，反映小企业收到的投资者作为资本投入的现金。本项目可根据"库存现金""银行存款""实收资本""资本公积"等账户的本期发生额分析填列。

（3）"偿还借款本金支付的现金"项目，反映小企业以现金偿还各种短期、长期借款的本金。本项目可根据"库存现金""银行存款""短期借款""长期借款"等账户本期发生额分析填列。

（4）"偿还借款利息支付的现金"项目，反映小企业以现金偿还各种短期、长期借款的利息。本项目可根据"库存现金""银行存款""应付利息"等账户的本期发生额分析填列。

（5）"分配利润支付的现金"项目，反映小企业向投资者实际支付的利润。本项目可根据"库存现金""银行存款""应付利润"等账户的本期发生额分析填列。

现金的流量表如表 4-7 所示。

表 4-7　现金流量表

会小企 03 表

编制单位：　　　　　　　　　　　年　　月　　　　　　　　　　　　单位：元

项　　目	行　　次	本年累计金额	本 月 金 额
一、经营活动产生的现金流量			
销售产成品、商品、提供劳务收到的现金	1		
收到其他与经营活动有关的现金	2		
购买原材料、商品、接受劳务支付的现金	3		
支付的职工薪酬	4		
支付的税费	5		
支付其他与经营活动有关的现金	6		
经营活动产生的现金流量净额	7		
二、投资活动产生的现金流量			
收回短期投资、长期债券投资和长期股权投资收到的现金	8		
取得投资收益收到的现金	9		
处置固定资产、无形资产和其他非流动资产收回的现金净额	10		
短期投资、长期债券投资和长期股权投资支付的现金	11		
购建固定资产、无形资产和其他非流动资产支付的现金	12		
投资活动产生的现金流量净额	13		
三、筹资活动产生的现金流量			
取得借款收到的现金	14		
吸收投资者投资收到的现金	15		
偿还借款本金支付的现金	16		
偿还借款利息支付的现金	17		
分配利润支付的现金	18		
筹资活动产生的现金流量净额	19		
四、现金净增加额	20		
加：期初现金余额	21		
五、期末现金余额	22		

（3）借述曾末交付的因政债务或风困""项目，以供不业企业不规定，来偿清其保，本金。本项目可据据"其它应""明细""金额""据据"...空填。

任务4　会计报表附注

附注，是指对在资产负债表、利润表和现金流量表等报表中列示项目的文字描述或明细资料，以及对未能在这些报表中列示项目的说明等。附注是财务报表的重要组成部分。小企业应当按照小企业会计准则规定披露附注信息，主要包括下列内容：

1．遵循小企业会计准则的声明

小企业应当声明编制的财务报表符合小企业会计准则的要求，真实、完整地反映小企业的财务状况、经营成果和现金流量等有关信息。

2．短期投资、应收账款、存货、固定资产项目的说明

（1）短期投资的披露格式如表4-8所示：

表4-8　短期投资的披露格式

项　　目	期末账面余额	期　末　市　价	期末账面余额与市价的差额
1．股票			
2．债券			
3．基金			
4．其他			
合　计			

（2）应收账款按账龄结构披露的格式如表4-9所示：

表4-9　应收账款的披露格式

账　龄　结　构	期末账面余额	年初账面余额
1年以内（含1年）		
1年至2年（含2年）		
2年至3年（含3年）		
3年以上		
合　计		

（3）存货的披露格式如表4-10所示：

表4-10　存货的披露格式

存　货　种　类	期末账面余额	期　末　市　价	期末账面余额与市价的差额
1．原材料			
2．在产品			
3．库存商品			
4．周转材料			
5．消耗性生物资产			
……			
合　计			

（4）固定资产的披露格式如表 4-11 所示：

表 4-11　固定资产的披露格式

项　　目	原　价	累　计　折　旧	期末账面价值
1. 房屋、建筑物			
2. 机器			
3. 机械			
4. 运输工具			
5. 设备			
6. 器具			
7. 工具			
……			
合　　计			

3. 应付职工薪酬、应交税费项目的说明

（1）应付职工薪酬的披露格式如表 4-12 所示：

表 4-12　应付职工薪酬明细表

会小企 01 表附表 1

编制单位：　　　　　　　　　　　　　　　年　　月　　　　　　　　　　　　单位：元

项　　目	期末账面余额	年初账面余额
1. 职工工资		
2. 奖金、津贴和补贴		
3. 职工福利费		
4. 社会保险费		
5. 住房公积金		
6. 工会经费		
7. 职工教育经费		
8. 非货币性福利		
9. 辞退福利		
10. 其他		
合　　计		

（2）应交税费的披露格式如表 4-13 所示：

表 4-13　应交税费明细表

会小企 01 表附表 2

编制单位：　　　　　　　　　　　　　　　年　　月　　　　　　　　　　　　单位：元

项　　目	期末账面余额	年初账面余额
1. 增值税		
2. 消费税		
3. 城市维护建设税		

续表

项 目	期末账面余额	年初账面余额
4. 企业所得税		
5. 资源税		
6. 土地增值税		
7. 城镇土地使用税		
8. 房产税		
9. 车船税		
10. 教育费附加		
11. 矿产资源补偿费		
12. 排污费		
13. 代扣代缴的个人所得税		
……		
合 计		

4. 利润分配的说明

利润分配说明如表 4-14 所示：

表 4-14 利润分配表

会小企 01 表附表 3

编制单位：　　　　　　　　　　　　　　　　年度　　　　　　　　　　　　　　单位：元

项 目	行 次	本 年 金 额	上 年 金 额
一、净利润	1		
加：年初未分配利润	2		
其他转入	3		
二、可供分配的利润	4		
减：提取法定盈余公积	5		
提取任意盈余公积	6		
提取职工奖励及福利基金*	7		
提取储备基金*	8		
提取企业发展基金*	9		
利润归还投资**	10		
三、可供投资者分配的利润	11		
减：应付利润	12		
四、未分配利润	13		

* 提取职工奖励及福利基金、提取储备基金、提取企业发展基金这三个项目仅适用于小企业（外商投资）按照相关法律规定提取的三项基金。

**利润归还投资这个项目仅适用于小企业（中外合作经营）根据合同规定在合作期间归还投资者的投资。

5. 用于对外担保的资产名称、账面余额及形成的原因；未决诉讼、未决仲裁，以及对外提供担保所涉及的金额

6．发生严重亏损的，应当披露持续经营的计划、未来经营的方案

7．对已在资产负债表和利润表中列示项目与企业所得税法规定存在差异的纳税调整过程参见《中华人民共和国企业所得税年度纳税申报表》

8．其他需要说明的事项

动手做账

资料：（1）模块 1 账户余额表和损益类账户发生额资料。

（2）根据从模块 2 开始新宏公司发生的经济业务登记的总分类账及明细分类账记录。

根据上述资料，编制新宏公司 2016 年 12 月 31 日资产负债表和 2016 年 12 月利润表。

知识检测

一、单项选择题

1．资产负债表是反映企业在某一日期（　　　）会计报表。

　　A．经营成果　　　　　　　　　　　　B．财务状况

　　C．财务状况和经营成果　　　　　　　D．资产和负债

2．利润表是反映企业在某一期间（　　　）会计报表。

　　A．经营成果　　　　　　　　　　　　B．财务状况

　　C．财务状况和经营成果　　　　　　　D．资产和负债

3．下列各项中，属于经营活动产生的现金流量的是（　　　）。

　　A．分得股利收到的现金　　　　　　　B．发行债券收到的现金

　　C．销售商品收到的现金　　　　　　　D．偿还债务所支付的现金

4．资产负债表"应付账款"项目的填制依据是（　　　）。

　　A．"应付账款"账户期末贷方余额

　　B．"应付账款"所属各有关明细账户的期末贷方余额合计数

　　C．"应付账款"和"预付账款"账户所属各有关明细账户期末贷方余额合计数

　　D．"应付账款"和"预收账款"账户所属各有关明细账户期末贷方余额合计数

5．利润表编制的基本依据是（　　　）。

　　A．各账户的期末余额　　　　　　　　B．各损益类账户的期末余额

　　C．各损益类账户的本期发生额　　　　D．各账户的本期发生额

二、多项选择题

1．资产负债表中应收账款项目根据以下哪些项目填列？（　　　）

　　A．应收账款所属明细账户借方余额之和

　　B．应付账款所属明细账户借方余额之和

　　C．预付账款所属明细账户借方余额之和

　　D．预收账款所属明细账户借方余额之和

2．按现行制度规定，小企业会计报表包括（　　　）。

　　A．资产负债表　　　　　　　B．应交增值税明细表

C．利润表　　　　　　　　D．现金流量表

E．利润分配表

3．下列属于小企业会计报表附注应包括的内容有（　　　）。

A．遵循小企业会计准则的声明

B．应付职工薪酬、应交税费项目的说明

C．短期投资、应收账款、存货、固定资产项目的说明

D．利润分配的说明

三、判断题

1．单位会计机构负责人（或会计主管人员）对财务会计报告的真实性、完整性负法律责任。　　　　　　　　　　　　　　　　　　　　　　　　　　　　　　（　　　）

2．资产负债表的"应收账款""长期借款""应付职工薪酬"项目均可根据各该账户的期末余额直接填列。　　　　　　　　　　　　　　　　　　　　　　　　　（　　　）

3．资产负债表"资产"总计项目，反映的是企业全部资产的净值（扣除折旧和减值准备后）。　　　　　　　　　　　　　　　　　　　　　　　　　　　　　　（　　　）

4．利润表是反映在一定会计期间经营成果的报表，是一张动态报表。　（　　　）

5．现金流量表应当分别经营活动、投资活动和筹资活动列报现金流量。（　　　）

（　　　）

反侵权盗版声明

电子工业出版社依法对本作品享有专有出版权。任何未经权利人书面许可，复制、销售或通过信息网络传播本作品的行为，歪曲、篡改、剽窃本作品的行为，均违反《中华人民共和国著作权法》，其行为人应承担相应的民事责任和行政责任，构成犯罪的，将被依法追究刑事责任。

为了维护市场秩序，保护权利人的合法权益，我社将依法查处和打击侵权盗版的单位和个人。欢迎社会各界人士积极举报侵权盗版行为，本社将奖励举报有功人员，并保证举报人的信息不被泄露。

举报电话：（010）88254396；（010）88258888

传　　真：（010）88254397

E-mail：　dbqq@phei.com.cn

通信地址：北京市海淀区万寿路173信箱

　　　　　电子工业出版社总编办公室

邮　　编：100036